INTRODUCTION TO ENTRE PRENEUR SHIP

はじめての アントレプレナーシップ論

中村寛樹 著
NAKAMURA HIROKI

中央経済社

はじめに

本書は，起業希望者，研究者のみを対象とするのではなく，これからの社会において，自分自身のキャリアを考え，自ら人生設計をしていくあらゆる人，特に，将来における可能性や選択肢を多く有している学生を主たる対象として考えています。

本書が着目している「**アントレプレナーシップ（entrepreneurship）**」とは，起業家精神のことであり，目指すべき方向性とビジョンを持って，自らの創意工夫や新しい価値創造により，組織や社会の変革を成し遂げることを意味します。これは，自分自身のキャリアや人生設計を考えるうえでもとても重要な要素です。ここでは，もっと簡単に「アントレプレナーシップ（起業家精神）」を「**生きがい・生業（なりわい）・やりがい**」の３つのキーワードで考えたいと思います。つまり，個人の「**生きがい**」を達成するため，「**生業**」を見つけ，その過程で他人と協働しつつ，組織や社会をより良くしていくという「**やりがい**」を感じることです。

会社などの組織における経営者のように，ビジョンやミッションを自分自身の人生に見つけ，そのビジョンやミッションに対して強い情熱を持って社会で行動することで，幸せに生きることができると考えられます。またそうした人こそが社会における問題や課題を解決していく貴重な人材として，ますます重要な役割を担うようになると思います。つまり，自分自身の経営者になれる人材こそが企業や社会に求められるのです。

ビジョンやミッションを自分自身の人生に見つけ，それに対して強い情熱を持って社会で行動するには，正確な情報とそれを基にした仮説検証や分析により，適切な判断をさまざまな局面で行う必要があります。物事を正しく判断するには，さまざまな人の話や現地調査，書籍，統計的データから有用な情報を入手し，先入観にとらわれず物事を捉え直していくことが重要です。

また，加えて，自らのビジョンやミッションを具体的な行動にしていくには，他者とのコミュニケーション，つまり，自分が何を考え，何をやっていきたいかを他者と共有する必要があります。そのための重要なツールの１つがプラン・計画書の作成です。事業やビジネスに特化する場合，それは起業計画書や事業計画書と呼ばれます。そのようなプラン・計画書の作成方法を学ぶことは，ビジネスのみならず，自分自身の人生設計においても有効なツールとなります。自らのビジョンやミッションを具体的な行動にした場合，どのように，人，組織，社会が変わっていくのか，変えようとしているのかを具体的に明示することが，行動の第一歩となります。

本書は，アントレプレナーシップに関する基本的な知識をまとめたものにすぎず，その内容には不完全なところも多々あるかと思います。とはいえ，アントレプレナーシップ論はまだまだ社会的な認知が高い分野であるとは言えません。本書が，今後の社会を生き抜くための「**生きがい・生業（なりわい）・やりがい**」を見つけるためのヒントや基礎的な知識として，少しでも読者の皆様のお役に立てば幸甚です。

最後に本書の上梓にあたってご支援頂いた中央経済社の阪井あゆみ氏，現在の職場やこれまでの職場でお世話になっている方々，不十分な指導にもかかわらずついてきてくれている学生たち，そして，日々支えてくれている家族にこの場を借りて感謝申し上げます。

2019年11月

中村寛樹

目　次

序章 「生きがい・生業（なりわい）・やりがい」を見つけよう

1 なぜ「生きがい・生業（なりわい）・やりがい」を見つけることが大事か

アントレプレナーシップを学ぶ理由は，個人の「**生きがい**」を達成するため，「**生業**」を見つけ，その過程で他人と協働しつつ，組織や社会をより良くしていくという「**やりがい**」を感じることです。では，なぜ，この3つの視点が重要なのでしょうか。

まず，社会に目を向けましょう。VUCA（ブーカ）という言葉を聞いたことはあるでしょうか。VUCAとは，Volatility（不安定性），Uncertainty（不確実性），Complexity（複雑性），Ambiguity（不明確性）という4つの言葉の頭文字からとった言葉ですが，これは，現代の経営環境や個人のキャリアを取り巻く社会状況を表す言葉として使われます。もともと1990年代の米国の軍事関係の言葉で，予測ができない状況を表したものです。

世界は，情報技術の発展も相まって，急速に政治，経済，市場のグローバル化が進んでいます。また，これまでの人類の活動は地球環境にも影響を及ぼすと考えられ，気候変動や地球温暖化により，世界中で大規模な自然災害が発生しています。

ビジネス界も同様です。グローバル化の波にのまれ，ビジネスの手法は急激な変化を遂げ，変化に対応できない企業は，大企業ですら安定せずに倒産することもあります。また，個人の趣味や趣向は，どんどん多様化・細分化され，それを満たす市場も多様化・細分化されています。

そのような中，既存の考え方や概念，枠組み，成功体験だけにしがみつくことは，あらゆる主体にとって，決して賢明だとは言えません。それは何を意味するかといえば，予測不可能な社会になりつつあるということです。短期であれ，長期であれ，将来の社会環境を予測することはますます難しくなっていくでしょう。

さて，その一方で，確実に予測できることがあります。それは個人についてのことです。もちろん個人差はありますが，ロンドン・ビジネススクール教授のリンダ・グラットン（Lynda Gratton）氏が，ベストセラーとなった著書『ライフ・シフト（LIFE SHIFT）』と『ワーク・シフト（Work Shift）』の中で主張しているとおり，世界で長寿化が急激に進み，人生100年時代に入るということです。戦国時代，「人生50年」といわれていたことを考えると，個々人の時間はその時代から比べると倍になります。

寿命が延びるということだけ考えれば，人によっては嬉しいことと思うかもしれません。長生きするということは，もちろん素晴らしいことですし，それだけいろいろなことをする時間があるということです。しかし，このことは多くの意味を持ちます。１つは，人々がより長く仕事を続けることになるということです。そして，もう１つは，年老いて，健康や生活資金，介護などの不安を感じる期間が長くなるということです。さらに，日本は長寿国であると同時に，出生率が低い国でもあり，つまり，少ない数の若い世代で多くの高齢世代を支えることになります。

まず，仕事をする期間が長くなるということについて，リンダ・グラットン氏は，このことを含め，教育，勤労，引退の３ステージから**マルチステージ**へ移行すると語っています。つまり，今の生き方，働き方を変える必要があるということです。これまで，多くの人は，概ね同じ教育期間を経て，卒業し，会社に入り，そして，定年を迎えて引退するという予測可能な人生モデルでした。しかし，100年近くに及ぶ長い人生では，さまざまなステージ（マルチ・ステージ）に分かれ，それは，個々人で異なることになります。

このことは，家族の構成も変わるということを意味します。なぜなら，誰か１人が稼ぎ頭として家族全員を養うことが難しくなり，場合によっては，子供が親を養うという場面も出てくる可能性があるからです。たとえば，大学を卒業して高度の技術を身に付けて高い給料を得るようになった子供が，仕事を退いた両親を養うということも人生100年時代ではあり得るということです。

家族のあり方，仕事の仕方が変われば企業も変わらざるを得ません。企業は多様な個人や家族のあり方への対応を迫られることになります。皆が同じ時間に通勤して，同じ内容の仕事を行うという労働形態は，まず成り立たなくなる可能性があります。極論すればそのような仕事は人工知能（AI：Artificial Intelligence）やロボットに任せればいいという話になるかもしれません。しかし，それは同時に，より創造的な，イノベーティブな面白い仕事を見つけたり，作り出せたりするチャンスだとも考えることができます。そして，それができる人材であれば，定年という概念もなくなるかもしれません。そうなると今度は，国の制度も変革を迫られるようになります。たとえば，新しい社会保障のあり方を構築する必要に迫られるでしょう。

2 アントレプレナーシップは「生きがい・生業（なりわい）・やりがい」を見つけること

さて，このように，大変不安定で未来が予測できない社会である一方で，個々人がそのような社会に身を置く時間が長くなることはほぼ間違いないようです。では，どうすればよいのでしょうか。確実に言えることは，個々人が置かれた状況を冷静に理解したうえで，そのような現実に適応するしかないのではないかと考えられます。個人も，家族も，企業も，すべて変わって，適応していくしかないということです。

変わっていかなければならないと思うと，少し気が滅入るかもしれませんが，どのような時代でも，あらゆる生物が，生まれて，生きて，死ぬという原則を考えれば，それはそんなに難しくない話かもしれません。その原則の中で必要なことが，「**生きがい・生業（なりわい）・やりがい**」だからです。生きがいがなければ生きている喜びは感じられませんし，生業がなければ現実に生きていけません。そして，人と人とのつながり，組織や社会とのつながりもまた生きる喜びで，それこそがやりがいだからです。

大げさに言えば，アントレプレナーシップを学ぶということは，単に起業の手段を学ぶ，組織や社会に対して新たな価値創造や変革を成し遂げるというだけでなく，「**生きがい・生業（なりわい）・やりがい**」の自分なりの見つけ方を学ぶことであるともいえます。そして，予測できない将来の自分や組織，社会に対して，あるべき姿や夢，目標を提示し，それを他人に伝える能力を養うことは，そのような社会を生き抜くうえで大きな武器になります。

3 アントレプレナーシップを学ぶときに必要な視点は何か？

ところで，本書を執筆している筆者の専門は，いわゆる社会システム工学と呼ばれるものです。大雑把に言うと，社会システム工学とは，社会をシステムとして捉えて，より良い社会にしていくための何かをつくっていく分野であると個人的には理解しています。また，工学という名がつく通り，何かをつくるエンジニアとしての視点を大事にしようと考えています。そして，それは，アントレプレナーシップとたいへん関連深いと言えます。

たとえば，一橋大学教授であった延岡建太氏は，**シーダ（SEDA）モデル**という概念を提示しています（図表序-1）。これは，企業が創出すべき統合的価値を考えるための枠組みであり，意味的価値と機能的価値，問題提起と問題解決を軸にしたマトリックスで表される概念ですが，大きな示唆を与えてくれる概念です。

シーダ・モデルは，図表序-1のように，**サイエンス（Science）**，**アート（Art）**，**デザイン（Design）**，**エンジニアリング（Engineering）**の4つの領域からなり，それぞれの領域の頭文字をとって名付けられています。また，図表中

図表序-1 ｜ SEDAモデルの概念

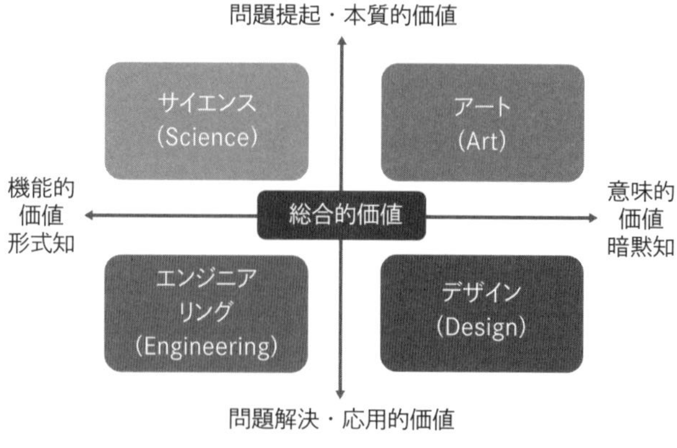

出所：延岡（2017）をもとに作成

の横軸は機能的価値と意味的価値の対比で，縦軸は問題解決と問題提起で分類します。この２つの軸により，機能的価値の問題解決がエンジニアリングで，問題提起がサイエンス，意味的価値の問題解決がデザインで，問題提起がアートと位置づけられます（なお，デザインによる問題解決は，「デザイン思考」として近年流行しており，本書でも取り上げる概念です）。

この概念モデルでは，ビジネスにおいて，顧客価値の高い商品を生み出すには，これら４つの領域を統合した価値の創出が求められるとしています。そのなかでも，特に成功において必要条件と言えるのが，エンジニアリングとデザインの統合的価値です。この概念は，アントレプレナーシップを学ぶときに必要な視点です。なぜなら，アントレプレナーシップとは，本質的価値において問題を提起することに目的があるのではなく，応用的価値において，問題を解決し，新しい価値を作り出す態度やものの考え方であると思うからです。

また，本書で取り上げる内容は，商学や経営学，経済学を主とした学問分野と重複しており，むしろ，それらを基礎としています。しかしながら，ここで大事な視点は，その基礎的な知識を知るというよりはむしろ，それを生かして，どう自分自身でつくり直したり，活用したり，アレンジしたりできるかを考える，問題解決・応用的価値の視点であるということです。

4 本書の構成 —— ５つの要素・22の視点

本書は，上記のことを幅広く学ぶため，具体的に，全５部，22章の構成となっています。５部構成の内容は，①**個人**，②**組織**，③**ベンチャー企業**，④**社会**，⑤**起業計画書**となっていますが，②と③が組織に関する視点であるとまとめると，個人，組織，社会の３つの視点に要約できます。この３つは，前述したとおり，「**アントレプレナーシップ**」を考えるうえで重要なキーワードとなる「**生きがい**」，「**生業**」，「**やりがい**」と対応しています。つまり，個人の生きがいと，生業を営むうえでの組織のあり方，社会におけるやりがいという視点です。

５部構成の内容をもう少し詳しく説明します。第１部は，個人に関する要素です。皆さん１人ひとりの人生や仕事に関する夢や目的，アイデア，ビジョンについて，より詳しく考え，それらをより明確にするための方法論を学びます。また，同時に，世界各国のアントレプレナーシップに関する状況や考え方，現状について学ぶことで，自分自身を，より俯瞰的，客観的に見つめなおすことができるようになります。

第２部は，アントレプレナーシップに関して，経営学や組織論，金融・財務・ファイナンスなど諸学問分野の基礎に基づき，組織について学びます。アントレプレナーシップは，必ずしも企業を立ち上げること，創業，起業のみを意味するものではありません。しかしながら，自らのビジョンや夢を明確にし，実際に行動する，つまり，新しいことを自ら立ち上げ，それを続けていく際に，いわゆるヒト・モノ・カネの課題は必ず出てきます。その際，企業におけるヒト・モノ・カネに関する経営学や組織論，金融・財務・ファイナンスなど諸学問分野の基礎を身につけておくことは，皆さんの大きな武器になります。加えて，第３部では，新しく誕生し，急成長を遂げるベンチャー企業に特化して学びます。

そして，第４部では，これまで，皆さん自身や個人，組織の視点からみてきたアントレプレナーシップの社会に及ぼす影響，および，社会の中でのアントレプレナーシップの役割について学びます。アントレプレナーシップは，基本的に個人や組織の態度や考え方に依拠するものですが，それが単に独りよがりのものであったり，かえって，他者に悪影響を及ぼすものであったりしては，社会全体のプラスになりません。重要なことは，自分や個人が変わることで，組織や社会も改善することです。したがって，社会と個人や組織のアントレプレナーシップとの関係について考えることが必要不可欠です。

最後に第５部では実際の起業に向けた手続きや方法論，起業計画書の作成方法などの具体的な事柄について学びます。また，学生が実際に作成した起業計画書も紹介したいと思います。

図表序-２は，その主な関係を示す，概略図です。これは，本書でも紹介する**グローバル・アントレプレナーシップ・モニター**（GEM：Global Entrepreneurship Monitor）という機関が作成したアントレプレナーシップの概念図をもとに作成したものです。本書の構成はこれをベースとしています。本書を読み進めるうえでの参考としてください。

図表序－2　本書の構成概念図

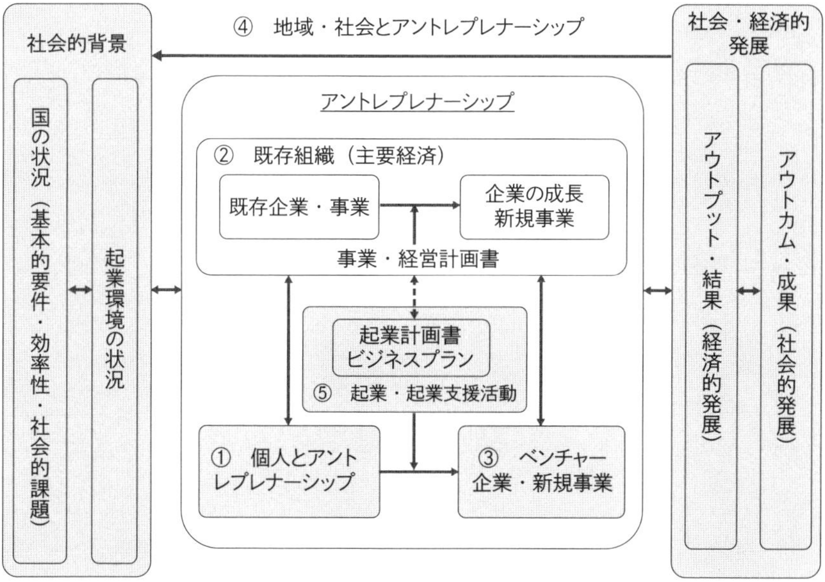

出所：GEMの概念図をもとに作成

第１部

個々人に必要なアントレプレナーシップ

第１部は，アントレプレナーシップの個人に関する要素です。まず，世界各国における，個人のアントレプレナーシップに関する状況について，日本と比較しながら学びます。それにより，自分自身を，より俯瞰的，客観的に見つめ直すことができるようになります。そして，そのあと，アントレプレナーとしての特徴や自己マネジメント法について学ぶことで，皆さん１人ひとりの人生や仕事に関する夢や目的，ビジョンを具現化するために参考となる方法論を学びます。

第１章　アントレプレナーシップとは
第２章　世界と日本のアントレプレナーシップの状況
第３章　アントレプレナーはどういう人？
第４章　アントレプレナーとしての自己マネジメント

第1章 アントレプレナーシップとは

✓アントレプレナーシップはどのように定義されるか
✓アントレプレナーシップにおける重要な要素

1 起業研究の基礎

「アントプレナーシップとは何か」という問いに入る前に，まずは「起業」に関する学術研究について，簡単にみていきたいと思います。エリック・ボールとジョセフ・リピューマ（Ball and LiPuma 2016）によると，起業研究の土台をつくったのは，シカゴ大学の**フランク・ナイト**（Frank Knight）とハーバード大学の**ジョセフ・シュンペーター**（Joseph Schumpeter）といえます。

ナイト（Knight 1921）は，確率で予測できる「リスク」と予測できない「不確実性」を明確に異なるものとしたうえで，企業は「不確実性」に対処することによってのみ利益を得ることができるとしました。そして，起業家はその不確実性を嫌がらない個人であり，起業家の経営判断の基準は，真の知識に基づいているというよりはむしろ，直感的なものであるとしています。そして，起業家の成功要因として，①不確実性に対処する能力の高さ，②選択したアプローチに対する自信，③予測においての運，④他の人たちがこれらの素質を持っているかどうか，の４つを挙げています。

一方，シュンペーター（Schumpeter 1934）は，**企業活動のイノベーション**に着目し，その担い手としての新しい企業や，個人としての起業家の役割を論じています。その際，かつての，情報が限られていた環境においては，直感的で大胆な起業家精神を発揮できるのは勇気ある一部のものであった一方で，知識がシステム化し，イノベーションが計画的に行われるような環境においては，かつてほどの重要性を失っているということも言及しています。とはいえ，やはり起業家精神によって生み出される製品やプロセスのイノベーションこそが，資本主義社会における経済プロセスにおいて変化を引き起こす極めて重要な原動力であり，その主張は起業の学術研究の基礎として支持されています（Shane and Venkataraman 2000）。

また，起業研究においてもう1つ大事な視点に，**イスラエル・カーズナー**（Kirzner 1997）の研究があります。カーズナーは，起業は，経済における時間的・空間的非効率性を発見・介在するメカニズムであるとしており，これはいわば，起業の研究において重要な「**機会**」や「**機会認識**」の視点です。この点は次章においても，もう少し取り上げたいと思います。

2 アントレプレナーシップの定義

さて，「アントレプレナーシップ（entrepreneurship）」とは起業家精神のことであり，本書では，簡単にその意味を，「目指すべき方向性とビジョンを持って，自らの創意工夫や新しい価値創造により，組織や社会の変革を成し遂げること」とします。これは，起業だけに限った話ではなく，自分自身のキャリアや人生設計を考えるうえでもとても重要な要素です。

会社などの組織における経営者のように，ビジョンやミッションを自分自身の人生に見つけ，そのビジョンやミッションに対して強い情熱を持って社会で行動することで，幸せに生きることができると考えられます。またそうした人こそが社会における問題や課題を解決していく貴重な人材として，ますます重要な役割を担うようになると思われます。

つまり，本書では，アントレプレナーシップの対象を会社を起こす起業家に限定せずに，大学のサークルや，非営利団体，プロジェクトチームなど，さまざまな組織をスタートさせ，リードし，成長させる気持ちや態度を持った個人や組織とし，そのような個人のことをアントレプレナーと呼びます。

しかしながら，学術的な研究においては，非営利団体などのアントレプレナーシップ，起業家精神を分析するための理論は主流ではなく，営利起業家の起業行動を説明するための理論モデルを，基本として押さえておく必要があります。

ここでは，それらの理論モデルの中で重要なものとして，**ジェフリー・ティ**

図表1-1 | ティモンズの起業家－機会－資源フレームワーク

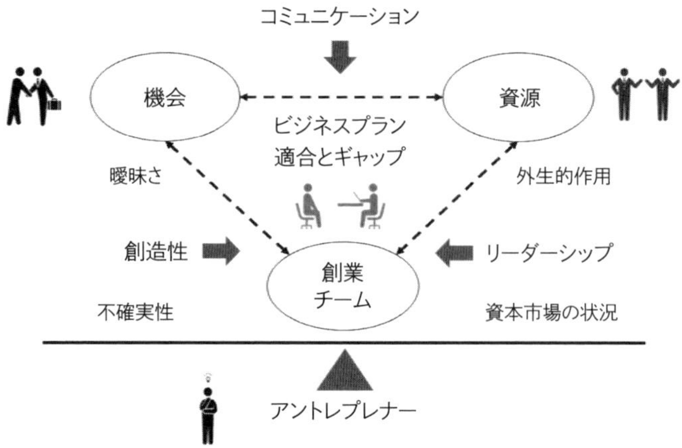

出所：Timmons（1989）をもとに作成

モンズ（Timmons, J.A.）の**起業家－機会－資源フレームワーク**（Timmons, 1989）（図表1-1）と**キャロル・ムーア**（Moore, C.F.）の**起業家プロセスのモデル**（Moore, 1986）（図表1-2）を取り上げます。やや概念的な話ですのでわかりにくいかもしれませんが，重要ですので紹介したいと思います。

まず，ティモンズのモデルの重要な要素は，「**起業家（アントレプレナー）**」と「**創業チーム**」，「**機会**」，そして新しい組織を立ち上げるために必要な「**資源（リソース）**」です。そして，特に重要な要素は起業家です。成功はこれらの重要な要素のバランスをとるための起業家の能力に左右されるとされています。もし起業家が適切な素質を持っていれば，機会を探し，見つけ，商業的成功につながる可能性があるものとして形にできます。そして，その後，事業を始めるのに必要な資源を集めることになります。

また，チームには2つの主要な役割があります。1つは，チームの創造性により，機会のあいまいさと不確実性を取り除くことです。もう1つは，絶えず変化し続ける外生的な力や資本市場の状況と相互作用することによって，最も効果的な方法で利用可能な資源を管理するためのリーダーシップを提供することです。

さらに，ティモンズの枠組みでは，起業家と資本の提供者には，どちらにも

図表1－2 ｜ バイグレイブやムーアの起業家プロセスのモデル

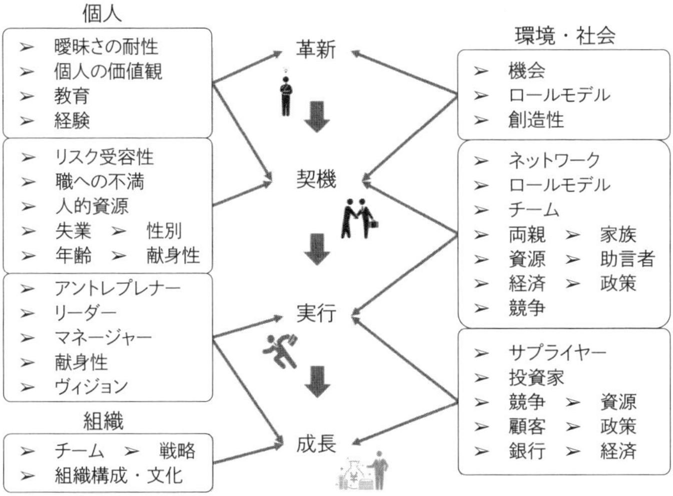

出所：Bygrave（1993）をもとに作成

利益があり，それは，事業の立ち上げ，資金調達，そして構築に伴うリスクと努力に見合ったものであるという概念が明確になっています。起業家は通常，キャリア，個人的なキャッシュ・フロー，そして自己資本の一部または全部を危険にさらします。したがって，これらすべては，事業が運営される前にビジネスプランで定量化し，それにより現実とのギャップを埋めることが理想的とされています。

一方で，ムーア（Moore 1986）によれば，起業家的プロセスは機会を捉え，それらを追求するために組織をつくることに関連する，すべての機能，活動，そして行動を含むとしています。これをもとに，その後Bygrave and Hofer（1991）やBygrave（1993）は理論モデルを発展させていきました。そのモデルでは，起業家プロセスは予測可能な順序に従います（図表1－2）。それは，次のとおりです。起業家になる人は，新しい事業を始めるためのアイデアを得るという①**革新**と，引き金となるイベント（②**契機**）により起業し，資金を集め，実際に新規事業を③**実行**し，事業や組織を④**成長**させます。このモデルでは，起業家精神は主に環境や社会，組織などの状況的要因と個人的要因によって決定されます。

ティモンズの枠組みとは異なり，ムーアのモデルでは，報酬に関しては明示的ではありません。むしろ，ほとんどあるいは全く金銭的な見返りのない社会実験的事業から，多くの金銭的利益を生み出すことが期待されるベンチャー企業の事業まで，さまざまな形態の新しい事業を含んだモデルとなっています。つまり，どのような形態であれ，新しい事業を始めるアイデアをもとに，契機を見つけ，それを実行し，成長させるというプロセスがアントレプレナーシップであると定義していると言えます。

3 GEMによるアントレプレナーシップの理論モデル

ここまで見てきたとおり，アントレプレナーシップの定義やその概念に関する研究は多いものの，必ずしも統一的なものはなく，それゆえ，アントレプレナーシップの世界の比較は簡単ではありませんでした。しかしながら，**グローバル・アントレプレナーシップ・モニター**（GEM：Global Entrepreneurship Monitor）やグローバル・アントレプレナーシップ・アンド・ディベロップメント・インスティチュート（GEDI：The Global Entrepreneurship and Development Institute）が，アントレプレナーシップに関する指標を整理し，国際的な比較を可能なもとしました。学術的な研究はそれらのデータを用いているものが多いといえます。そこで，本節では，GEMによるアントレプレナーシップの定義をみていきましょう。

1999年に開始したGEM調査の2012年の報告書には，図表1-3のような理論モデルを提示しています。

図表1-3のうち，特にGEM が注目するのは図中のアントレプレナーシップの部分です。このアントレプレナーシップは3つのAである，**態度**（Attitude），**活動**（Activity），**意欲**（Aspiration）によって構成されています。まず，**態度**とは，文字どおり起業態度のことであり，新しい事業機会があると考えている人の数や，起業家に対する評価，起業に対するリスクの認知，起業家としての知識・能力・経験で測られます。次に**活動**とは，起業プロセスに注目するものであり，事業計画，起業準備，開業，事業継続，休業・廃業などの状

図表1－3　起業活動に関するGEMの理論モデル

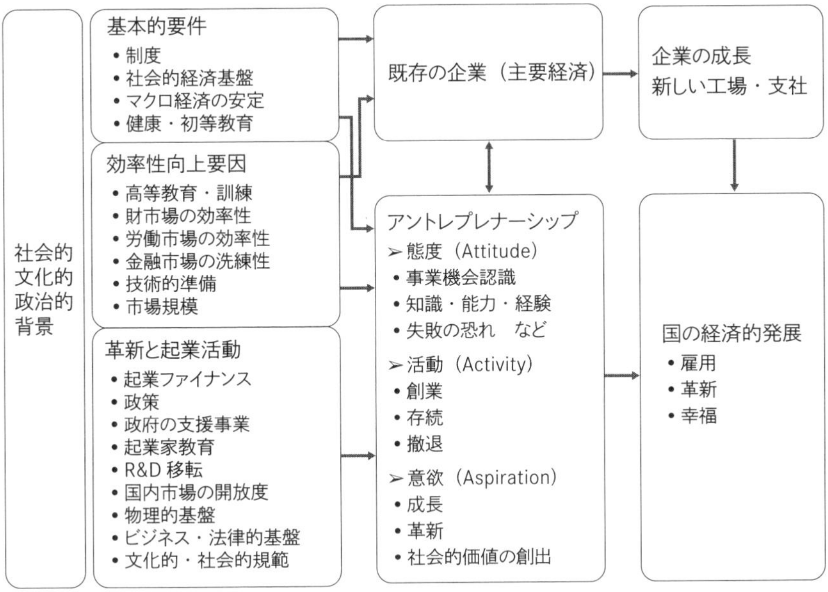

出所：GEM（2012）をもとに作成

況によって把握されるものです。最後に，**意欲**とは，起業活動に対する目標や野心をさし，企業の成長，海外展開，新製品の開発，社会的価値の創出などさまざまなものが考えられています。

また，図表1－3では，起業活動が行われる背景には，国・地域ごとの社会・文化・政治的背景があり，それらを土台として，社会制度などの基本的要件や教育などの効率向上要因，さらには支援策や文化的・社会的規範などの起業活動を支える要素があるとしています。そして，そのようなアントレプレナーシップが，経済成長など社会的・経済的な発展につながるということを示しています。

さらに，図表1－4は，2017年版の報告書で提示されている，図表1－3の改良図です。基本的な概念は同様であるものの，主な変更点は，一方向でとらえていた概念をより相互作用を及ぼすシステムとして捉え直しているところです。特に，アントレプレナーシップ，つまり起業活動が，社会経済的な発展にとど

図表1－4　起業活動に関する理論モデル

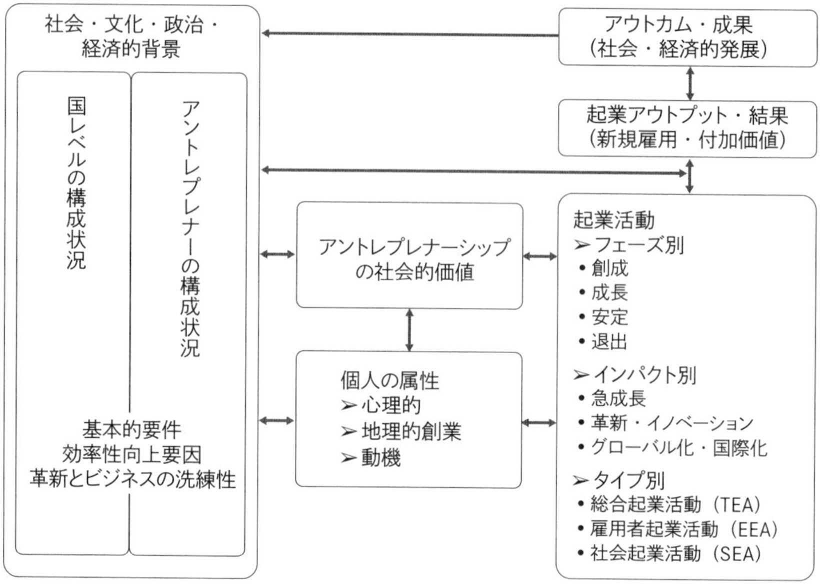

出所：GEM（2017）をもとに作成

まらず，各国・地域の社会・文化・政治・経済に回り回って影響を及ぼすというループ構造を示唆した点が重要であると考えられます。

これまで見てきたとおり，アントレプレナーシップの概念や要素は幅広くあり，GEMにおいてもそれは広範囲に定義され，定量化されていますが，GEMでは，その中でも，各国の起業活動の活発さを表す重要な指標の1つとして，図表1－4にもある，**総合起業活動**（TEA：Total Early-Stage Entrepreneurial Activity）**指数**を用いています（図表1－5）。

このTEAは，現在，1人または複数で，何らかの自営業，物品の販売業，サービス業等を含む新しいビジネスを始めようとしているか，また，現在，1人または複数で，雇主のために通常の仕事の一環として，新しいビジネスや新しいベンチャーを始めようとしているか，そして，現在，自営業，物品の販売業，サービス業等の会社のオーナーまたは共同経営者として経営に関与しているかなどの質問に基づき作成されています。

図表1－5 ┃ 総合起業活動（TEA）指数の概念図

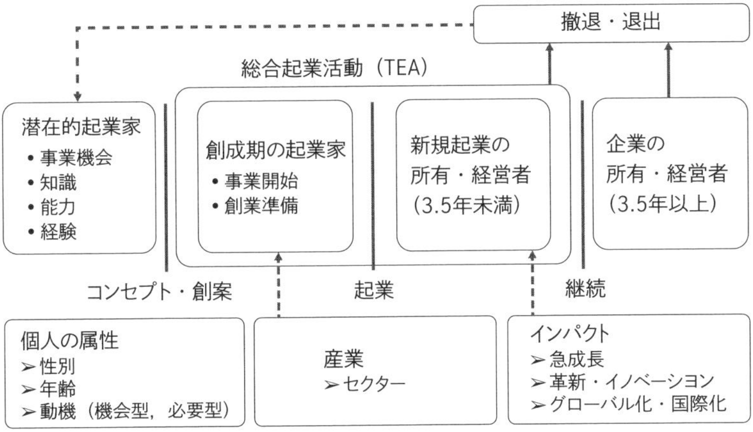

出所：GEM（2012）をもとに作成

GEMでは，①独立・社内を問わず，新しいビジネスを始めるための準備を行っており，かつまだ給与を受け取っていない，もしくは，受け取っている場合その期間が3カ月未満である人と，②すでに会社を所有している経営者で，当該事業からの報酬を受け取っている期間が3カ月以上，3.5年未満の人の，2つの合計を各国の起業活動者としており，これらの起業家が成人人口に占める割合を総合起業活動指数としています。

まとめ

- バイグレイブやムーアの起業家プロセスのモデルでは，新しい事業を始めるアイデアをもとに，契機を見つけ，それを実行し，成長させるというプロセスを示しています
- GEMの理論モデルでは，アントレプレナーシップは3つのAである，態度（Attitude），活動（Activity），意欲（Aspiration）によって構成されています

演習・課題

- アントレプレナーシップを自分の言葉で定義してみよう
- 個人のアントレプレナーシップと組織や社会はどのような関係にあるか考えてみよう
- どのような国においてアントレプレナーシップ度は高いと考えられるか，仮説を立ててみよう

第2章 世界と日本のアントレプレナーシップの状況

✓アントレプレナーシップを国際比較する方法

✓日本にはどのくらい起業家や起業に関心がある人がいるのか

1 GEM調査の概要

GEMでは，アントレプレナーシップに関する理論モデルに従って，世界比較などを可能にすべく，世界各国の一般個人へのアンケート調査や専門家へのアンケート調査を基に，定量的にそれらを評価しています。

具体的には，18歳から64歳までの成人を対象とした，①一般成人調査（APS：Adult Population Survey）（各国最低2,000サンプル）と，各国の状況や評価を専門家に調査した，②専門家調査（NES：National Expert Survey）（各国最低36サンプル）の２つの調査を基に評価しています。APS調査では，起業活動の程度，事業機会の認識，起業に必要な知識・能力・経験の有無に加えて，起業家に対する社会的評価など，起業活動に対する平均的な国民の意識も理解できるように設計されています。具体的なAPS調査およびNES調査の評価項目は，図表2-1および図表2-2のとおりです。これらの調査を通して，起業活動，起業態度，起業活動の目標等が明らかになり，起業の国際比較が可能になるというわけです。

図表２－１ | APSの調査項目と内容

項　目	内　容
認知している能力	起業するのに必要なスキルと知識を持っていると信じている18-64歳の人の割合
認知している機会	居住地域において起業する良い機会があると思っている18-64歳の人の割合
失敗への恐れ	失敗への恐れから起業を敬遠しているものの，起業への良い機会を認識している18-64歳の人の割合
起業意思	３年以内に起業への意思がある，潜在的起業家の18-64歳の人の割合（ただし，いかなる起業活動に従事している人を除く）
起業家を知っている割合	過去２年以内に起業した人を個人的に知っている18-64歳の人の割合
望ましいキャリア選択としての起業家精神	「私の国では，多くの人が起業を望ましいキャリア選択だと思っている」という文言に同意している18-64歳の人の割合
成功した起業家の高い地位	「私の国では，成功した起業家は高い地位を得る」という文言に同意している18-64歳の人の割合
起業家精神に対するメディアの関心	「私の国では，成功した新しいビジネスに関する物語をよくメディアで目にする」という文言に同意している18-64歳の人の割合
創成期の起業家率	自己所有もしくは共同所有予定のビジネスの準備に積極的に従事しているような，現在，創成期にある起業家の18-64歳の人の割合（ただし，これまで３カ月以上，給与や賃金，所有者に対するその他のあらゆる支払いを行っていないビジネス）
新規企業の所有割合	３カ月以上42カ月（3.5年）以下の期間，給与や賃金，所有者に対するその他のあらゆる支払いを行っている企業を所有・経営している18-64歳の人の割合
総合起業活動(TEA)指数	創成期の起業家および新規企業の所有・経営者の18-64歳の人の割合
企業所有率	42カ月（3.5年）より長い期間，給与や賃金，所有者に対するその他のあらゆる支払いを行っている企業を所有・経営している18-64歳の人の割合
必要性に基づく起業家活動：相対的普及率	仕事に対するその他の選択肢がないために総合起業活動（TEA）に従事している18-64歳の人の割合

機会改善主導型の起業家活動： 相対的普及率	（1）仕事に対するその他の選択肢がないというより事業機会のために，もしくは，（2）収入を維持するというよりも，独立もしくは収入を増加させるためにこの事業機会に従事していることが主たる理由である，創成総合起業活動（TEA）に従事している18-64歳の人の割合
男性就業年齢人口の総合起業活動指数（TEA）	創成期の起業家および新規企業の所有・経営者の18-64歳の男性の割合
女性就業年齢人口の総合起業活動指数（TEA）	創成期の起業家および新規企業の所有・経営者の18-64歳の女性の割合
エンジェル投資家の割合	過去３年間に，誰かほかの人が始めた新しい事業に個人的に投資したことがある18-64歳の人の割合
早期段階の起業活動に対する成長期待：相対的普及率	今から５年のうちに，少なくとも５人の従業員を雇用する予定の総合起業活動（TEA）従事者の18-64歳の人の割合
新製品の総合起業活動	提供する製品やサービスが，少なくともある顧客にとって新しいものであると示唆している総合起業活動（TEA）従事者の18-64歳の人の割合
海外ベースの総合起業活動	少なくとも25％の顧客が海外顧客であると示唆している総合起業活動（TEA）従事者の18-64歳の人の割合

出所：GEM（2012）をもとに作成

図表2-2 ║ NESの調査項目と内容

項目	内容
起業家への資金援助	中小企業への融資や投資の資金援助（助成金および補助金も含む）
政策的支援	経済に関係するものとして，公共政策がどの程度アントレプレナーシップを支援しているか
税金と役所手続き	公共政策がどの程度アントレプレナーシップを支援しているか―税金や規制は，中立的であるか，新興企業と中小企業を支援している
行政プログラム	すべての行政レベルにおける（国，地域，自治体）中小企業を直接的に支援するプログラムの有無とその質
初等・中等教育における起業教育・訓練	中小企業の設立・経営に関する教育が，初等・中等教育における教育・訓練にどの程度組み込まれているか
高等教育における起業教育・訓練	中小企業の設立・経営に関する教育が，職業訓練学校や大学，ビジネススクールなどの高等教育における教育・訓練にどの程度組み込まれているか
R&D移転	国の研究開発（R&D: Research and Development）事業が，どの程度新しいビジネス機会を生み出し，かつ，それが中小企業にとって利用可能か
ビジネス・法律基盤	中小企業を支援・促進する，財産権や，商業，会計，その他の法律や評価に関するサービス，そして制度が存在するか
国内市場の流動性	年ごとの市場における変化の程度
国内市場の開放度	既存の市場に，新規企業がどの程度自由に参入できるか
物理的サービス基盤	中小企業を区別しない価格における，コミュニケーションや設備，交通，土地，敷地などの物理的な資源へのアクセスの容易さ
文化的・社会的規範	個人の富や収入を潜在的に増加させる，新しいビジネス手法や活動に導く行動を，促進・許容する文化的・社会的規範の程度

出所：GEM（2012）をもとに作成

2 アントレプレナーシップの国別比較

さて，ここから実際にGEMデータを用いて，世界の起業活動の状況を簡単に比較していきます。その際，日本におけるデータ収集は2014年に行った調査

図表2-3 | APSの国別結果（2014年）

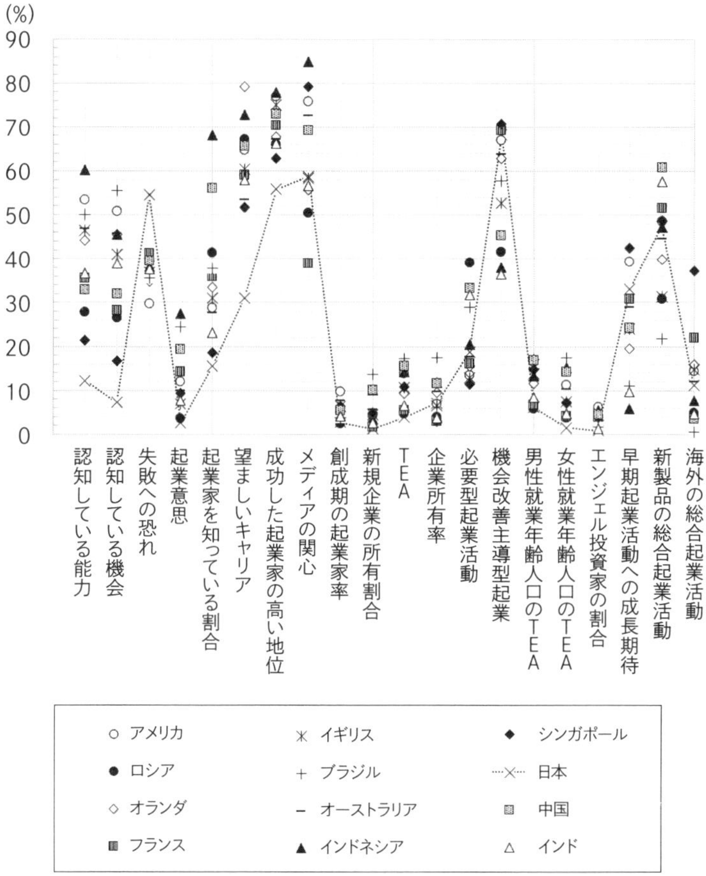

出所：GEM（2014）をもとに作成

が最新のものですので，2014年のものを見ていきます。

図表2-3は，前述のAPS調査の国別結果について，図表2-4は，NES調査の国別結果について示しています。図表2-3が示す，個人に関する特徴に関しては，**日本は，認知している能力，認知している機会，起業意思，起業家を知っている割合，望ましいキャリア選択としての起業家精神，成功した起業家の高い地位，総合起業活動（TEA）指数において，他国と比較して低い割合**

図表2－4　NESの国別結果（2014年）

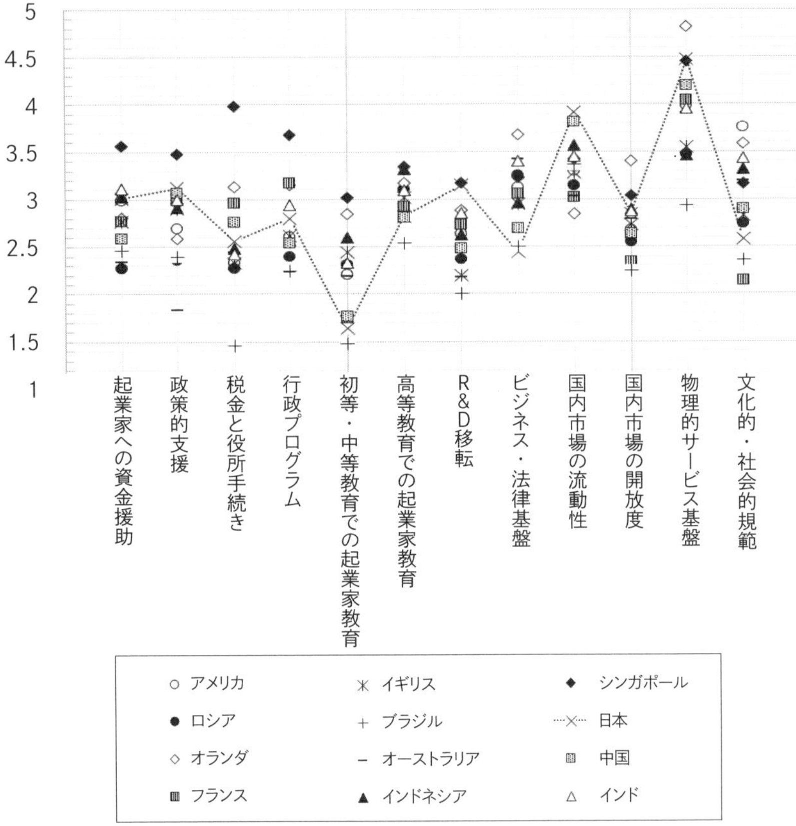

出所：GEM（2014）をもとに作成

であり，失敗への恐れに関しては大変高い割合であることがわかります。一方で，アメリカやオランダといった先進国のみならず，インドネシアなどの国で，いくつかの項目において，高い割合であることが見てとれます。

また，図表2－4が示す，専門家が評価した国別のアントレプレナーシップの状況に関しては，**日本は，初等・中等教育における起業家教育や，ビジネス・法律基盤に関しては，低い値を示しているものの，起業家への資金援助や政策的支援，行政プログラムに関しては，必ずしも低い値ではない**ことが見てとれます。なお，それらの項目に関して，シンガポールは他国と比較して高い値であることもわかります。

3 日本における潜在的な起業家はどのくらいいるのか

ここまで見てきたように，日本における起業活動および個人の起業家精神は，世界各国と比較すると必ずしも高い水準にあるとはいえない状況が続いてきました。また，その原因について，中央大学の本庄（Honjo 2015）は，GEMデータを用いて詳細に分析しています。

そのような日本の起業状況に関する課題を解決するために，近年，産官学を問わず，国あるいは地域における起業支援の活動や起業支援投資促進策が活発化しています。実際に，GEMの調査においても，図表2－4が示すとおり，初等中等教育における起業家教育やビジネス・法律基盤以外の，起業家への資金援助や政策的支援，行政プログラムに関しては，必ずしも他国と比較して極端に不十分な状況ではないことがわかりました。

しかしながら，そのような起業支援の活動や起業支援投資促進策が，どの程度日本における個人の起業活動および起業支援活動に影響を及ぼすかは必ずしも定かではなく，まずは，無関心層や潜在性を含めた起業家および投資家の類型化とその実態の把握が必要不可欠と言えます。そこで，中村・本庄（2019）は，経済産業研究所で実施したアンケート調査の結果をもとに，日本の起業家と起業支援投資家（エンジェル投資家）およびその潜在性に関する実態について明らかにしました。

具体的には，まず，起業家を起業経験の有無で判別しています。ここでいう起業経験とは，GEMのTEAの定義に従って，「従業員や所有者に対する，給与や賃金，その他のあらゆる支払いを，3カ月以上行ったことがある法人を創業・所有・経営した経験」としています。そして，起業経験がある人のうち，現在に至る人を「起業家」と類型化する一方で，現在は退任もしくは廃業した人を「起業経験者」と定義し，その中で，今後の起業意思がある人を「連続起業家予備群」，起業意思がない人を「起業理解者」と呼んでいます。

次に，起業経験がない人のうち，自分が起業するか否かにかかわらず，起業

図表2－5 ｜ 起業家の類型別地域構成

	起業家	連続起業家予備群	起業理解者	起業家予備群	起業全般関心層	起業無関心層	計 (*N*)
北海道	18	6	6	31	33	330	424
東　北	22	8	20	39	50	548	687
関　東	112	46	94	216	276	2,738	3,482
中　部	66	26	52	80	106	1,336	1,666
近　畿	66	17	33	99	130	1,429	1,774
中　国	22	7	15	27	36	466	573
四　国	10	7	10	17	12	238	294
九　州	46	14	41	69	99	832	1,101
計 (*N*)	362	131	271	578	742	7,917	10,001

出所：中村・本庄（2019）をもとに作成

全般に関心がない人を「起業無関心層」，起業全般への関心はあるが自ら起業する意思はない人を「起業全般関心層」，反対に，起業全般への関心と自ら起業する意思のある人を「起業予備群」と定義しています。

中村・本庄（2019）の調査の結果，起業家に関する類型別の人数は，図表2－5に示すとおり，10,001人中，「起業家」が362人，「連続起業家予備群」が131人，「起業理解者」が271人，「起業家予備群」が578人，「起業全般関心層」が742人，「起業無関心層」が7,917人となりました。つまり，実際の起業家はやはり少ないものの，起業家予備群や起業関心層は，一定数存在することがわかります。

地域によりその構成が異なることがわかります。

まとめ

- 2014年度の日本の総合起業活動指数は，68カ国中，下から2番目でした
- しかし，日本は，起業家への資金援助や政策的支援，行政プログラムに関しては，必ずしも他国と比較して極端に不十分な状況ではありません
- 起業家予備群や起業関心層は，一定数存在しています

演習・課題

- なぜ日本のアントレプレナーシップは低いのでしょうか，本章のデータを基に考えてみよう
- どのような施策を実施すれば日本のアントレプレナーシップは高まるでしょうか，自分なりに仮説を立てて考えてみよう

第3章 アントレプレナーはどういう人？

✓アントレプレナーに必要な不可欠な要素は何か？
✓アントレプレナーシップとリーダーシップの違いは？
✓どのようにアントレプレナーシップやリーダーシップを養うか？

1 アントレプレナーに必要不可欠な要素・能力

アントレプレナーの特徴に関して，バイグレイブとザカラキス（Bygrave and Zacharakis 2010）は，10のDを持つものというふうに定義づけています。具体的に10のDとは，**Dream（夢）**，**Decisiveness（決意）**，**Doers（実行）**，**Determination（決断）**，**Dedication（献身）**，**Devotion（傾倒）**，**Details（細部）**，**Destiny（宿命）**，**Dollars（資金）**，**Distribution（供給）**です。英単語ですので，ニュアンスがやや伝わりにくいところもあるかもしれませんが，いくつか取り上げて見ていきましょう。

まず，Dream（夢）です。これはどのアントレプレナーにも必ずあるものです。どのような事業を成功させたいか，どのような製品を作りたいか，どのような生活をしたいか，どのような人と一緒に働きたいか，どのように社会をより良くしたいかなどなど，大なり小なりアントレプレナーになる際には夢があると思います。しかし，単に夢だけに終わるのではなく，それを実現させようという強い意志や意欲，熱意，成功への執念を持って，自らの責任で決断し，柔軟に実行していくことが重要です。それらは，ここでは，Decisiveness（決意），Doers（実行），Determination（決断）で表現されています。

そして，実際にアントレプレナーとして，創業したり新しいことを始めたりする際には，同時にさまざまな犠牲を伴うことも忘れてはいけません。主に自分自身の時間とお金（資金（Dollars））が，成し遂げたいと思うことに多く使われることになります。それでも成し遂げたいことを自らの使命や宿命(Destiny)

と感じ，やり抜く意志が必要不可欠です。

ここでいうDream（夢）を持つということは，目的や目標を持つことであり，つまり，現状の課題や改善点を見つける能力のことを指します。そして，その目的や目標を，単なる自分だけの問題としてだけではなく，自分が属する集団や社会全体の問題としてとらえ，その中での自分の役割を意識し，行動を起こすことの意義を自ら見出すことができる能力を意味します。これは，自らの役割定義能力と呼ぶことができます。社会や市場の状況をよく把握したうえで，自分の果たすべき役割を具体的に定義し，社会や市場，顧客への強い貢献意欲を持ち，社会やマーケットにおける課題解決を自らの役割とする態度と能力のことです。

さらにもう1つ重要なのは，自ら見つけたそのような目的・目標およびそれを達成する行動などの計画を上手く他社に伝える能力です。これは，たとえば，起業計画書などの作成能力とも密接に関係します。これらは，アントレプレナーシップ教育で身に付けることができる能力といえるでしょう。

2 アントレプレナーとリーダーシップ

アントレプレナーシップは，既述のとおり，自らのビジョンを持ち，目指すべき方向性を見出し，自らの創意工夫や新しい価値創造により，組織や社会の変革を成し遂げたり，新しく何かを始めたりすることを意味します。一方で**リーダーシップ**とは，組織や人の集まりの中で，自らのビジョンや理念，価値観に基づいて，魅力ある目標を設定し，その実現体制を構築したり，人々の意欲を高め成長させたりしながら，課題を解決することを意味します。したがって，**アントレプレナーシップとリーダーシップは重なり合うところが多いながらも若干のニュアンスの違いがあります**。簡単に言うと，ゼロから1，そして10を作っていくことがアントレプレナーシップであり，人の集まりの中でその組織や事業を1から10に成長させていくことがリーダーシップです。アントレプレナーシップを考えるうえでは，まずリーダーシップについて整理しておく必要があります。

組織の中心に立つリーダーとしての経営者は，経営理念の具現者です。戦略が理念から導かれるように，経営者は一貫した理念・思想によって，事業・組織のあらゆる構成・運営を指揮する責任があります。リーダーに求められる要件とは，高い専門性や技術，豊富な知識だけでなく，高い人格も必要とされます。また，人格だけに限らず，幅広い教養を備えていることも必要です。なぜなら，メンバーにはさまざまな価値観や行動基準，判断基準を持った人がいるからです。その人の立場になって物事を考えられる，間口が広く何事も受け入れられる包容力が必要不可欠といえます。

では，それはどのようにして身に付けることができるのでしょうか。生まれつきそのような高い人格や幅広い教養を持っている人は多くありません。どんな偉大なリーダーも長い年月をかけて人格を形成し，教養を獲得したことは想像に難くありませんが，すぐに始められることとして，読書や旅，スポーツ，古典などの芸術や文化に触れたりすることが挙げられるでしょう。仕事や勉強以外に打ち込める事を持つことは，人の間口を広げ，心に余裕をつくります。また，音楽，芸術などの美に触れることで，心の内側にあるものに真剣に向き合い，個々人が持っている本質的能力に気づく契機となるかもしれません。他にも，スポーツを通じて肉体と精神の限界を知り，人の本質を知ることができますし，読書を通じて多くの賢人の人生経験に触れたり，人が真剣に考えたことばを通じてさまざまな考えを学んだりすることができるのです。教養を磨くということは，さまざまな価値を受け入れる心をつくることで，ひいてはグローバル化にも通じます。

3 企業組織や経営におけるリーダーシップ

リーダーシップに関する簡潔でわかりやすい定義は，ノートハウス（Northouse 2012）による，「**リーダーシップとは共通の目標を達成するために個人が集団に与える影響の過程**」というものでしょう。この定義からもわかるとおり，リーダーシップとは，企業経営や起業論などに限らずさまざまな分野に関係があるものです。したがって，経営学などの学問分野が確立されるはるか以前から研究対象となってきました。

ここでは，企業組織におけるリーダーシップに焦点を絞って，エリック・

ボールとジョセフ・リピューマ（Ball and LiPuma 2016）が取り上げているリーダーシップに関する研究のいくつかを見てみましょう。経営者でもあるチェスター・バーナード（Barnard 1938）は，リーダーシップに関わる調査を実施し，経営者にとっての第一の責任は，管理職に従事する者たちが組織のために協力し合うように組織の目的を定め，忠誠心を育てることだと主張しました。そして，経営者がまず行うべきことは，管理職位を規定し，管理職を担う人を選定し，組織のコミュニケーションシステムを構築することであるとしました。そしてなにより経営者は，従業員を単純な生産労働力としてのみ捉えるのではなく，従業員の満足度を高めることに努めるべきだと指摘しています。

上記のようにリーダーである経営者と管理職，いわゆるマネージャーとの関係性により焦点を当てて研究した事例もあります。たとえば，ジョン・コッター（Kotter 1990）は，リーダーシップは変革を促進することであるのに対して，マネジメントは複雑性に対処することだとしています。それゆえ，多くの企業はリーダーよりも多くのマネージャーを必要とすると言えます。

リーダー自身の行動特性や役割については，次のような研究があります。ヘンリー・ミンツバーグ（Mintzberg 1975）は，リーダーの時間の使い方を分析し，リーダーは概して，常に緊急の用事などの割りこみが発生するため，計画的というよりは，むしろ対処的にならざるを得ず，慌てて意思決定を下す羽目に陥る実情を明らかにしました。このことは，前述したことと矛盾するように思えますが，裏を返せば，リーダーと呼ばれる人たちが現実にはその役割をうまく果たせていないということを指摘しています。

このことと関連して，ウォーレン・ベニス（Bennis 1989）は，**リーダーは，物事を正しくマネジメントするのではなく，やる価値のある，正しいことを行うことが重要で，戦略論や概念論について考える時間を意識的に作り出さなければならない**としています。そのためにリーダーは，自制心をもって意識的に従業員やマネージャーに権限を委譲することが必要なのです。

また，エドガー・シャイン（Schein 2010）の研究によれば，リーダーの役割は，組織文化の創造と維持であり，組織文化こそが組織の成功に不可欠であると述べています。そのほかにも，ジーン・リップマン・ブルーメン（Lipman-Bluemen 1996）は，リーダーシップのスタイルを分類し，**リーダーは，現代の**

組織に求められる機敏さのためには，広範なリーダーとしてのスタイルについて学び，受け入れなければならないと指摘しています。

ビジネスの現場では，マネジメントとリーダーシップとが混同されることが多々あります。そこで，リーダーシップとマネジメントの違いを簡単にまとめると次のようになります。

マネジメントとは，管理する能力のことであり，効率的な組織運営を行うことと言えるでしょう。具体的には，短期的な計画や予算の立案や，組織構造の設計と人員配置，予算や実績管理を行い，問題解決を図ることが挙げられます。一方で，**リーダーシップは，人と組織を動かす能力**，つまり，**変革を推進**することであり，長期的なビジョンの提示や，ビジョンの伝達によるメンバーの統合，メンバーの動機づけを行うことです。

ベンチャー企業にとって創業者，つまり，アントレプレナーはすなわち，組織のリーダーであることが大半ですから，リーダーの力，見識，器が，そのまま，そのベンチャーの成否を決めます。完璧なリーダーはいないと言っても過言ではないですが，ベンチャー企業は成長が最も大事ですので，リーダー自身が，会社の成長以上のスピードで成長し，組織全体を率いて行くことが大事です。

4 リーダーシップが求められる局面とリーダーの類型

では，リーダーにとってどのようなリーダーシップが必要なのでしょうか，また，リーダーとしての成長とは何を意味するのでしょうか。その答えは，**リーダーシップには，さまざまな特性やパターン，類型がある**という事実にあります。リーダーシップの特性は，その視点によってさまざまなものが指摘されています。普遍的な唯一の「リーダーシップ」というものがあるのではなく，リーダーシップは多様であるということです。たとえば，皆さんの周りにも，寡黙だけど仕事を着実にこなすリーダー，雄弁で巧みな話法で多くの人の気持ちを動かし引っ張っていくリーダーなど，さまざまなタイプのリーダーがいると思います。実は，リーダーは，メンバーの特徴などの組織の内部環境や，組織が置かれた外部環境などの諸条件によって，求められるタイプが違うのです。

リーダーの多様なパターンを把握し，状況に応じて必要なリーダーとしての行動特性を使い分ける能力こそ，真のリーダーの能力であり，真のリーダーになることがリーダーの成長なのです。それは，学習によってすべての人が身に付けることができるものと言えるでしょう。

(1) リーダーの類型

リーダーの類型に関して，代表的なものに，レヴィン（Lewin K.）のリーダー類型があります。アメリカの心理学者レヴィンら（Lewin et al. 1999）は，アイオワ大学で行った実験にもとづき，リーダーのタイプを**専制型・放任型・民主型**の3つに分類しました。**専制型**のリーダーは，短期的には他の類型よりも仕事量が多く，高い生産性を得ることができるが，長期的には，メンバーが相互に反感や不信感を抱くようになり，効果的ではないと言われます。一方，**民主型**のリーダーは，短期的には専制型リーダーより生産性が低いが，長期的には高い生産性をあげ，メンバー間に友好的な雰囲気が生まれ，集団の団結度が高くなると言われます。最後に，**放任型**のリーダーは，組織のまとまりもなく，メンバーの士気も低く，仕事の量・質とも最も低いのが特徴ということです。しかしながら，組織の立ち上げ当初は「専制型」，安定してきたら「民主型」など，組織の形態や成長度合いの状況によって，望ましいリーダーの類型を使い分けることがより効果的と考えられています。

このように，リーダーの類型については，さまざまな研究がなされており，論者の数だけリーダーシップ理論が存在すると言われるように，非常に多元的・複雑なテーマとなっています。

そこで，ここではまず**時間軸**と**規模軸**という2つの軸をベースとして議論を始めましょう。

(2) 時間軸と規模軸による分類

まずは**時間軸**についてです。短期対長期という相反する概念を考えてみましょう。もしくは，短気対のんびり屋，急進派対慎重派，結果重視対過程（プロセス）重視と呼び変えるとわかりやすいかもしれません。もう1つの**規模軸**については，対象規模，もしくはメンバーと言い換えることもできますが，小

図表3-1 ｜ 事業や組織の成長と求められるリーダーの類型

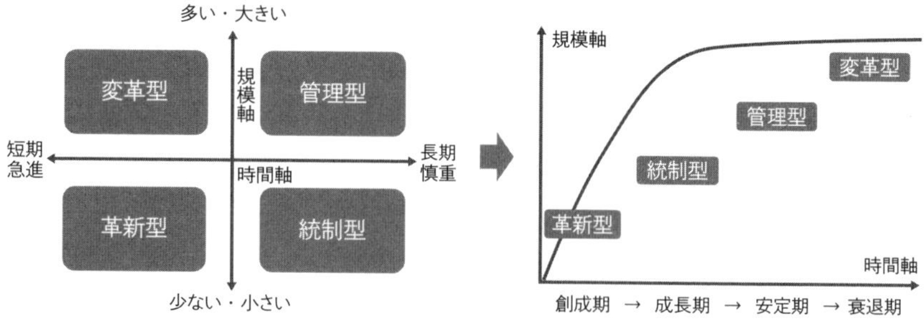

出所：筆者作成

さい対大きい，もしくは，多い対少ない，の相反する概念を想定してください。この2つの軸を考えると，4つの類型ができます（図表3-1（図表左）参照）。この4つの類型を1つずつみていくことにしましょう。

まず1つ目は，図表の左下に該当します。少ないメンバーを対象に，短期的，急進的，結果重視のリーダー類型です。この類型にあてはまるリーダーは，規模が比較的小さい組織のリーダーなので，短い時間で結果を求めてより急速に組織を変えていくことができます，したがって**革新型リーダー**と呼べるでしょう。

次に，図表の右下に該当するリーダーです。この類型に当てはまるのは，少ないメンバーを対象とし，長期的視野で，慎重に行動するリーダーです。この類型に属するリーダーも対象は限られているので，リーダー自身が慎重であれば組織も慎重で，より統制のとれた組織になることができます。したがって，この類型に属するリーダーは**統制型リーダー**と呼ぶことができます。

3つめは，図表の右上に位置するリーダーです。ここに位置するリーダーは，多くのメンバーを長期的に，慎重に導くタイプです。このようなリーダーは，多くの人からなる大きな組織を上手に管理・運営し，安定と継続を生み出すシステムを構築します。それゆえ，この類型のリーダーは**管理型リーダー**です。

最後は，図表の左上のリーダーです。この類型に当てはまるのは，短期的，急進的，結果重視ですが，多くのメンバーにおけるリーダーですので，リーダー自身がすぐに物事を動かしたい，実績を短期で出したいと思っても，必ずしも組織がそれにすぐに対応するとは限りません。したがって，多くのメンバーをいかに説得するか，そして，どのように行動を促すかというコミュニケーション能力や，場合によっては多くの人の気持ちを一気に大きく動かすためのカリスマ性や政治力が必要とされることもあります。大多数の人や既存の考え方，これまでの慣習などを大きく変革することが求められます。したがって，このようなリーダーを**変革型リーダー**と呼ぶこととします。

もちろんこれらは，厳密に分類されるものでもなく，重複する領域もありますが，概念化して理解しやすくするため，まずは，このように分けておきます。

(3) 事業や組織の成長とリーダーの類型

では，次に，組織が変化する際，どのような局面で，どのようなタイプのリーダーが必要とされることが多いのか考えてみましょう。もちろん下記に述べることが必ずあてはまるというわけではありませんが，リーダーシップ論を考えるうえで大きな参考となるはずです。

リーダーの類型を考える際，図表３-１のとおり，**時間軸**と**規模軸**の２軸をベースとしました。図表では，２軸がちょうど交差していますが，これを動かし，交差点が左下隅になるようにしてください。そして，時間の流れをより意識するため，左下の交点をゼロ，すなわちスタートポイントと考えてみてください。組織は，時間の流れとともに，どのような経緯をたどるでしょうか。生物の成長もかなり似ていますが，主に，企業などの組織は，図表３-１（図表右）のように，創成期から成長期，安定期，衰退期という道筋をたどると言われています。

では，この道筋とリーダーの類型とを関連づけて考えてみましょう。まず，創成期は，事業規模は，少人数で小さく，何よりも早急な成長を目指しています。そのような段階では，前述の革新的リーダーが必要でしょう。必要というよりはむしろ，革新型リーダーによってのみ組織や特定の集団が創造できる段階と言っても過言ではありません。

次の成長期は，特に一概に断定できない段階だと思います。なぜなら，おそらくすべての組織は成長しますが，それが急激な成長なのか，比較的緩やかな成長なのか，大規模な成長か小規模な成長かなどは，その組織の志向性や，外部的環境によるからです。少しずつ統制が取れる範囲での成長を目指すのであれば，統制型リーダーが必要ですし，急激に社会や市場，人々の価値観や認識を大きく変革させる大規模な組織であれば，変革型のリーダーが必要となるでしょう。

安定期は，組織が大きくなり，より安定・成熟する段階です。この段階では，上手に管理・運営ができる管理型リーダーが求められる局面が多いと考えられます。しかしながら，あまり変化がない状況が長引くと，マンネリ化やルーチン化をもたらし，それが組織の衰退につながる可能性があります。それがいわゆる衰退期であり，衰退期には，必ず変革を促す変革型リーダーが必要となるのです。場合によっては，その段階で大きくなった組織は分裂し，新たな組織へと枝分かれすることもあると思いますが，そのような新たな組織もまた，創成期から衰退期まで変化していくと考えられます。

5 リーダーやアントレプレナーの要件を備えるために

図表3－1では，事業や組織の成長と求められるリーダーの類型を見ました。ここで，もう1点追加して考えてみましょう。それは，アントレプレナーシップとの関係です。図表3－1を見てわかるとおり，いわゆる革新型リーダーや変革型リーダーは，創業したり，組織を大きく変革させたりと，アントレプレナーシップを持つ個人のイメージとかなり近いのではないでしょうか。革新型リーダーはゼロから創り出すという点で，よりアントレプレナーの定義に近いかもしれません。これらのことを頭に入れたうえで，図表3－1をもう一度見てください。ここでは，事業や組織の成長に限定しましたが，縦軸の規模軸を経済規模や経済レベル，もっと言えば，国や地域の豊かさに置き換えてください。そのように置き換えても，概ねこの構造は当てはまることがわかると思います。つまり，経済に代表される豊かさも成長期を経て安定期や衰退期に入るということです。

わが国でも高度経済成長期からバブルの崩壊，1990年代からの失われた10年もしくは20年と呼ばれるような経済低迷期があり，現在に至ります。つまり，いま必要とされている人材は，変革型リーダーや革新型リーダー，すなわちアントレプレナーシップを持った人材です。少し込み入った話になりますが，より深く考えてみましょう。国や地域の豊かさは，人口と生産性つまり効率性によって決定されます。わが国の現状は少子高齢化，人口減少社会ですので，生産性を上げることが必要不可欠です。ということは，事業や組織レベルでみると，小さな規模で生産性を上げ急成長する革新的リーダー，すなわちアントレプレナーが必要不可欠なのです。

では，そのようなリーダーやアントレプレナーの要件を備えるにはどのようなことに気を付け，何を参考にすればよいのでしょうか。1つは，時間軸をさかのぼる，つまり過去の偉人に学ぶこと，もう1つは，空間軸を移動する，つまり，異なる国，業種，分野のリーダーやアントレプレナーをみて，共通する要素を学ぶことです。現在は，映像記録や書籍などもたくさんありますし，現役の方であれば，直接対話したり，対話しないまでも情報技術の発展により情報交流したりすることは容易になっています。そのような機会を徹底的に活用するのが最善の方法です。場合によっては，一流のリーダーやアントレプレナーに学ぶだけではなく，共に学ぶこともできるかもしれません。

また，お手本にするのは，何も一流のリーダーやアントレプレナー，偉人だけである必要はありません。事業や組織の成長が，生物の成長と類似していると前述したとおりです。また，アントレプレナーシップを学ぶことは自分自身の経営者となることであると冒頭で述べました。身近にいる人生の先輩，具体的には，両親や学校の先生，先輩，そして同年代の友人から，自分が経験していないことや知らないこと，興味のなかったことなどから得られるものは多いのです。ライフネット生命株式会社の創業者である出口治明氏も著書など（出口, 2017）で主張されているとおり，それは，人に会う，本を読む，旅に出るという3つにまとめることができると思います。

しかしながら，ただ上記の3つを経験するだけでは意味がありません。その経験をもとにそこから学びを得ることが重要です。本章の最後に，そのことを概念化した，組織行動学者であるデービッド・コルブ（David Kolb）氏の「**経験学習モデル（Experiential Learning Model）**」（Kolb 1984）を紹介したいと思います（図表3-2）。

経験学習モデルは，図表3-2のとおり，**具体的経験 → 内省的反省 → 抽象**

図表3－2 ｜ 経験学習モデル

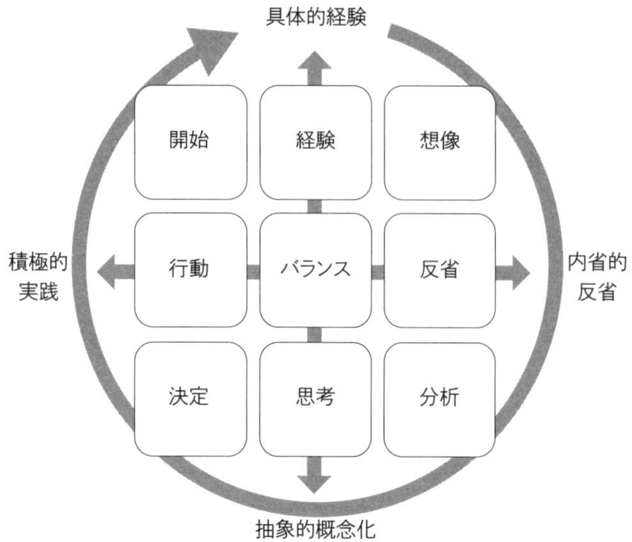

出所：Kolb（1984）およびコルブ氏のウェブサイトをもとに作成

的概念化 → 積極的実践というサイクルを回す理論です。コルブの最新のモデルでは，それをさらに，開始，経験，想像，反省，分析，思考，決定，行動，そしてバランスの９つに分類していますが，ここでは，基本となる**具体的経験 → 内省的反省 → 抽象的概念化 → 積極的実践**のサイクルについて説明します。

まず，具体的経験とは，文字どおり，具体的な経験をすることです。自分で考えて，自分で動いて，その結果を素直に受け入れることといえるでしょう。そうすると自分自身で多くの気づきを得ることができます。現場に足を運び，現物を手に取り，現実を自分の目で見ることが何よりも大事です。その後，その経験を多様な観点から振り返ることが重要です。このことを内省的反省といいます。自分の行動や経験したことを振り返り，その時に感じた思いや気づきがなぜ出てきたのかを自問自答し，自分なりに考えます。そして，それが，個人特有のものなのか，多くの人や事例にも当てはまることなのか，応用できることなのか考え，そこから教訓や本質的な要素，概念を抽出します。これを抽象的概念化と呼びます。そして自分自身の新しい理論として昇華させ，今度はそれが新しい状況下においても適用できるか積極的に実践し，そしてその積極的実践が次の新しい経験としてさらなる学習効果を生むのです。このサイクルを回すことによって，さまざまな事柄や状況に対処できる自信も身に付けることができます。

まとめ

- Bygrave and Zacharakis（2010）は，アントレプレナーシップに必要な要件として，次の10のDを持つものと定義づけています
- リーダーシップとは，組織や人の集まりの中で，自らのビジョンや理念，価値観に基づいて，魅力ある目標を設定，またその実現体制を構築，人々の意欲を高め成長させながら，課題や障害を解決することを意味します
- 一流のリーダーやアントレプレナーに学ぶだけではなく，共に学ぶことも重要で，そのためには，人に会う，本を読む，旅に出るという3つの具体的な経験が有効です。そして，具体的経験 → 内省的反省 → 抽象的概念化 → 積極的実践というサイクルを回すことで学習効果を高めます

演習・課題

- どのようなタイプのリーダーについていきたいですか？　その理由は？
- あなたはどのようなリーダーを目指しますか？
- アントレプレナーシップやリーダーシップを伸ばすためにあなたがすることを具体的に考えましょう

第4章 アントレプレナーとしての自己マネジメント

✓やるべきことを整理するにはどうすればよいか？
✓どうすれば自分でアイデアを出したり，考えを整理したりできるか？

1 自分自身を知る

ここまでは，アントレプレナーの定義や特徴について整理しました。それでは，アントレプレナーになるにはどうすればよいか，どのように自分自身をマネジメントするか，どのようなものの見方や考え方，頭の整理をすればよいかを見ていきたいと思います。

まず，**自分自身を知ること**からすべては始まります。自分自身についてでさえ実は知っているようでよく知らない，客観的に見ることができているようでできていない，何を伸ばしていき，何を改善していくべき改めて考えたことがない，といったことはよくあると思います。自分自身のことが好きな人は良い面しか見ていなかったり，自分のことが嫌いな人は悪いところしか見ていなかったりします。そして，人は常に，人と人との関係の中で生活を送っている以上，評価の基準を他人ではなく，自分自身に置くことは容易ではありません。人と比較せずに自分を客観的に評価することは本当に難しいことです。

そこで，まずは，**自分の強みと弱みについて考えるところ**から始めましょう。この時，さまざまな考え方があるでしょうが，できるだけ主観的な評価は避け，**客観的な，言い換えれば数値データ化できるような評価**で自分自身を分析することが重要です，たとえば，次のような例が考えられます。

資金・経済力はどうか。これは，貯金額や収入額で見ることができます。行動の安定性・定期性はどうか，ストレス耐性はどうか。これらも，たとえば活動に使ったお金の時間的変化でみることができます。月や年によって娯楽費が増える，プレッシャーにさらされる出来事があると食費が増えるなど，工夫次第で客観的なデータで把握できるでしょう。

その他にも，計算力や頭の回転が速いか，コミュニケーション能力が高いか等について，数学や英語のテストをその評価の基準としてもいいでしょう。自分なりの客観的な評価基準をつくることが重要です。

ここで，大事なことは，たとえば，自分は頭が悪いだとか，考える力がないだとか，容姿が悪いだとか，そういう主観的な思い込みや他人との比較で自分自身を評価しないことです。できるだけ，データなどの数値で客観的に評価することが重要なのです。なお，この重要性は，後述するビジネスや社会的事業を評価する際にも重要な視点となります。

では，そのことを前提としてさらに議論を深めていきましょう。自分自身を知ることが何よりも大事といいましたが，それはなぜでしょうか。前章で見たようなリーダーになるためでしょうか，アントレプレナーになるためでしょうか。これはリーダーになるか，アントレプレナーになるかにかかわらず，労働者，つまり，すべての人にとって必要不可欠だからです。

事業も組織も創成期から成長期，安定期，そして衰退期と変化していきます。いつどのタイミングでリーダーシップを個々が発揮しないといけないかは，なかなか予想することはできませんし，人生を生きるということは，個々人が自分自身の，人生の経営者になるということですから，どこかで必ずリーダーシップやアントレプレナーシップを発揮しないといけない局面が来ると考えるほうが妥当です。そして何より，そのようなことを前提とすると，我々が単純な労働者，つまり，自分では何も考えず，判断せず，意志も持たない労働者であることはあり得ないのです。そのような労働，単純作業は人工知能やロボットなどにとって代わられるでしょう。つまり我々は，好むと好まざるとにかかわらず，優れたリーダーやアントレプレナーにはならないまでも，知識労働者にならざるを得ないのです。

知識労働者は自らを上手く管理・運営しなければなりません。**自分自身を知るということ，自分自身の弱みと強みをわかるということ**がその第一歩です。何か新しいことを実施するには，現状を分析し，実施主体の強みや弱みを知るところからすべてが始まります。この原則を個人レベルであてはめるということです。

2 何をするべきか，時間で大枠をつかむ

次に，自分自身を知ったうえで，何をすべきかということについて考えていきましょう。簡単に言うと，**強みを生かし，弱みを克服する**という2点に尽きます。では，それをどう具体的に行うかですが，ここでは時間に着目しましょう。なぜなら，時間は，あらゆる人に平等に与えられ，自分自身がどういう状況に置かれていようと関係なく，一定のリズムで進んで行くからです。つまり，何かの基準とするには最もよい尺度なのです。先ほど時間はあらゆる人に平等に与えられていると言いましたが，それは，1日は24時間，1年は365日というように平等に時間があることを念頭に置いています。しかし，厳密に言うと，必ずしもそうではありません。たとえば，50歳で亡くなる方もいれば100歳まで生きる方もいます。全く予期せずに不幸にも若くして亡くなる方もいるでしょう。個々人が持つ時間は必ずしも平等ではないのです。しかし，多くの人は，そのようなことには気にもかけず，時間はずっとあるかのように日々を何となく過ごしています。その意識を改めるところから始める必要があるのです。

まず何をするか。それは，**10年後の目標**を決めることだと思います。10年後の自分自身の成果・アウトプットを明確にするということです。内容はどんなことでもいいと思います。お金を1,000万円貯める，結婚して子供を産む，課長に出世する，会社を創業する，博士号を取得する，海外に移住する，などなどなんでも，自分がやりたいことや目標を，挙げられるだけ思いつくままに挙げます。次に，その中から優先順位を決めていきます。たったそれだけのことですが，この目標をベースにどんどん物事を整理していけばよいのです。この方法を**バックキャスティング**と呼びます。将来のあるべき姿や目標から，今すべきことや，やらなければいけないことを決めていく方法です。

将来のあるべき姿や目標がある程度明確にできたら，次は，その目標に近づくための**5年後**や**3年後**について考えるべきでしょう。3年後や5年後は，10年後と違って，比較的現実味がある将来です。学校の卒業や，職場の異動など予測できるイベントがいくつかあるはずです。確実性の高いイベントが1つでもあると計画はより立てやすくなり，一気に現実味を帯びてきます。大学卒業

までにこの資格を取ろうとか，職場が異動になる前に結婚しようとか，将来の目標に近づくための良い目印となる通過点を設けることができます。この時も，目標は多くて構いませんが，すべてのことに等しく時間を割くことはできないので，やはり優先順位をつける必要があります。

ところで，「すべてのことに時間を割くことができない」と言いましたが，３～５年後の近い将来について考える段階から，より時間を意識をしていく必要があります。ここでいう時間とは１時間単位の時間です。１時間単位と言っても別に，文字どおり時間ごとのスケジュールを考えようということではなく，時間単位で大枠をつかんで頭の片隅に入れておくという意味です。

それはつまり，次のようなことを意味します。まず，１日＝24時間は不変です。５年後であれば，私たちは24時間×365日×５年間＝43,800時間持っています。しかし，睡眠時間が毎日７時間必要で，食事は３食合わせて1.5時間，通勤・通学で平均0.5時間，お風呂や家事・掃除が毎日１時間などと考えていくと，たとえばこの例では，７＋1.5＋0.5＋１の10時間がすでに予定が埋まっています。そう考えると，自由な時間は１日14時間，５年間で14時間×365日×５年間＝25,550時間です。ここで，仕事や学校での勉強に１日７時間従事すると仮定すると，その時間は７時間×365日×５年間＝12,775時間。ですので，自由に使える時間は半分の12,775時間になりました。そして，１日に1.5時間ぐらいは何もせずだらだらしたり，テレビを見たり，リラックスする時間が必要だとすると，1.5時間×365日×５年間＝2,737.5時間がさらに減り，自由に使える時間は**約１万時間**になります。この**１万時間**をどういうふうに有効に使うか，どういうふうに配分するかという計画を立てていくのです。

この１万時間は，実はかなり意味のある時間です。マルコム・グラッドウェル氏が著書（Gladwell 2008）の中で紹介している「**１万時間の法則**」をご存知でしょうか。**どのような分野でも，だいたい１万時間程度継続してそれに取り組んだ人は，その分野のエキスパートになるという経験則**です。エキスパートというと大げさですが，１万時間程度，真剣に取り組めば高レベルの水準に達成することができるということです。たとえば，日本人が英語を勉強するとき3,000時間から5,000時間勉強すればかなりしゃべれるようになるというので，その倍の約１万時間努力すれば，プロにはならなくても，プロ並みの水準に達するだろうということは想像できるでしょう。

以上のように考えると，3～5年間でかなりの成果で達成できるのは，本当に重要な目標は1つか，多くて2つでしょう。

そのように時間単位を意識しつつ大枠を大体決めると，それを分割していくだけですから，自然と1年や半年単位，さらには1週間や1日単位の行動計画が決まってきます。たとえば，起業が目標であれば，起業のための準備の時間を次のように大枠から設定します。5年で1万時間，前半2年は仕事が忙しいので，2年で3,000時間，1年目は睡眠時間や友人と飲みに行くのを削って2,000時間，1週間で約40時間，平日は4時間，土日・祝日は，あわせて20時間などと設定するのです。こうやって設定すると実は，かなり大変だということが実感できてきます。ただし，これはあくまで目安であって，実際は，通勤中や食事中，お風呂に入っている時ですら集中して自分の頭で考えたり本などを読んで勉強することもあれば，全くやる気が起こらず1日中何もしなかったりすることもあるでしょう。重要なのは大枠をつかむことであって，努力できているかどうかを**自分なりに評価する基準を設けること**だと思います。時間を使うということは，やはり客観的な評価基準になりますので，それで全然物事が進んでいなければ（つまりアウトプットが何もなければ），やり方や効率が悪いのかもしれませんし，もしかしたらそもそも才能がないのかもしれません。その時は，行動計画を改善・修正するか，思い切って方向転換することやあきらめることも大事です。その時に，後々まで引きずらないように，客観的な評価基準を持っておくべきですし，まず，時間を基準にすることが有効だと思います。コストというとお金だけを想像する人も多いかもしれませんが，時間もコストなのです。自らにかかる費用や時間をまずコストと捉えて，それぞれを比較して，いかに成果や価値を生んでいくかを考える必要があります。

3 アウトプット思考で時間単位の質を高める

前節のような目標を立て，大枠を決めて，**バックキャスティング**で考えていく考え方を**アウトプット思考**とも呼びます。**アウトプット**，つまり，成果を明確に意識するということです。大枠でとらえた時間は，**アウトプット**ではありません。時間で大枠を考えた後は，今度は活動の質を考える必要があります。前述した1万時間というような総時間量は，あくまで大枠の目標であって，本当の目標は，何をするか，何になるか，何ができるか，というようなアウトプット＝成果です。つまり，いくら時間をかけても目標に達成しなかったら何の意味もないのです。

このことは，仕事でも同様です。仕事には必ず納期などの期限があり，その納期に間に合うことと，品質の両方が求められます。制約時間の中で，要求されている水準の品質で成果を出さなければなりません。いくら時間をかけたといっても成果が悪ければだれも評価してくれないでしょう。仕事では，成果がとても重要なのです。しかし，自分自身の夢や目標についてはどうでしょうか。他人に評価されるものではないので，ついつい成果はあいまいになりますし，なにより納期があいまいになります，**時間で大枠を決めるということは，そのあいまいになりがちな納期をはっきりさせるということ**です。

また，あることをするには，時間だけでなく，お金もかかります。かけた時間やお金から自分がどのような成果を生んでいるかについての意識はやはり明確にしなければいけません。そして，それらを意識したうえで，自分で判断，意思決定し，行動していくことが**セルフマネジメント（自己マネジメント）**です。

では，どうすればよいかについて考えましょう。企業ではよく**PDCAサイクル**という言葉を使います。これは，**Plan（計画する）**，**Do（実行する）**，**Check（評価する）**，**Action（改善・修正する）**の頭文字をとったもので，Plan（計画する）の段階では，作業を行うための計画・スケジュールを立て，誰が，いつまでに，何を行い，どうなっていればいいのか（目標・ゴール）を決めます。次に，Do（実行する）の段階では，定められた計画に従って着実に作業を実行します。さらに，Check（評価する）の段階では，作業の結果を計画と照らし合わせて管理し，進捗の遅れはないか，あるとすれば何が原因かを分析します。そして，Action（改善・修正する）し，これを踏まえてさらに次のPlanへと反映させていくのです。これはもちろん，企業やプロジェクトだけの話ではなく，自己マネジメントにも当てはまります。このPDCAサイクルを見てもわかるとおり，初めに必要なのはやはり目標やゴールなのです。

以上のような概念を図にしたのが図表4-1です。この図では横軸を時間，

図表4－1　時間と成果の関係概念図

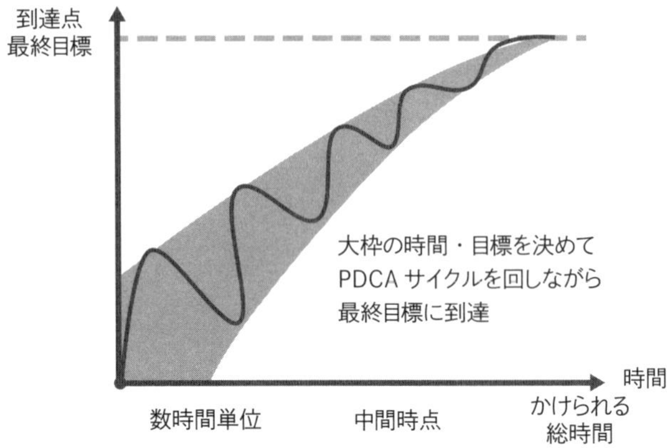

出所：筆者作成

縦軸を成果としています。最終目標に向かって大まかな時間を設定したうえで，PDCAサイクルを回しながら，幅を持たせて成果を高めていくという概念です。波線で示しているとおり，短期では失敗や成功を繰り返すことになりますが，それはあくまで成長の過程であって，最終的に目標を達成すればよいということです。この概念を常に頭に入れておくことが必要不可欠です。

4　アイデアをたくさん出す発想法

アントレプレナーにとっては，**アイデアをたくさん出す**ことも重要です。アイデアは浮かんでは消えていきます。また，思いついたときはいいと思っていたアイデアも，時間がたつと全然そうは思えないといったことは頻繁に起こります。したがって，アイデアはメモなどに記録し，それを蓄積し，何度も見直し，整理し，修正し，磨き上げることが必要不可欠です。とにかく思いついたこと，関心・興味を持ったこと，知りたいことなど，なんでも実際に書いてみることが大事です。どんな形でもいいのでメモすることが重要で，アイデアはメモ書きしながら出していくことが基本です。

また，アイデアの発想方法に関する具体的な方法論も数多く提案されています。以下，いくつか主なものを紹介します。

(1) ブレインストーミング

まず，アイデアの発想方法と聞いて，真っ先に思い浮かぶのは**ブレインストーミング**ではないでしょうか。よくブレストと略して呼ばれるものがそれです。そもそも，ブレインストーミングは，米国の広告会社BBDO社の社長オズボーン（Osborn 1957）が考案したものです。自由連想法の代表的なもので，基本的には集団で行うアイデア発想法です。ブレインストーミングの特徴は，それを行う際のルールにはっきり表れていますので，確認してみましょう。ブレインストーミングのルールのキーワードは，**①判断延期**，**②自由奔放**，**③質より量**，**④結合改善**の４つです。①については，参加者はアイデアを出すことだけに専念して，判断は後ですればよいということを意味します。その際，発想は既存概念や慣習などにとらわれることなく，自由奔放である必要があるというのが②です。また，ある人が自由に発言したことを，決して批判しないというような取り決めをあらかじめしておきます。③が，文字どおり，質はともかく自由奔放，思いつくままに，みんなでどんどんアイデアを出せば，質の良いアイデアもその中に出てくるという考えを表しています。そして，④結合改善は，ちょっとわかりにくいかもしれませんが，個人ではなく，複数人の集団でアイデアを出せということを重視したものです。

また，ブレインストーミングは具体的には，下記のような方法で実施します。まず，アイデアを出す際のテーマは，詳細な具体的なものほど良いと言われています。なぜなら，抽象的なテーマにすると，まとまりにくく，自由にアイデアを出していいと言われてもそもそもアイデアを出す局面を想像しにくく，出しづらいといったりする問題があるからです。ブレインストーミングは集団で行うアイデア発想法ゆえ，椅子や机の配置も重要になります。たとえば，部屋の机を全員の顔を見て座れるように円卓状にしたり，机を並べたりすることが最善です。

さらに，先ほどアイデアの発想には記録が大事と述べたように，模造紙とマジックペンや移動式のホワイトボード，自由にメモを貼ったりはがしたりすることができるポストイット（ふせん）が必要です。

そこまで用意ができれば，早速アイデアを出し合う段階に入るのですが，自由奔放にアイデアを出し合うとはいえ，無秩序にというわけにもいきませんし，アウトプットとしてまとめていくことも一定レベル必要ですから，基本的には，進行役となるリーダーを決める必要があります。進行役が時間をある程度決めて，司会進行します。時間は長くても２～３時間，長引くようであれば，適宜休憩を入れたり，リラックスできるようにお菓子や飲み物を用意しておいたりしても良いかもしれません。なお，進行役のリーダーが発言などを記録する記録係を兼ねてもいいですし，別のメンバーが記録係をしてもいいと思います。記録係は発言を記録する際に，フレームワークを用いて，共通する要素やキーワードを抽出し，それを生かしてうまく要約する必要があります。そして，最終的には，新規性や独自性，実現可能性などの観点から要点を絞り込みつつまとめることが大切です。

⑵　KJ法

ブレインストーミングと並んでよく使われるものに**KJ法**があります。これは，東京工業大学名誉教授の川喜田二郎（川喜田 1986）が考案したもので，KJは，川喜田氏のイニシャルです。まず，あるテーマに関して，そのテーマに関係ある情報を可能な限り出し，それを１つずつ別々の紙片に記入していきます。その後，紙片を類似するものごとにグループ化し，タイトルを付けます。そして，グループごとの関連などを考えながら図解化し，叙述化します。それによりテーマに関連する事業の切り口が見えてくるのですが，前述したブレインストーミングと組み合わせて行うことも多いです。

⑶　オズボーンのチェックリスト

また，ブレインストーミングを考案したオズボーン氏は，発散的発想法の１つとして**９つのチェックリスト**（**①転用，②応用，③変更，④拡大，⑤縮小，⑥代用，⑦再利用，⑧逆転，⑨結合**）を提案しています。これは，何か１つのアイデアがあれば，９つの方向でアイデアを発散させることができるという強制発想法の代表的な手法です。では，このオズボーンの９つのチェックリストを１つずつ見ていきましょう。

まず1つ目は，転用です。これは，文字どおり，他に転用したらどうかという考えで，新しい使い道はないか，少し変えたら他に使えないか，考えていく方法です。2つ目は応用です。他に似たアイデアはないか，何かの真似はできないか，アイデアを一部借りたらどうか，と考えるやり方です。3つ目は変更です。意味や形，色，動き，におい，様式などを変更したらどうかということを考えます。そして，4つめは拡大，5つ目は縮小です。この2つは文字どおり，前者は，大きくしたらどうか，加えたらどうか，多くしたらどうか，ということを考え，後者は，その逆に，小さくしたらどうか，分割したらどうか，減らしたらどうかということを考えます。6つ目は，代用です。他の人，モノ，材料，素材，製法，場所にしたらどうかについて考えます。7つめは，再利用です。入れ換えと言ってもいいでしょうが，順序を変えたらどうか，原因と結果を入れ替えるとどうか，と考える方法です。そして，8つめは逆転で，反転，前後，左右，上下，順番，さらには，役割や立場を逆転させたらどうなるかについて考えます。最後の9つめは結合です。結合も言葉どおり，目的や複数のアイデアを結合したらどうかについて考えます。

このオズボーンの9つのチェックリストによく似たものに，**SCAMPER**や**SCAMMPERR**といったものがあります。SCAMPERは，Subsitute（代用），Combine（結合），Adapt（適合），Modify/Mirror/Distort（修正／真似／変形），Put to other purpose（転用），Eliminate（除去），Reverse（逆転）の頭文字をとったものです。なお，SCAMMPERRは，SCAMPERにさらに，Magnify/Minify（拡大／縮小）やRearrange（再配置）を加えたものです。他にもいくつかありますが，これらは，基本的には類似の発散的発想法と捉えていいでしょう。

5 考えを整理する方法

発散的思考で発送したアイデアや考えは，収束させる必要があります。最後にアイデアや考えを整理する方法についてまとめたいと思います。多くの人は，パソコンで発表スライドを作る機会があると思いますが，その機能について思い出してみてください。たとえば，MicrosoftのPowerPointと呼ばれるソフトウェアには，SmartArtという図作成機能があります。それをよく見ると，リスト，手順，循環，階層構造，集合関係，マトリクス，ピラミッドのようないくつかの図の分類があり，その１つひとつにたくさんの種類の図があります。これらの図を活用して考えを図示化することがとても重要です。

複雑なことをまとめようとすればするほど，その作業は難しくなります。なぜなら，複雑であるがゆえに，自分でも考えを頭の中で明確に整理できておらず，それを図示化しようとしてもどうすればよいか混乱してしまうからです。したがって，考えを図示化できるということは，作成した人の頭の中で考えが整理できているということを意味します。

それでは，考えを整理するために何から手を付ければいいでしょうか。まず複数の対象のうち，どこが共通していて，どこが共通していないかを常に考えることが重要です。物事，事柄，概念の全体像は何か，どういう相互関係かを常に考え，そして，それを図示することから始めます。そのための手がかりとして，先ほど挙げたSmartArtの集合関係を用いてみましょう（図表4-2）。図では，円で同じ特徴を持つ集団・グループを表しています。そして，違った集団・グループであっても，共通する個々や個別の要素があれば，それは，重複している重なりの部分で表されています。もしグループがあって，それぞれに共通する要因があれば図の①のように，まとまって重なっていくのに対して，隣り合うグループにしか共通要素がないのであれば，図中の④のように横に並んでいくことになります。また，１つのグループが別のグループに完全に内包される場合は，あるグループの中で，さらにある特定の要素で類型化できるグループとして，②のような形で図示されます。さらに，１つのグループの内，完全に独立して，明確に切り分けられるときは，③のように図示することができるのです。このように，明確に物事を切り分けられるか，そうでない場合，物事のどこが共通でどこは共通ではないか，重要な要素は何か考えていくことが重要です。

ものごとや考えを整理するときに，図示しながら整理していくこと，その時の枠組みを**フレームワーク**と呼びます。フレームワークの種類は多種多様ですので，目的に応じて最適な枠組みを考える必要があります。物事や考えを常に整理することを心掛けると，自分なりのフレームワークができ上がり，フレー

図表４－２ | 集合関係を表す概念図およびロジックツリー

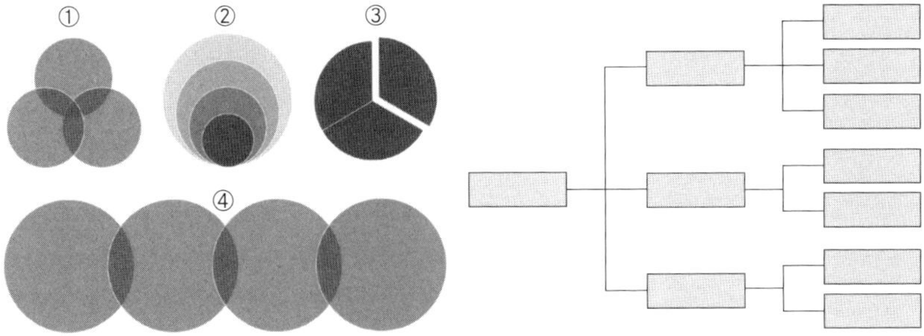

出所：筆者作成

ムワークで整理することが楽しくなってくるかもしれません。フレームワークに正解はないので，何度も何度も自分で考え，作り直し，その都度，加えるべき新しい視点や角度はないか吟味する必要があります。たとえば，特に縦や横の軸の意味と上下左右の流れなどを意識するとよいでしょう。この時もやはり，最初のうちは，SmartArtの多様な図を参考に考えていくとわかりやすいと思います。

SmartArtの**階層構造**を見てください（図表４－２右）。これは，組織や物事の階層情報や上下関係を示すのに使用します。もちろん上下だけでなく，ひっくり返して左右方向で使用しても構いません。前述したように，階層構造は，組織の構造を示すときによく使われるので，組織図とも呼ばれます。組織図と呼ぶと，一時点の構造や，具体性のあるものの構造だけを表しているような印象を持つかもしれませんが，時間の流れを表現することも，抽象的な概念を表現することも可能です。

この図を用いて，**ロジックツリー**を表現することもできます。ロジックツリーとは，その名のとおりロジックつまり論理をツリー上に表現するもので，それにより，概念の全体像，階層構造，流れや段階などを，もれなくダブりなく表現することができます。ある意思決定のオプション，選択肢を明示することも可能です。なお，この，もれなく，ダブりなく表現する，考えることを，英語の**Mutually Exclusive Collectively Exhaustive**の頭文字をとって**ミッシー（MECE）思考**と呼びます。

まとめ

- 自分の強みと弱みは何かということを考える際，評価基準は，定量的に，できるだけ客観的なものにします。そして，自分自身を軸にして比較することが重要です
- 目標を立て，大枠を決めて，バックキャスティングで考えていく考え方をアウトプット思考と呼びます
- 発散的アイデア発想法でアイデアをたくさん出し，その後，考えを整理することが重要です。その際，それらを図示したり，絵で記録したりと，視覚的に確認できると考えが整理しやすくなります

演習・課題

- 自分の強みと弱みを考えよう
- 自分の将来の夢や目標をあげ，それを整理し，優先順位をつけましょう
- 自分の将来の夢や目標の達成に向けて，自分の強みを生かし，弱みを克服する実行計画を立てよう

第２部

アントレプレナーシップは組織にとっても重要

第２部では，アントレプレナーシップに関して，経営学や組織論，金融・財務・ファイナンスなど諸学問分野の基礎に基づいて組織について学びます。アントレプレナーシップは，必ずしも起業のみを意味するものではありません。しかしながら，自らのビジョンや夢を明確にし，実際に行動し，それを続けていく際に，いわゆるヒト・モノ・カネの課題は必ず出てきます。その際，企業におけるヒト・モノ・カネに関する経営学や組織論，金融・財務・ファイナンスなど諸学問分野の基礎を身に付けておくことは皆さんの大きな武器になります。

第5章 組織とは

✓組織や組織文化とは何か？
✓組織の形態はどのようなものがあるか？

1 組織や組織文化とは何か

アントレプレナーは，日本語ではよく起業家や企業家と訳されます。また，組織内で新しい事業を生み出したり，組織を変革したりする人をイントラプレナー（Intrapreneur）と呼びます。したがって，アントレプレナーシップ，つまり起業家精神というと，個人に関する事項だと思う方が多いのではないでしょうか。もちろん，ここまで見てきたように，個人に依拠するところは多いのですが，アントレプレナーシップは組織とも関係があります。むしろ，20世紀前半の起業論の枠組みを提供したヒュー・エイトケン（Aitken 1963）によると，起業とは個人から構成される企業などの組織の行動特性を意味し，起業を体現するのは個人ではなく，組織であるとしています。そして，ある組織が他の組織よりも多くのアントレプレナーシップを発揮する理由の説明は，その組織内の個人間の関係や，組織と社会との関係によるものであるという指摘をしているほどです。つまり，アントレプレナーシップの個人としての分析は，その個人が属する組織の分析に資する範囲内で重要であるという立場です。

さて，第1部ではアントレプレナーシップとリーダーシップの共通点と相違点について触れました。リーダーシップに関しても，もちろん個々人を対象としていますが，その前提として，他のメンバーの存在を前提としています。人が増えていき，1人の人間の力では実現できないような困難な目標を達成しようとするとき，人々は組織を作り，協働しあうようになります。ところで，複数の人が集まった状態を指す言葉に集団という言葉があります。先ほどの文章のうち，組織を集団という言葉に変えてみましょう。人が増えていき，1人の人間の力では実現できないような困難な目標を達成しようとするとき，人々は集団を作り，協働しあうようになります。日本語だとあまり大きな違いはないように感じますが，集団と組織を英語に訳してみましょう。集団はgroup，組織はorganizationです。そしてorganizationは，organize の派生語です。オーガナイズとカタカナでいうこともあるとおり，その意味は，組織する，計画・準備する，体系づける，まとめる，結成するということです。つまり，**組織とは，計画・準備され，体系づけられ，まとめられ，結成された人の集まり（集団）**ということができます。

著名な経営学者である**ピーター・ドラッカー**は，『ポスト資本主義社会』という著書（Drucker 1993）の中で，「組織とは，共通の目的のために働く専門家からなる人間集団である」と定義づけています。組織には，メンバー・構成員すべてに共通の目標や目的があり，それが共有され，個々の行動・活動の土台になっている必要があります。つまり，組織の理念やミッション，情報共有・コミュニケーション，そして，行動原理や思考様式のあり方が問われます。それらは，経営学の用語で，経営理念，ミッション，組織文化としてしばしば取り上げられる課題です。組織におけるリーダーにとって，その組織独自の文化の創造と維持は主要な役割の1つです。それは，リーダーはもちろんのこと，組織を立ち上げるアントレプレナーにとっては，1から組織文化を作り上げなければならないため，より主要な役割と言えるかもしれません。組織に関する研究を数多く行っており，心理学者でもある**エドガー・シャイン**（Schein 2010）は，組織でみられる行動を理解するための切り口として，**組織文化**を3つのレベルにフレーム化しました。その3つとは，**人工物**（artifacts），**信念と価値観**（beliefs and values），**基本的前提認識**（basic assumption）です。

まず，人工物とは，組織文化で最も可視化されやすいもので，経営理念や，行事，儀式，制服，さらには，オフィスの建物も含まれます。ただし，この人工物は，可視化されるものであるがゆえ，個々人の捉え方や解釈の仕方に差が出るという側面もあります。2つ目の信念と価値観は，文字どおり，現在あるそのままの姿ではなく，将来どうあるべきかを示す概念です。ある価値観が，ある問題・課題に対して有効であると議論され，立証された場合，その価値観は信念となります。そして，その信念や価値観は，やがて，当たり前のもの，つまり，3つ目の基本的前提認識としてメンバー間に共有され，個々の行動や認知，考え，感情を決定づけるということです。

2 組織の構造と分業

次に，組織はどのような構造になっているのかについて見ていきます。組織の目標や組織文化をもとに，組織は組織全体として活動や行動をしていくわけですが，その組織としての行動は，もちろん個人としての行動の積み重ねです。では，個人の行動はどのように積み重なっていくのでしょうか，もしくは，組織としての行動を効率よくしていくには，どのように個人の行動を積み重ねていくべきなのでしょうか。

(1) 効率性・生産性の意味

たとえば，1時間（60分）で1人が10の仕事をすると仮定すると，10人の人がいれば，1時間でその10倍の100の仕事ができます。これは同時に，10人からなる組織が10の仕事をするためには，たったの6分でできるということです。1時間かかっていた仕事を6分で終えるのですから，明確に効率が上がったように思えます。このことは広義の**分業**と言えます。分業とは，ある生産過程における**効率性**や**生産性**を高めるためにとられた役割分担のシステムのことです。

しかし，もう一度よく考えてみてください。この例は，本当に効率性や生産性が上がったと言えるのでしょうか。すでに言及したとおり，時間はコストです。

ここで**工数**という言葉をご紹介しましょう。工数とは，仕事量の全体を表す尺度で，仕事にかかる人と時間を掛け合わせた概念です。したがって，単位は，人と時間を表す日や時間を掛け合わせて，「人日」や「人時」となります。

改めて，先ほどの例をみていきましょう。ここでは，単位のない仮定の仕事量を設定していますが，仮に「人分」の単位で考えましょう。まず，1時間で1人がこなした10の仕事は次のように表せます。

1（人）×60（分）＝60（人分）＝仕事10

次に，10人からなる組織が6分した10の仕事をみましょう。

10(人)×６(分)＝60(人分)＝仕事10

工数でみると同じです。当たり前のことですが，単純に人の数が増えただけで，１人が１分当たりに行う仕事量は変わっていません。つまり，効率性や生産性が上がったとは必ずしも言えないことがわかります。

ここまでの話では，「１時間（60分）で１人が10の仕事をすると仮定」したところに，大きな問題があります。まず，どのような人であるか，どのような仕事であるかということは考慮に入れていません。実際には，個人個人には能力の差があります。能力の差というと上下がはっきり分かれているように感じられますので，強みや弱みの特徴に個人差があると言い換えましょう。たとえば，人によって，考えるのが得意，計算が得意，走るのが速い，体が丈夫，手が器用などの違いがあるということです。それらのうち，個々の強みを生かして，弱みを回避し，全体として，つまり，組織としてうまく活動や行動をすれば，効率性・生産性は上がります。ただし，ここには，個人の強み・弱みや仕事の質を明確に判断しないといけないという難しさがあります。

そこで次のように考えることができます。そもそもどんな個人であれ，ある仕事が単純化されたものであればあるほど，経験や慣れにより効率的にできるのではないかということです。

さて，先ほどの例にもう一度戻って，さらに踏み込んで考えてみましょう。１人が１時間かけてした仕事10と，10人で６分かけてした仕事10に本当に効率性・生産性の差はないのでしょうか。１人当たりの仕事量つまり，仕事負荷量で見てみましょう。１人当たりの仕事量は，仕事量10÷１（人）＝10と，仕事量10÷10（人）＝１という違いが出ます。先ほど，個人個人には能力の差が実際にはあると言いました。もし，そもそもこの仕事に長けている人，つまり，生産性が高い人であれば，そうでない人と一緒に10人でこの仕事をするより，１人でしたほうが効率性は高いでしょう。また，その逆もしかりです。他にも，１人が体を壊して仕事ができなくなった場合，１人で仕事をやっていれば，その仕事はすべてできなくなりますが，10人で仕事をやっていれば，１人が体を壊しても残りの９人で仕事ができます。つまり，リスクを回避できるのですから，広い視点でみると生産性・効率性が高い仕事実施体制と言えます。

⑵ 機能，並行，垂直という概念

ここまで見てきたうち，仕事の過程や機能，役割で分業する体制を**機能別分業**と呼び，同じ仕事を複数人で分業する体制を**並行分業**と呼びます。組織において役割を分担することは非常に重要で，それにより効率的に活動していくことができます。では，組織において，その役割の分担を考える作業，実際に分担する作業，行動の実施を指示する作業は誰が担うのでしょうか。それは，リーダーであったり，リーダーに役割と権限を委譲されたマネージャーであったりします。実は，このこのように，役割や機能を全体として考える，そのことに集中するということも分業の一種です。リーダーや，マネージャー，メンバーというように，組織の役割ごと，場合によっては階層別に分業することを**垂直分業**と呼びます。

この機能，並行，垂直という3つの分業のあり方について理解できると，組織構造についてもそのまま理解できます。

まず，組織の垂直構造とは，リーダーつまり創業者や経営者，CEOがいて，次に部門ごとのマネージャーや部長がいて，さらにその下に課長や係長，そして従業員というような垂直的・階層的な組織構造のことです。これは，あらゆる組織の基本構造と言えます。

次に，組織の機能構造についてみてみましょう。機能とは，生産の過程・プロセスを分割したものであると前述しました。これは別に生産作業に限ったことではありませんし，生産そのものも機能の一部ということができます。どこでどのように機能として分割するかなどは，それこそ，組織のリーダーとして役割ですが，あらゆる活動や行動を，機能として分解することができます。たとえばメーカーであれば，新たな製品を研究する部門，製品を製造する部門，製品を販売する部門，会計部門などに分けられ，機能別に分けて組織化することが可能です。

最後に，組織の並行構造の特徴については，全く同じ作業や活動を異なる部門ですることは必ずしも多くないため，機能構造と重複します。しかし，たとえば，先ほどの例の製造部門において，24時間稼働させるというとき，午前中の管理をする部門と午後の管理をする部門というように，内容はほぼ同じであるが組織構造として分けたほうが良いという場合があります。そのような際は，

図表５－１　ネットワーク型組織の概念図

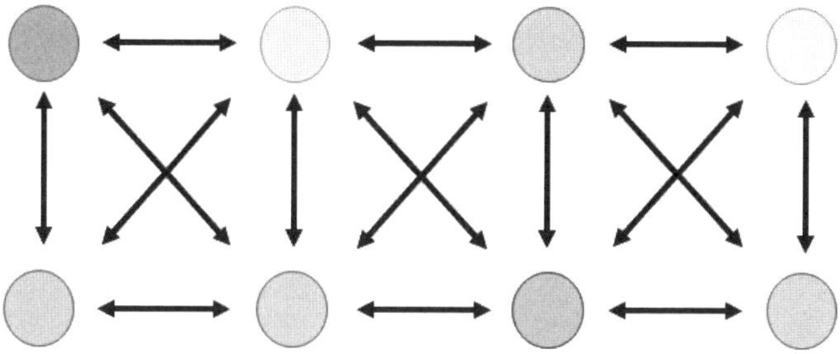

出所：筆者作成

組織は並行構造をとり，たとえば，第一製造部門，第二製造部門というように，並行構造であることがわかるように呼称されることも少なくありません。

さらに，近年では，働き方が変わってきていることや，インターネットが登場したことも相まって，集中管理型組織などに代わり，新たな**自律分散型組織・ネットワーク型組織**が登場しています（図表５－１）。

ベンチャー企業のような新しい企業にはこのような組織形態が少なくなく，革新型事業創出にはより有効であると言われています。このような組織形態は，集中管理型ではないゆえ，個々の部門の**俊敏性・柔軟性・自律性，アントレプレナーシップ**が求められます。つまり，ネットワーク型の組織形態は，個々の仕事を単純化する組織構造であるとは必ずしも言えないため，個々の能力がより問われることになります。これは裏を返せば，個々の能力を発揮しやすい構造であるともいえます。

3　組織の多様な形態

次に，どのような組織の形態があるかを具体的に見ていきましょう。まず，大まかに，**行政**，**企業**，**非営利活動法人**に代表される３つのセクターに分類します。行政が主体となる**第一セクター**，企業を主体とする**第二セクター**，**非営利活動法人**（NPO：Nonprofit organization）や**公益法人**を主体とする**第三セクター**です。これは，官・民・市民と言い換えても良いでしょう。ここでは，まず第二セクターの企業，そして，第三セクターのうち，特に非営利活動法人に着目します。

(1) 法人とは

まず，法人という概念について確認しましょう。人が集まると集団になり，その集団の中でも，ある特定の目的のために，何らかの役割を個々人が担って，集団としてまとまって行動する主体を組織と呼びます。つまり，組織は，個人，つまりヒトと同様に主体となって行動・活動するということです。活動するということはお金を使ったり，稼いだり，また，物を買ったり，使ったりということです。組織として財産を持つこともあります。社会では，そのような組織が，数多く活動しますので，当然，何らかの問題，組織間の争い，人と人との衝突のようにさまざまなことが起こります。そうなると，やはり組織も，法律でその権利や資格を規定し存在を認証することが必要です。そのような集団を法人と呼びます。法人とは，文字どおり，法律によって人とみなされている集団のことです。

この法人という制度により，組織などの集団を法的に独立した権利主体，行為主体，責任主体として扱うことになり，それゆえ，外部関係や内部関係を簡便に処理することが可能となるのです。そして，集団の構成員の個人財産と法人固有の財産は違う主体が有するものとして，分離され，組織の管理運営が可能になります。また，法人ですので，当然，法律にのっとって活動・行動をすることになります。ただし，法人は１人でも設立できますので，法人すべてが組織というわけではありません。

さて，企業もしくは会社に関して，2005年に成立した会社法では，**株式会社**と**合名会社**，**合資会社**，そして**合同会社**の４つに分類されます。まず，株式会社については，広く一般から出資者を募り，また，１円以上の資本で設立することができます。会社に対して出資する株主と出資された財産を運用する経営者を分けて考えようとする形態です。また設置機関として，最高意思決定機関としての株主総会，業務執行機関としての取締役などが必要になりますし，定款の認証も必要になります。定款とは，発起人や創業者など，法人を設立しようとする者が作成し署名または記名捺印する，組織の根本原則のようなものです。株式会社については次章で詳細に見ていきます。ここでは，そのほかの会社について順に見ていきましょう。

(2) 合名会社・合資会社

まず，個人事業の単体もしくは集合体を組織にしたものが合名会社です。ここでいう個人事業主とは，株式会社等の法人を設立せずに自ら事業を行っている個人や家族などの集団のことです。合名会社は，会社の利害関係者に対してすべての責任を負う無限責任であるという特徴があります。つまり，１人で設立した合名会社は個人事業とほとんど変わらないということです。

次に，合資会社とは，無限責任を負う，つまり，会社の債務に最後まで責任を負う経営者が出資した事業体に，有限責任で資本参加する他の出資者がいる形態です。この時，その出資者は社員と呼ばれます。有限責任とは，出資額の範囲内のみの責任を会社に負うということです。つまり，自分が出資した額以上の責任を会社に負わなくてもよいということです。これら合名会社と合資会社は，一般的にあまり設立されません。なぜなら，無限責任という言葉のとおり，合同会社や株式会社よりも大きな責任を負うためです。

それでは，株式会社と合同会社は何が違うのでしょうか。合同会社は会社法で新たに創設された会社形態で，合名会社における無限責任社員が，すべて，有限責任社員になった状態の会社形態と言えます。つまり，有限責任であるという点でより株式会社に近くなりますが，最も大きな違いは株式を発行しないという点にあります。なお，合資会社も合名会社も合同会社も株式を発行しないため，出資者のことは社員と呼ばれます。

また，合同会社では，出資者である社員の中から，特別に業務執行社員や代表社員を定めることもできます。出資者である社員は，個々が業務執行権を持ち，重要事項を全員一致で決定しますが，株式会社における株主総会の議決権のような制度ではありません。もちろん，株主総会や取締役会等を開く必要はありませんし，業務執行社員は，株式会社でいうところの出資者，つまり株主と取締役員の両方を兼ねているため，社員の合意がそのまま会社の意思決定になります。また，利益の配分を出資金額と無関係に決定することができますが，それは裏返すと，出資比率に関係なく１人１票の議決権があるということです。

そして，株式会社と異なり，取締役や監査役など役員の任期が明確に定められていないため。役員が変わらないということもあります。ただし，社員全員の同意があれば，株式会社に組織変更することも可能です。したがって，まず合同会社でスタートして，組織が大きくなり，外部からの出資を受けるようになるといった段階で株式会社に移行するということもできます。

(3) LLP

また，2005年の有限責任事業組合契約に関する法律の施行によって利用可能となった新しい事業形態である，**有限責任事業組合**（LLP：Limited Liability Partnership）という組織形態もあります。有限責任事業組合は，文字どおり，法人ではなく組合（パートナーシップ）であり，その特徴として，有限責任と内部自治，そして，構成員課税にあると言えます。つまり，構成員全員が有限責任であり，損益や権限の分配を自由に決めることができるなど，内部自治が徹底されていることが原則とされます。また，構成員課税とは，組織段階では課税せず，出資者に直接課税する仕組みであり，LLPの事業で利益が出た段階では法人課税は課されず，出資者への利益分配に直接課税されることになるのです。また，事業税や住民税なども課税されず，発生した利益は出資者に分配された際，個々の出資者の所得に加算されて個別に課税されます。

これらの特徴ゆえに，LLPは，大企業同士や大企業と中小企業などの企業間および，企業と研究機関の産学連携などの促進，異分野のエキスパート同士による共同事業運営，ベンチャービジネスの活発化などが促されると見込まれています。

(4) NPO

最後に，**第三セクターに属するNPO**の特徴について見ていきます。第4部では社会とアントレプレナーシップとの関係について触れますが，そこでは，このNPOの役割はとても大きなものとなります。第三セクターに属するNPOとは，Nonprofit Organizationの略で，日本語でいうと非営利組織です。その名のとおり，株式会社などの営利組織とは異なり，営利の追求を目的としません。しかし，ここでいう「非営利」が意味することは，収益を出したり，事業収入を得たりしてはいけないということではありません。収入から費用を引いて出た利益を出資者など関係者に分配することができないということです。つまり，事業で得た利益は，事業に還元しなければいけません。たとえ，結果的に営利企業と同様の事業を実施しているとしても，それら営利組織とは根本的に異なった行動原理に基づいて行動しており，組織体として異なるということができます。

NPO法人の設立には，10人以上の構成員が集まらなければならず，役員が４人以上，そのうち理事３人以上，幹事１人以上が必要となります。また，活動の内容は，特定の20の活動分野に限定されていますし，情報公開制度により設立書類など特定の書類は一般に公開されるという特徴もあります。さらに，内閣総理大臣または都道府県知事の設立認可が必要となりますし，加えて，事業年度終了後の事業報告書や収支計算書などの書類を所轄庁である内閣府ないし都道府県に提出する義務もあります。

まとめ

- 組織とは，計画・準備され，体系づけられ，まとめられ，結成された人の集まり（集団）ということができます
- 組織には，メンバー・構成員すべてに共通の目標や目的があり，それが共有され，個々の行動・活動の土台になっている必要があります。また，近年では，新たな，自律分散型組織・ネットワーク型組織が登場しています
- 組織には，大まかに，行政が主体となる第一セクター，企業を主体とする第二セクター，非営利活動法人や公益法人を主体とする第三セクターに分類されます

演習・課題

- あなたが上手くいっている組織と思う組織の例を挙げてください。また，その理由を説明してください
- あなたが事業を起こすと仮定した場合，どのような組織形態を選択しますか？　また，それはなぜですか？

第6章 株式会社はこんな組織

✓株式会社の目的や特徴は何か？
✓株式会社が改変されるときはいつか？

1 株式会社の活動目的

組織には，活動・行動の目標が必要であり，それが組織文化などを構成していくということはすでに述べたとおりですが，企業において，それは何にあたるのでしょうか。企業の目的とは一体何でしょうか。どのような企業であっても共通する目的があります。それは，存続し続けるということです。個人はいずれ存在しなくなる時がきますが，企業などの組織は個人よりも長く存在することが可能です。

また，ある目的や事業を達成したから解散したというような企業はあまり聞いたことはありません。しかし，たとえばボランティア団体やNPOの中には，一定程度の社会的なミッション，つまり，組織としての活動目標が達成したら解散するという団体もあります。この違いは何でしょうか，その１つは，最終的な目標として，やはり**企業は何らかのかたちで存続し続け，そのことによって，従業員や株主，そして社会の経済活動など社会全体に貢献しようという特徴がある**ためだと思います。存続し続けるということは，つまり，活動に必要な費用を賄うだけの収益を上げ続ける＝利益を出し続ける＝儲け続けるということです。それゆえ，営利企業と言われるわけですが，それは，決して金儲け主義と混同してはいけないものです。

したがって，当然，企業にも，お金を稼いで存続し続けるということ以外に，それと同等の組織理念があります。それが企業の企業理念や社訓といったものです。どのような企業の紹介ウェブサイトにおいても，企業理念や社訓，ミッション，ポリシー，方針が明示され，社員のみならず一般の人にもわかるように，簡潔でわかりやすく説明されています。

企業の目的は存続し続けること，したがって，収益を上げ続ける，利益を出し続ける，儲け続けることと言いましたが，それはお金に関わる財務的な話です。したがって，財務的な話は必要不可欠ですが，詳細は次章で見ていくことにします。

株式会社は，その名のとおり株式を発行する会社ということですが，株式とは何でしょうか。まず，そこから考えていきたいと思います，株もしくは株式とは，企業が事業に必要な資金を調達するために発行しているものです。株式を買い，株式を保有するということは，企業の出資者となり，会社のオーナーの１人になることを意味します。

では，株式の価値とは何でしょうか。株式の価値とは，企業の価値です。企業がなくなれば，株式の価値はなくなります。企業の活動目的が存在し続けることにあると言ったのは，まさにそこにあります。株式は，企業の信用の証と言えます。

1602年に誕生した，オランダ東インド株式会社が，その当時，オランダで生まれた理由を振り返るとわかりやすいでしょう。歴史学者のユヴァル・ノア・ハラリの著書（Harari 2015）によると，オランダ人の当時の成功の秘密は「**信用**」にあったということです。その「信用」が意味するところは，集めた資金の返済期限を厳守するといったことのみならず，司法制度の独立や，個人の権利・私有財産権の保護を維持したことにあるそうです。そして，それは，オランダという国家や政府が主体となったのではなく，あくまで，商人や株式会社がその信用を勝ちとっていき，17世紀から18世紀にかけてのオランダ海上帝国建設の立役者となったということです。たとえば，イギリスの東インド会社を含む当時の貿易会社の大半が，航海の開始時に出資を募り，終了時に清算・解散する企業だったのに対して，オランダの東インド株式会社は，事業継続を前提としていました。そして，これまでの無限責任制から有限責任制に転じ，さらに，持ち分としての株式の譲渡を自由にしました。つまり，株式の所有権が市場で自由に売買できるようになったのです。これは，まさに今の株式会社の制度の基本となっています。

2 株式会社の仕組み

次に，株式会社の主たる特徴や仕組みを見ていきます。まず，株式会社には，必要不可欠なものとして，**取締役**と**株主総会**という制度があります。株式会社を設立する際，これらは必ず設置しなければならないものです。加えて，監査役，会計参与，取締役会，監査役会，会計監査人などの役職・制度を定款に定め，設置することができます。大きな企業であれば，通常これらの機関は設置されており，会社法では，上記の中で取締役と監査役，会計参与を総称して役員と呼び，その役員は兼任が認められていません。

取締役とは，株式会社の業務執行を行う機関と言えます。取締役の任期は，原則として選任後２年以内に終了する事業年度のうち，最終のものに関する定時株主総会までとされていますが，同一人物の再任も認められています。取締役と株式会社とは委任関係で成り立っており，取締役を株主に限定することは原則として認められていません。

次に，株主総会は，最高意思決定機関と言われています。そして，株主総会決議は原則として多数決によって行われ，株主の議決権は１株１議決権となっています。また株主総会の議事録は，当該総会の開催日から10年間，本店に保存しておかなければなりません。たとえば，会社は通常１年に１度決算を行いますが，その決算にあたっては，事業内容と財産を明らかにするため，各事業年度に係る貸借対照表，損益計算書，株主資本等変動計算書，個別注記表からなる計算書類および事業報告，さらにそれらの附属明細書を作成します。計算書類は，原則として定時株主総会の承認を受けなければなりませんし，特に大会社においては，貸借対照表と損益計算書は，定時株主総会の終結後，遅滞なく公告することが義務付けられています。

また，株式会社において，株主は保有する株式を譲渡することができます。これを，株式譲渡自由の原則と呼びます。株式は原則として払い戻しができないので，いったん株式を購入した場合，その資金を回収するためには他人に譲渡するしかありません。ただし，例外があり，定款に，株式の譲渡による取得については当該株式会社の承認を要するなどと定めておけば，株式譲渡を制限することができます。そのような会社は，家族経営の会社や同族会社に見られ，株式譲渡制限会社と呼びます。

さらに，株式会社には，**株式配当**と**社債**の発行という制度もあります。配当とは，株主総会の普通決議を経て剰余金を株主に分配することを指します。しかし，純資産額が300万円を下回る場合に配当を行うことができませんし，配当を行う場合には，原則として，剰余金の額等から自己株式の帳簿価格など株式の分配に用いられない額を減じて得た額である分配可能額を超えて配当することはできないなどの制約があります。

また，社債は，会社にとっての負債，つまり借金ですので，株式会社に限らず，合同会社や合名会社，合資会社でも発行することができますが，株式とは異なり，償還期限に社債を償還しなければなりませんし，利息も払う必要があります。株式会社の社債発行は，原則として取締役決議によって行われますが，代表取締役など特定の取締役に委任することも可能となっています。

3 株式会社を改変する仕組み

株式会社には，組織を改編する仕組みが法的に認められています。たとえば，他の株式会社の子会社化や買収，合併がそれにあたります。**M&A**という言葉を聞いたことがあると思いますが，M&Aとは，**合併と買収**（Mergers and Acquisitions）の略語であり，買収企業が対象企業への経営参加や経営を取得するための取引のことをいいます。

まず，合併と買収の違いは何でしょうか。合併は，２つ以上の会社が１つの会社になることをいうのに対して，買収は１つの会社が別の会社の株式や事業を買い取ることです。したがって，合併では，新しい会社に統合される新設合併はもちろんのこと，吸収合併であっても，合併される会社は消滅します。なお，ここで，新設合併とは，２以上の会社が合併するとき，合併により消滅する会社の権利義務の全部を，合併により新しく設立する会社に承継させることを指し，吸収合併は，合併により消滅する会社の権利義務の全部を合併後も存続する会社に承継させることを意味します。

合併においては，合併する会社と合併される会社の両社の経営陣が合併契約を締結し，さらに両社の株主総会の特別決議を実施したり，債権者の利害に重大な影響を及ぼす恐れがあるため，原則として債権者保護の手続きが必要となるなど，時間がかかります。また，対象会社の「隠れた債務」なども引き継がなければならないというリスクもあります。しかし，合併することで必要な資源を束ね，機動的な経営が可能となるなど，複数の恩恵を得ることができます。

一方で，**買収**とは，ある企業が他の企業を支配する目的で過半数の発行済株式を買い取ることを指します。原則として，過半数の株式を獲得することを子会社化といいますが，株式の過半数を獲得するかたちでの買収であれば，通常，買収された会社のオーナーは代わりますが会社としては存続します。通常は株式の過半数を保有することで，役員の選任などの普通決議による決定事項を自由に決めることができるようになりますが，さらに３分の２以上を獲得すれば，定款変更や組織再編などの特別決議による決定事項も含めたほとんどの経営権を支配することが可能です。

買収において，買収する対象は，会社の株式に限らず特定の事業や部門であることもあります。その場合は，不動産や特許権などの資産を対価にすることもありますが，金銭であることが多いでしょう。また，買収の対価が買収会社の発行する株式である場合は，株式交換という制度が利用されます。株式交換は，他社を自社の完全子会社とするために行われます。一方で，親会社を新しく設立し，ある株式会社が自社の株式を新しく設立した会社に取得させることを株式移転と呼びます。株式移転はホールディングス・カンパニーなどの持株会社を設立するときに多用される手法です。新たに設立された親会社である持株会社に対して，完全子会社が複数の場合，これらの子会社同士は兄弟会社となります。

ここまで，M&Aの合併と買収について見てきましたが，もう１つ，**分割**という制度もあります。会社分割とは，会社が事業の全部または一部を他の会社に承継させ，その事業を自社から分割して外部に出すこと表します。分割には，合併の時と同様に，新設と吸収の２つがあり，ある会社のある事業に関して，その会社が有する権利義務の全部もしくは一部を分割し，他の会社に承継させることを**吸収分割**，ある会社のある事業に関して，その会社が有する権利義務の全部もしくは一部を，分割によって設立する新しい会社に承継させることを

新設分割と呼びます。

組織にとって，その組織を改編させるということは大変な大きな出来事です。ましてや，M&Aなど，その改変が内部からでなく，外部からくるものであればなおさらです。良心的に改変が求められることもあれば，そうでない場合もあります。企業の目的はそれぞれですから，ある企業の存続にとっては良いことでも，ある企業にとってはそうではない可能性もあります。それはM&Aにおいても同じです。

企業買収に関するニュースなどで，敵対的買収あるいは敵対的M&Aという言葉を聞いたことがあるかもしれません。敵対的M&Aや敵対的買収があるということは，友好的M&Aや友好的買収もあります。これは，買収されたり合併されたりする側の同意の有無によって，敵対的か友好的かに分かれます。つまり，敵対的M&Aでは対象会社の経営陣の合意は得られていません。したがって，合意が得られていなくてもM&Aできるかどうかというところが問題なのですが，法律的にはできます。対象会社の株式を市場で買い集めたり，**株式公開買付け**（**TOB：Take Over Bid**）を実施して対象会社の株式を買い付けたりすることで経営権の取得を目指すのです。なお，株式公開買付けとは，対象とする株式会社の株式等の買付けに関して，買付け期間や買取り株数，価格を公告し，不特定多数の株主から株式市場外で株式等を買い集める制度のことです。上場会社の株式は，経営陣の賛同を得ていなくても，買収者と株主（投資家）との間の合意によって移転されるものなので，これにより敵対的買収が成立する可能性があるのです。しかしながら，関係者間の同意が得られていないがゆえ，さまざまな取引コストがかかる可能性がありますし，一般の人からは必ずしもポジティブな印象を持たれない可能性があるため，それにより当事者の社会的な信用が低下することもないとは言い切れません。

4 企業の持続可能性と社会的責任

近年，企業には単なる利潤だけではなく**社会的責任**（**CSR：Corporate Social Responsibility**）が求められており，それは企業の持続可能性に資するものとされています。このような背景から，企業の活動の持続可能性を評価するために，**ESG**（**環境・社会・ガバナンス：Environment, Social, Governance**）に関する指標や，投資先を決める際にESGを考慮する**ESG投資・SRI**（**Socially Responsible Investment**）が注目を集めています。

ESGは，当時の国連事務総長であったコフィ・アナン氏により，2006年に提唱された**国連責任投資原則**（**PRI：Principles for Responsible Investment**）の中で言及されています。PRIでは，投資先企業の評価には従来の財務情報に加え，環境問題への対応や，社員の機会均等や地域社会への貢献などの社会的問題への対応，グローバル化に対応した経営体制や企業倫理などのポリシーといった企業統治のような非財務情報を考慮するべきとされており，この３つの非財務情報を総称したものがESGです。PRIの署名機関による運用投資額は2006年の6.5兆米ドルから2016年には62兆米ドルと飛躍的に伸びています（PRI, 2016）。

日本においても，年金積立金管理運用独立行政法人（GPIF：Government Pension Investment Fund）が，資産運用受託者（機関投資家）の行動規範であるスチュワードシップ・コードを果たすためにESGへの取組みを強化することと，PRIに署名したことを2015年に発表しました。さらに同法人は，2017年10月に投資原則を改め，株式にとどまらず，債券などすべての資産でESGを考慮した投資を進めていくとしています（GPIF, 2017）。

特に，ESGを判断材料として行う投資のことをESG投資と呼びますが，このESG投資による運用資産額も膨らみ続けています。国際団体のGSIA（Global Sustainable Investment Alliance）が２年に１度発行しているESG投資の報告書（GSIA, 2016）によると，2016年時点でのESG投資額は約23兆米ドルとなり，2014年の投資額（約18兆米ドル）から25％以上増加しています。これは世界の運用資産の約３割の額であり，企業や投資機関にとってESGは避けては通れないものとなりつつあります（馬奈木・中村・松永，2019）。

まとめ

- 企業は存続し続けることによって，従業員や株主，そして社会の経済活動など社会全体に貢献しようという特徴があると言えます
- 株式会社で特に重要な点は，株式を発行できるという点です。株式などの売買により企業は統合したり分割したりすることもあります
- 近年，企業には単なる利潤だけではなく社会的責任が求められています

演習・課題

- 自分の関心ある株式会社について，ウェブサイトなどで，事業内容や組織構造，株主構成などについて調べてみよう
- その株式会社のCSR報告書など社会的責任に関する報告書の有無について調べ，ある場合，その内容について検討しよう

第7章 株式会社を財務諸表で理解しよう

✓財務諸表の役割とは？
✓財務諸表の内容は？

1 財務諸表の役割

会社の事業は多種多様であり，その事業および会社の経営を評価することは容易ではありません。しかしながら，どのような事業を行うにせよ，大概はお金が必要になります。たとえば，誰からどのくらいお金が入ったか，何にどのくらいお金を使ったのか，いまいくら持っているか，何がどのくらい売れたのかといったことです。そして，お金は定量的な評価ができます。そのお金をもとに，**事業や会社の評価を行うためのツールが財務諸表**です。

財務諸表というツールがあることで，経営者や会社内部の人たちにとっては，事業管理や経営管理をする助けになります。たとえば，経営者は，自社の状況を判断したうえで，これからやるべきことを決定できます。また，外部の人にとっても客観的な評価の物差しとなるのです。金融機関や投資家，取引先は，財務諸表を見てその会社を評価し，**投資判断**や**与信管理**を行うことができます。つまり，財務諸表の役割は大きく分けて，会社の評価，そして，企業の信用を得るための共通言語と言えます。

財務諸表には，企業活動の結果がすべて記載されています。企業活動の基本は，多様な事業を実施し続けることにありますが，事業を実施するためには，まずお金が必要です。したがって，何らかの方法でお金を集めることから始めなければいけません。これは**資金調達**と呼ばれるものです。そして，調達した資金を，材料購入や製品開発，人材雇用などに投資します。そして，実際に製品やサービスを顧客に提供し，その対価を顧客から得ることで，事業を成り立たせるのです。つまり，事業を成り立たせるには，利益を上げる必要があるのです。**利益**とは，簡単に言えば，**売上－コスト**のことです。売上とは，企業が商品やサービスを売って顧客から受け取るお金で，コストとは企業活動を行うために企業が負担するお金のことです。

企業は，定期的に決算を行って，一定期間の活動の利益を計算します。売上がコストより大きくなれば利益が出て，**黒字**となる一方，売上よりもコストが大きくなれば損失で，**赤字**となります。このように，ある期間におけるお金の流れのことを，**フロー**といいます。

なお，利益を上げるためには，売上を増やすとともにコストを削減することが必要です。コストは，主に「**売上原価**」と「**販管費**」で成り立っています。売上原価は，商品やサービスに必要な原価のことで，原材料の仕入費，材料費などのことです。販管費とは，「販売費及び一般管理費」の略称で，商品やサービスを販売するためにかかる費用および企業を維持するために必要な費用のことで，人件費や広告費などの費用や水道光熱費が含まれます。したがって，利益を高めるためには，少ない売上原価でより多くの売上を達成する，あるいは少ない販管費でより多くの売上を達成することで生み出されます。

さて，企業活動を，利益を上げる事業を継続的に実施することであるとした時，もう１つの重要な視点は，１年分の活動の利益をどうするかということです。もちろん次の事業に投資することもあるでしょうし，もしかすると，お金をどこかから借りているのであれば返したり，事業に出資してくれた人に利益を分配したりしないといけないかもしれません。いずれにせよ，その時に大事な点は，企業の財産です。決算時など，ある時点における企業の財産の大きさのことを**ストック**といいます。

たとえば，浴槽にたまった水を想像してください。蛇口を開いて水を入れつつ，栓を開けて水を抜いていくとします。入る水の量と出ていく水の量により，浴槽にたまっている水の量は変化します。水が入る量と出ていく量がフローで，浴槽にたまっている水の量がストックであると考えるとイメージしやすいでしょう。

財務諸表もしくは決算書は，企業の財政状態や経営成績などの会計情報を表す一連の報告書ですが，フローを見るか，ストックを見るかという視点があり，主要な財務諸表として，**損益計算書**と**貸借対照表**，**キャッシュ・フロー**があります。貸借対照表は財産の状況を示し，損益計算書は，年間の収入と支出の差額から会社がどれだけ儲けたかを示し，キャッシュ・フロー計算書は，お金の流れを示します。これらは基本的な最低限その概要は理解しておく必要がありますので，以下，簡単にまとめることとします。

2 損益計算書（P/L：Profit and Loss Statement）

損益計算書は，年間の収入と支出の差額から，会社がどれだけ儲けたかを示す財務指標の１つです，損益計算書の基本構造は，**収益－費用＝利益（または損失）**です。図表７-１に示すとおり，収益は３つ，費用は４つ，利益は５つに分かれています。

まず，収益は，売上高と営業外利益と特別利益になります。P/Lの一番上に表示されている売上高は，その年度中の売上の合計額であり，年商，つまり，会社の規模を表しています。営業外利益は，売上とは区別され，本来の営業活動以外の活動であげた収益です。企業が銀行に預けた際の受取利息や投資をした場合の受取配当金，受取地代，受取家賃などがあります。そして，特別利益は，不動産を売却したり，長期間保有していた子会社の株式を売却したりして，発生する当期限りの臨時の利益です。固定資産売却益，子会社株式の売却益，役員保険金の受取りなどがあります。

次に費用は，売上原価，販売費及び一般管理費，営業外費用，特別損失の４つです。売上原価は，いわゆる直接費のことで，原材料仕入費や製品・サービスを製造するための費用のことで，人件費などの加工費も含みます。次に，販売費及び一般管理費は，直接的な仕入れ，製造コストではなく，販売にあたって間接的にかかるコストのことです。人件費や広告費など製品・サービス販売にかかる費用と企業を維持するために必要な費用（を含みます。営業外費用は，本来の営業活動以外の活動で負担した費用で，企業が銀行からお金を借りた場合に支払う利息などがあります。最後に，特別損失は，不動産などを売却時に発生する固定資産売却損や，役員退職金，風水害，火災などによる損失など当期限りの臨時の損失です。

利益は，収益から費用を引くことで計算できますが，損益計算書上，利益は

図表7－1　損益計算書の基本構造

P/L項目	収益	費用	利　　益	内　　容
売上高	○			売上の合計額
売上原価		○		原材料仕入費や製品・サービスを製造するための費用など
売上総利益			○売上高－売上原価	粗利益
販売費及び一般管理費		○		商品・サービスの販売・管理など間接的にかかる費用および企業の維持管理費用
営業利益			○売上総利益－販売費及び一般管理費	本業による利益
営業外収益	○			本来の営業活動以外の活動であげた収益
営業外費用		○		本来の営業活動以外の活動で負担した費用
経常利益			○営業利益＋営業外利益－営業外費用	本業および経常的な本業以外の活動による利益
特別利益	○			当期限りの臨時の利益
特別損失		○		当期限りの臨時の損失
税引き前当期利益			○経常利益＋特別利益ー特別損失	期中の全企業活動の利益
法人税等				税金
当期純利益			○税引前当期利益ー法人税等	税引き後の期中の企業活動の最終利益

出所：総務省（2010）をもとに筆者作成

5つ（売上総利益，営業利益，経常利益，税引き前当期利益，当期純利益）に分けられます。企業にとっては，この利益が重要になります。

まず，売上総利益ですが，これは，粗利益とも呼ばれます。商品・サービスを売り上げた総額から，売上原価を差し引いたものです。なお，売上に対する売上総利益の比率を，売上総利益率（粗利率）と言います。売上総利益や売上総利益率で商品・サービスの付加価値を判断することができます。そして，売上総利益から，販売費及び一般管理費（販管費）を差し引くと**営業利益**が計算できます。営業利益は本業による利益であり，会社の事業に関わる儲けそのものです。この営業利益からコスト削減力や経営の効率性の度合いを判断することができます。

営業利益は本業における利益でしたが，それに，本業以外で生じた収益や費用のうち，臨時的でない経常的なものである営業外収益と営業外費用を加減したものを**経常利益**と呼びます。営業外とは呼称するものの，ここで含まれる借入や株の取引などの金融関係の事項は，当然経営者の判断によって実施されるものであり，企業の財務力を見るうえで重要な項目となります。

さらに，経常利益に特別利益または特別損失を加減したものは，企業のすべての活動の結果を示す**税引き前当期利益**であり，それから税金を差し引いたものを**当期純利益**といいます。当期純利益は最終利益であり，期中の企業活動の最終成績を意味します。

3 貸借対照表（B/S：Balance Sheet）

貸借対照表は，期末などある一定時点における会社の財政状態を示したものです（図表7-2）。貸借対照表において，左側は**資産**，右側は**負債**および**資本**（**純資産**）からなり，左側の資産と，右側の負債と資本の合計は等しく均衡（バランス）しています。簡単に言うと，左側の資産は**企業活動によるお金の運用**を表し，右側の負債および資本（純資産）は**お金の調達**を表していると言えるからです。右側からお金が入り，それを左側で運用しているイメージです。

資産には，お金もあればモノもあります。そして，このお金やモノは企業の

図表7-2　貸借対照表の基本構造

資　産	負　債
流動資産（当座資産，棚卸資産，その他の流動資産） 固定資産（有形固定資産，無形固定資産，投資その他の資産）	流動負債，固定負債
	資本（純資産）
	資本金，法定準備金，剰余金

出所：総務省（2010）をもとに筆者作成

事業に必要な事業用の財産なのですが，それはつまり，企業活動におけるお金の使い方，運用の結果と言えます。そして，モノにおいては，短い期間内に資金化・現金化が可能なモノもそうでないモノもあります。原則として1年以内に資金化が予定されている資産を**流動資産**，原則として1年以内に資金化が予定されていない資産を**固定資産**といいます。たとえば，現金・預金などの資金および受取手形・売掛金といった債権など，比較的短期の資金化が期待される資産を当座資産，製品在庫など来期以降の売上高に対応させるために繰り越されている資産を棚卸資産といい，これらは流動資産に含まれます。

一方で，固定資産においては，建物，構築物，機械および装置，工具器具備品，土地，車両・運搬具など，長期使用することを目的とした設備で，具体的な形態を持ったものを有形固定資産といい，特許権など長期にわたって利用される，具体的な形態を持たないものを無形固定資産といいます。

次に，貸借対照表における右側，負債および資本（純資産），お金の調達について見ていきます。大まかにいうと，調達方法は2つあり，自ら集めるか，他人から借りるかです。自分で集めた資金は資本（純資産）に，人から借りた資金を負債として表されます。しかしながら，ここで留意すべき点は，株式会社においては自らの組織の金は株主のお金を意味するということです。株主のお金である以上，当然リターンが期待されます。

さて，貸借対照表における負債および資本（純資産）の内容をもう少し見ていきましょう。負債には具体的に，流動負債と固定負債があります。流動負債は，買掛金や支払手形といった仕入債務と，1年以内に返済を要する債務で，固定負債は，長期借入金や退職給与引当金など1年を超えて返済することのできる債務を指します。

一方で，資本（純資産）には，資本金や法定準備金，剰余金があります。資本金は株主から直接拠出された元手のことで，法定準備金は会社法上，企業が維持しなければならない準備金，剰余金はこれまでの事業活動で稼いできた利益のうち，翌期以降の事業資本として繰り越されたお金のことです。

企業活動が順調に進み，毎年利益を出すことができれば，剰余金が自己資本の中に組み入れられることになりますので，自己資本は増加します。このことを**内部留保**といいます。一方で，利益を出すことができずに赤字になれば，自己資本は減っていくことになります。このことは，損益計算書と貸借対照表とのつながりを表しています。つまり，損益計算書における当期未処分利益が，貸借対照表における資本（純資産）に表示されるということです。

4 キャッシュ・フロー計算書

キャッシュ・フロー計算書（C/F）とは，文字どおり，キャッシュ，つまり現金および現金同等物のフローを表した表のことです。具体的には，現金や流動性預金，短期の定期性預金，短期保有の有価証券の出入りを表しています。キャッシュの出入りとは，つまり，資金繰りの状況であり，資金繰りの状況から企業や事業の価値をとらえようとする財務諸表です。この財務諸表の作成が義務付けられたのは2000年の３月期からで，提出義務があるのは上場企業に限られます。

キャッシュ・フロー計算書は大きく，**営業活動によるキャッシュ・フロー**，**投資活動によるキャッシュ・フロー**，**財務活動によるキャッシュ・フロー**の３つの部分から成り立っています。

まず，営業活動によるキャッシュ・フローは，企業本来の営業活動から生まれる現金の流れを表します。この数字の大小により企業の活動状況がはっきりとわかります。なお，営業活動によるキャッシュ・フローの計算方法には，**直接法**と**間接法**の２つがあります。

直接法は，売上による収入，売上原価および人件費などの経費支出など，実際の資金の出入りを，そのまま直接的に記載し，キャッシュ・フローを計算する方法です。間接法は，営業活動による現金の出入りを直接的に示すのではなく，損益計算書の税引き前当期利益を出発点にして，貸借対照表などを参照し，各種の調整をしながら間接的に作成する方法です。損益計算書や貸借対照表ですでに計算した数値をベースに作成します。

次に，投資活動によるキャッシュ・フローですが，投資キャッシュ・フローは，主に固定資産の取得や売却によるキャッシュの流れを表しています。成長のために投資をする企業や投資が必要な企業は，投資キャッシュ・フローがマイナスになります，たとえば，工場建設などの投資を行えばキャッシュを使うことになるので，投資キャッシュ・フローはマイナス，反対にプラスの場合は，工場などを売却していることを意味するのです。

そして，財務活動によるキャッシュ・フローは，資金の調達と返済によるキャッシュの流れを表しています。新たにお金を借り入れたり，新たに株式を発行して資金を調達したりする場合，キャッシュは増えるのでプラス，反対に借りたお金を返済すればキャッシュが出て行くのでマイナスになります。

なお，このキャッシュフローをもとに企業の状況や成長段階を判断することも可能となり，たとえば，スタートアップ期の企業は，資金調達や新規の設備投資をする一方で，営業活動からの成果が十分でない場合，財務キャッシュ・フローはプラス，投資キャッシュ・フローはマイナス，営業キャッシュ・フローはマイナスとなります。

まとめ

- 事業や会社の評価を行うためのツールが財務諸表といえます。財務諸表があることで，事業管理や経営管理をする助けになります
- 主要な財務諸表として，貸借対照表と損益計算書，キャッシュ・フロー計算書があります。貸借対照表は財産の状況を示し，損益計算書は，年間の収入と支出の差額から，会社がどれだけ儲けたかを示し，キャッシュ・フロー計算書は，お金の流れを示します

演習・課題

- 自分の関心ある株式会社について，ウェブサイトなどで，財務諸表について調べてみよう
- その財務諸表から，その企業の財務内容や経営戦略について，自分なりに読みとろう

第8章 既存組織の成長に必要な現状分析と戦略

✓事業計画の役割とは何か？
✓事業計画の策定プロセスは？
✓事業計画に必要なものは？

1 事業計画と事業戦略

企業等の組織には明確な共通の目標が必要であるということは既述のとおりですが，目標を実現するために何を行うのかについても明確に示されている必要があります。組織が，現状から将来のあるべき姿に到達するために何をするかを示すものとして，**事業計画**が挙げられます。事業計画では，どのように成長を遂げるか，成果を出すかという，あるべき姿や目標にむけて，企業や組織が自ら作成するものです。図表8-1は，事業計画の概念図ですが，事業計画とは，現状がどういう段階であれ，**現状を分析し，将来のあるべき姿や目標に向けてどうすべきかの道標**となるものだと言えます。これは，もちろん企業だけの組織だけでなく，事業やプロジェクトなど期間が定まったものでもかまいません。

また，経営計画と呼ばれるものも事業計画ですが，これは，その名のとおり，企業経営の計画を示すものです。企業や組織には，草創期と成長期，安定期，そして衰退期があります。事業計画は，前述のとおり，現状から将来のあるべき姿に到達するために何をすべきかを示すものです。したがって，組織や事業などの最終目的が衰退することにあるとは思えませんし，企業の目的が，事業を拡大していくこと，売上げを上げること，規模を拡大していくことにあるとするのであれば，やはり，図表8-1に示したように，企業としてのあるべき姿や目標は，どのような成長を遂げるかということになります。それは，衰退期にある企業が再成長を目指す段階のこともあります。企業にとっての事業計

図表８－１　事業計画の概念図と策定プロセス

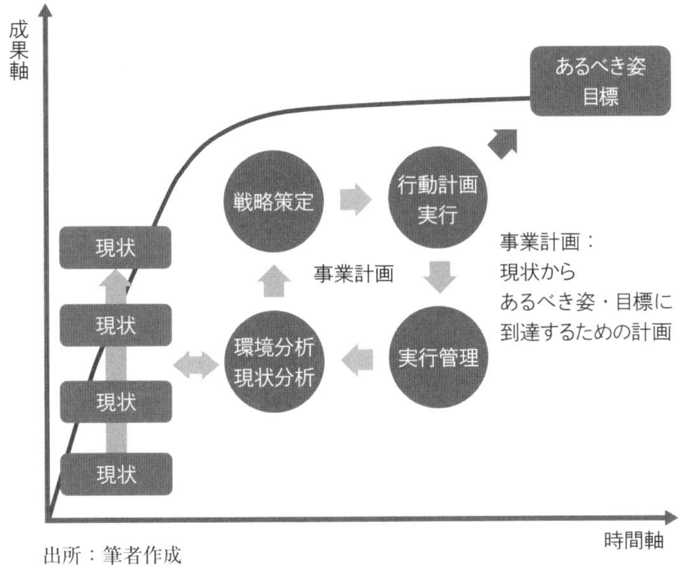

出所：筆者作成

画・経営計画は，作成時点における経営者の抱く夢・理想・アイデア等をもとにして，将来的にどのような企業になっていたいのか，というあるべき姿を明確にすることから始まるのです。したがって，経営者が変わると，その計画も変わる可能性があるということは頭に入れておく必要があります。

あるべき姿や目標を，具体的に，定量的に，明確にブレイクダウンさせるために必要なことは，まず，現状についてきちんと分析し，把握することです。現状を把握できていなければ，将来のあるべき姿や目標など明確にしようがありません。現状について，詳細に，定量的に把握，分析することができれば，将来のあるべき姿や目標についても定量的に明確にすることは可能と言えます。

現状を把握するには，**外部環境**と**内部環境**という，主たる２つの視点が必要です。ここでは外部環境を社会や市場，競合に関する環境，そして，内部環境を自社の環境や経営資源の状況と捉えるとよいでしょう。そして，その２つの視点のうち，外部環境に関しては，**機会**と**脅威**という２つの視点，内部環境に関しては，**強み**と**弱み**という２つの視点，つまり，合計４つの視点から，それぞれの特徴を抽出し，それぞれに対して，目標やそのための戦略を立てるのです。

なお，これを**SWOT分析**および**SWOT戦略**と呼びます。SWOTとは，強み（strength），弱み（weakness），機会（opportunity），脅威（threat）の英単語の頭文字をとったものです。

前述したとおり，事業計画は，現状からあるべき姿・目標への計画です。したがって，あるべき姿・目標を明確にした後は，具体的な行動について考えなければいけません。つまり，**行動計画の策定**です。行動計画を策定する際には，あるべき姿や目標と整合したかたちで考えていくことになります。では，どのように行動計画は立てていくかということですが，まず，期間を考える必要があります。これは，第4章で述べたことと関連するのですが，まず大枠の期間を考えます。大枠の期間は長くても10年ぐらいが最善でしょう。ただし，企業の経営者はもっと短期間で成果を求められますし，短期間で交代することは珍しいことではありませんので，5年の大枠で考えても十分かもしれません。また，経営者だけの問題に限らず，社会やビジネス環境は絶えず急激に変化しており，それらは互いに複雑に影響を及ぼしあっているため，通常，10年も先の話になると，多くの不確実性が含まれることになります。とはいえ，短期間であると実現できることは限られるので，やはり，5年後や10年までを大枠として，3年後，1年後の行動計画を段階的に策定していくのがよいでしょう。

行動計画には，具体的には，**利益計画**や**売上計画**，**費用計画**，**資金調達計画**も含まれます。これは，お金に関する計画ですから，必ず具体的，定量的に考える必要があります。つまり，財務予測あるいは財務計画と言い換えられるものです。行動計画では，誰が，何を，いつまでに，どのような状態にするのかが示され，その行動計画を実行に移すことによって発生する費用や得られる収入を予測し，定量的にまとめたものが，財務予測と財務計画です。したがって，財務予測と財務計画も行動計画に入ります。

ここまでが，主たる事業計画の策定プロセスです。つまり，**環境分析（現状分析）→ 戦略策定 → 行動計画**，が事業計画の策定プロセスと言えます。しかしながら，ここで留意すべき点があります。それは，このプロセスが必ずしも一方向ではないこと，また，事業計画は，図表8-1のとおり，さまざまな時点・段階でのあるべき姿や目標への計画なので，柔軟に変化しなければいけないということです。つまり，将来のあるべき姿や目標も，その時間の変化とともに，その都度変化するということです。そのため，一度戦略や計画を策定した後でも，場合によっては環境分析を再度やり直したり，それによって，戦略や計画，場合によっては最終目標も変更したりする可能性が出てくるかもしれません。これは，実はかなり厄介な問題です。

このことを考慮に入れたうえで，事業計画を，それでも有効なもの，説得力のあるものにするにはどうすればよいでしょうか。それは，事業計画の策定プロセスの中に，それらをチェックするプロセス・段階を内在させるということです。これを**実行管理**と呼びます。この実行管理の段階では，計画の対象期間中の経営状況について計画と実績を比較して，対応策や改善施策を検討します。つまり，計画は絶対のものではなく，あくまで，行動の基準や目安であり，柔軟に変化させることができるものであり，それをどのようにするかを想定しておくということです。そして，それをうまく循環して回していくのです。以上，ここまで述べた事業計画策定のプロセスは図表８－１に示したとおりです。

2 現状分析に必要なデータ

事業計画は，現状から将来のあるべき姿や目標に到達するための計画や道筋を示したものであり，その計画や道筋を示すためには，現状を正しく把握することが必要不可欠であるということもすでに述べたとおりです。

現状を正しく分析し，認識することの第一歩は，関連すると思われる**データ**や**情報**を収集し，整理するところから始まります。漠然と感じていたり，他の人から伝え聞いたりしたことを，なんとなく把握するのではなく，具体的なデータや，自ら集めた情報で，状況を具体的にとらえて分析することが重要です。そして，その収集もしくは分析されたデータや情報をもとに，事業計画を策定する際に有用かつ具体的な根拠として整理して使用します。インターネットなどの情報技術が発達した現代社会には，データや情報は無数にあります。したがって，その取捨選択と，いかにそれらを有用な情報に変えるかというデータ・情報の処理や加工，分析は簡単なものではありません。その際，何を明らかにしたいのかを明確に，つまり，検証すべき仮説をあらかじめ持っておくことが必要不可欠です。

では，どのようにデータや情報を収集するかというところから見ていきましょう。そもそも集めたデータや情報が正しくなければ，たとえ高度な分析を行っても，不正確で不適切な情報となり，それは誤った判断や結論に導くことになります。そのため，正確な情報やデータの収集が何よりも重要です。どのような情報が正確で，どのような情報が誤ったものなのでしょうか。それを判断する前に，まずデータの種類から見ていきます。一般的な言葉に，**一次情報**，**二次情報**というものがあります。**プライマリー・データ**や**セカンダリー・データ**ともいいます（図表8-2）。

まず，データというと，企業や政府などが公開している財政や人口など社会状況を表す統計データを思い浮かべる人が多いかもしれません。このような統計データや，企業や政府に限らず，ある業界の業界団体，大学や病院などさまざまな組織が公開している情報・データを，二次情報もしくはセカンダリー・データといいます。これは，統計データだけに限らず，雑誌や書籍などの刊行

図表8-2 ｜ 分析に必要なデータの収集方法

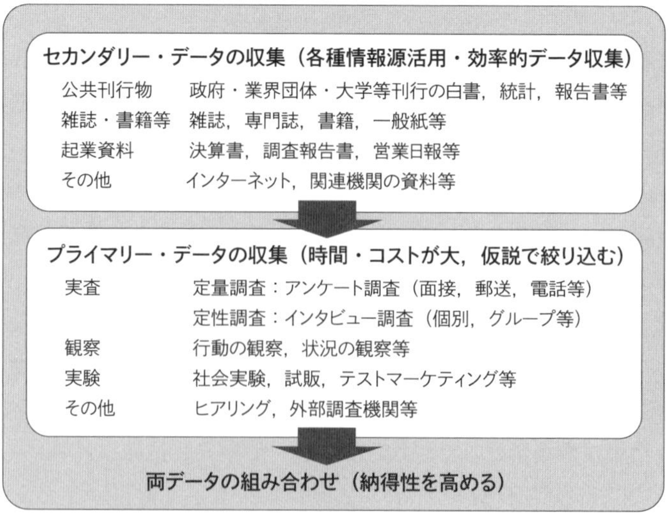

セカンダリー・データの収集（各種情報源活用・効率的データ収集）
公共刊行物　政府・業界団体・大学等刊行の白書，統計，報告書等
雑誌・書籍等　雑誌，専門誌，書籍，一般紙等
起業資料　決算書，調査報告書，営業日報等
その他　インターネット，関連機関の資料等
プライマリー・データの収集（時間・コストが大，仮説で絞り込む）
実査　定量調査：アンケート調査（面接，郵送，電話等）
定性調査：インタビュー調査（個別，グループ等）
観察　行動の観察，状況の観察等
実験　社会実験，試販，テストマーケティング等
その他　ヒアリング，外部調査機関等
両データの組み合わせ（納得性を高める）

出所：経済産業省（2005）をもとに作成

物，公的機関が発行している報告書や白書などの公共刊行物，企業の報告書や決算情報，調査報告書なども含みます。ただし，ここで留意すべきは，セカンダリー・データは外部機関や組織によって作成されたものですので，それらの組織が公的に認められ，評価されているものかを含め，情報やデータが正確か，最新のものか，客観的なものか，どのように収集されたものか，を事前にきちんと把握し，検証する必要があります。

一方，プライマリー・データや一次情報とは，自ら調査したい目的に合わせて新たに収集するデータのことを指します。それは個人でもかまいませんし，個人が属する組織が収集したものでもいいのですが，要は，既に存在するデータではなく，収集や分析したいと考えている主体が，独自に収集した情報・データのことです。たとえば，アンケートやインタビューといった実査と呼ばれる手法や，ある特定の対象の様子の観察，試験的にあることをある期間実施し，その時の情報・データを収集する実験的手法があります。自らが独自に収集・入手した情報・データのため，一次もしくはプライマリーといいます。

では，プライマリー・データとセカンダリー・データのどちらの情報・データがより価値があるものでしょうか。ここまでの話だと，プライマリー・データのほうがより価値があるように思えます。実際に，プライマリー・データは特定の人しかアクセスできない情報・データという意味で希少と言えるかもしれません。また，多くの場合，収集者が自らその時間とコストを負担します。しかし，どちらのほうがより価値があるかということは，はっきりとは言えません。なぜなら，どのような用途で情報やデータを使用・分析するかという目的によって，それぞれの役割が変わるからです。

つまり，プライマリー・データとセカンダリー・データは，その特徴が明確に異なるのです。最初に，ある特定の領域に関して幅広くセカンダリー・データを収集します。そして，ある特定の情報やデータなどそこで不足しているものを，時間やコストの制約の中で，優先順位を決めてプライマリー・データとして集めるということです。つまり，セカンダリー・データによる概要理解によって，プライマリー・データ収集の方向性を絞り込むというのが基本となると言えます。

3 外部環境分析

では，ここから現状分析の手法について見ていきましょう。まずは，**外部環境分析**です。外部環境とは，文字どおり，外部を取り巻く環境のことを指します。外部環境分析は，自社が他社に勝つための機会を探り，自社が避けるべきことを明らかにすることが目的です。

まず，外部環境分析について，４つ要素が重要です。その４つとは，①**政治・政策**（political），②**経済**（economic），③**社会**（social），④**技術**（technological）要素です。マクロ環境分析のことを，これらの英単語の頭文字をとって**PEST分析**と呼び，**コトラー**（Kotler 1998）は非常に重要な分析視点になると指摘しています。それらはすべて単語の意味するとおりなのですが，簡単にまとめると次のようになります。

まず，①政治・政策に関しては，事業に関連した法規制や税制，規制などについて調査します。規制緩和はもちろんビジネスチャンスですし，たとえば，環境分野では，二酸化炭素排出規制などの規制が，排出権取引など新たなビジネスをもたらすこともあります。

次に，②経済に関しては，景気動向や物価の騰落，為替，金利といった経済の基礎に関する情報やデータが対象になります。こうしたデータは，金融機関や，政府，シンクタンクなどがデータを公表したり，そのデータをもとに各種報告書や白書を公表したりしています。

③社会的要素に関しては，対象は幅広くなるため，どのような分野や領域を対象とするかにより，その要素は大きく異なります。たとえば，健康や教育，犯罪，環境などなどさまざまな分野があります。しかし，その中でも最も代表的なものは，人口動態と言えるでしょう。人口や世帯数，人口年齢構成などは市場規模に直接影響しますので，必ず必要となる基礎的な情報であると言えます。

最後に④技術要素は，人工知能やAI，ロボットなどのような技術に関する要因です。技術の発展や新しい技術は当然新しいビジネスチャンスとなります。技術を自分たちが持っているか持っていないかにかかわらず，どのような分野の技術発展が著しいか，どのような新しい技術が誕生しているか，実用に向けた課題や開発年数などの情報を収集することが重要です。

次に，外部環境分析では，①**市場**，②**顧客**，③**競合**という３つの分析の視点も重要です。まず，**市場分析**では，自社が属する業界や，自社製品およびサービスの市場規模と今後の市場動向について情報やデータを集め，調査・分析します。市場分析において，市場の規模やその変化を把握する際には，その領域，つまり境界をどのように設定するかが重要です。つまり，市場の範囲を狭くとらえるか，広くとらえるかということです。市場の範囲を狭く設定すれば，目の前にある具体的な市場の規模を推計しやすく，市場の範囲を広く設定すれば，その将来動向などの長期的な変化を予測できるかもしれません。

たとえば，ある自動車会社を例にとりましょう。現在の国内の自動車業界だけの市場に着目すると，若者の自動車離れや，日本国内での少子高齢化により，市場の縮小が具体的な数字で予測されるかもしれません。一方で，今後，自動車会社がカーシェア事業を展開したり，自動運転を導入したりして，タクシーや公共交通にとって代わるものになる，もしくは，電気自動車の普及で，自動車が家電など電気製品の１つと位置付けられるものになるとします。その時，それらの市場も考慮に入れるとどうでしょうか。また，国内だけでなく，アジアやアフリカなど，人口が増加し，経済の急成長も見込まれる地域にもっと進出することを考えるとどうでしょうか。そこには，不確定な要素がより多く含まれることになるものの，その中で収集できる情報やデータをもとに，より長期的な変化の予測や展望を見ることができます。

ここで，市場をより狭く捉えるということは，顧客を絞り込むということです。つまり，２つ目の**顧客**という視点を意味します。商品やサービスを提供する際，どの地域，どの世代層，どのような経済レベル，どのような生活思考をもった顧客をターゲットとするかという，顧客を具体的に想定する視点が重要です。それを可能な限り定量的なデータとして分析していくことで，より正確な市場規模を把握することができるのです。

そして，最後の３つめは，**競合分析**です。ここでは，競合他社との差別化の可能性を探るために，競合他社の売上高のシェアや業界の売上推移，競合他社の売上推移等の市場シェア，収益性や利益率，そして，他社の商品開発の動向，技術・設備・宣伝・販売・経営戦略等の動向を調査・分析します。競合他社の調査・分析をすることは，事業計画を策定する際の目標の設定の際，参考にできることがあります。市場での自らの立ち位置を把握することにより，どのような目標が妥当か，また，そのためにどういう戦略や計画を策定すればよいのかの参考となるのです。

なお，ここでは，外部と内部の環境分析という視点で分類していますが，市場や業界を分析するにあたっては，他にも，著名な経営学者である**マイケル・ポーター**は**5つの力分析**（5 forces analysis）を提示しています。具体的には，分析を行う事業に関係した5つの力・プレーヤーについて，力関係を明らかにし，全体を見たうえで魅力のある市場・業界か否かを判断するという方法です。その5つの力・プレーヤーとは具体的に，**業界内の競争業者**，**新規参入**，**代替品**，**売り手**，**買い手**です。詳細には，競争が厳しいかどうかや，参入障壁が高いかどうか，既存製品や既存サービスとは異なるものでありながら，同等以上の価値を提供するものが登場しやすいか否か，サプライヤーの交渉力が強いか否か，買い手の交渉力が強いか否かを分析するという視点です。業界内の競争業者と新規参入，代替品を**競合**（competitor）と考えると，買い手は**顧客**（customer），**売り手は自社**（company）となります。この3つの要素に着目し，企業を取り巻く環境を分析する際に用いられるフレームワークのことを，これらの英単語の頭文字をとって**3C分析**と呼びます（Ohmae 1982）。

4 内部環境分析

外部環境分析の次は，**内部環境分析**です。**自社分析**と呼ぶこともできます。3C分析における**自社**（company）に関する分析です。具体的には，後述するように，内部環境分析は，**組織**（ヒト），**製品**（モノ），**財務**（カネ），**マネジメント**という4つの観点で見て，自社の強みと弱みなどの現状を分析しますが，事業計画には，この4つの視点の将来のあるべき姿や目標に向けた計画を盛り込むことを前提としています。つまり現状分析においては，外部環境も内部環境も同じレベルで重要な要素と言えますが，その将来のあるべき姿や目標までの道標となる事業計画は，あくまで自らの内部の変化を明示化するものです。

それでは，具体的に内部環境分析について，詳しく見ていきましょう。まず，組織，ヒトに着目します。つまり，組織体制，人事システム，人材育成といった観点で分析を行います。組織の分析では，基本的な組織構造について年齢構成や，たとえば，職種別や部門別の人員構成，アルバイト・パートの割合などの基礎的なデータを整理します。また，離職率がどのくらいか，適正な配置ができているか，現状の人事制度や業務分担は効率的か，うまく機能しているか，市場や顧客が求めていることを実現するための組織形態になっているか，などを分析します。そのほかにも，経営理念や方針がどの程度共有されているか，織内のコミュニケーションや情報共有に問題がないか，どのような人材育成の体制を作っているかなども重要な視点です。

次に，製品というモノに着目します。自社製品の売上高や利益率に関連する情報を分析し，各製品の成長性や競争優位性を強化するための実施施策や製品構成の最適化を検討します。また，自社と他社の製品を比較して，自社製品の特徴，つまり，自社製品の強みと弱みを明らかにし，どのような顧客層がどのような製品を購入しているか，という分析も重要となります。

ヒト，モノときたら，次はカネです。財務，つまり，お金に着目して分析します。たとえば，売上や利益がどのように推移しているのか明らかにし，今後の事業拡大や収益性改善に関する方針や目標水準を検討します。他社や業界の一般水準と比較することにより，自社の利益を生み出す力を把握することも有効です。また，**生産性**の視点も重要です。生産性とは，インプットに対するアウトプット，つまり成果の比率のことですが，売上債権や棚卸資産・固定資産などの流動資産や固定資産を用いて，どれだけの売上をあげているか，また従業員１人当たり，時間当たりどれだけの売上をあげているのかを見ることで，生産性のレベルがわかります。また，キャッシュ・フローを把握することも重要です，キャッシュ・フローは，企業における実際の資金の増減についての状況を把握できるだけでなく，企業価値を測定する基準にもなります。

最後にマネジメントに関しては，組織の業務のフローやバリューチェーン，情報管理や意思決定方法，さらには，予算管理など，分野を横断するようなマネジメントの全体に関する状況について分析します。

5 SWOT分析を用いた事業戦略の策定

現状についての分析を外部環境分析と内部環境分析で行った後は，その分析結果をもとに戦略を挙げていく必要があります。ここでは，分析結果を整理し，今後の事業戦略を策定するための考え方について見ていきます。現状分析の分析結果を整理するための代表的なフレームワークとして**SWOT分析**が挙げられます。前述のとおり，**強み**（Strength），**弱み**（Weakness），**機会**（Opportunity），**脅威**（Threat）の英単語の頭文字をとってSWOTといいます。

まず，強みと弱みに関して，自社にとっての強みは何か，弱みは何か，他社に比較して勝っている部分は何か，劣っている部分は何か，という観点で内部環境分析の結果を整理します。具体的には，独自の技術力・ノウハウはどうか，資金調達力，知名度などさまざまな強みと弱みが挙げられると思います。

次に，機会と脅威に関しては，外部環境におけるビジネスチャンス（機会）は何か，ビジネスリスク（脅威）は何か，自社との関連性は強いか弱いか，という観点で外部環境分析の結果を整理します。具体的には，社会構造の変化や技術革新，市場のグローバル化など外部の変化が自社にとってチャンスなのか，脅威なのかを整理していくということです。以上述べたことを図表8－3（図表の左）に示す表を用いて整理します。

次に，この内部環境分析および外部環境分析により抽出した，強み，弱み，

図表8－3 ｜ SWOT分析（左）とSWOTマトリクスによる戦略立案（右）

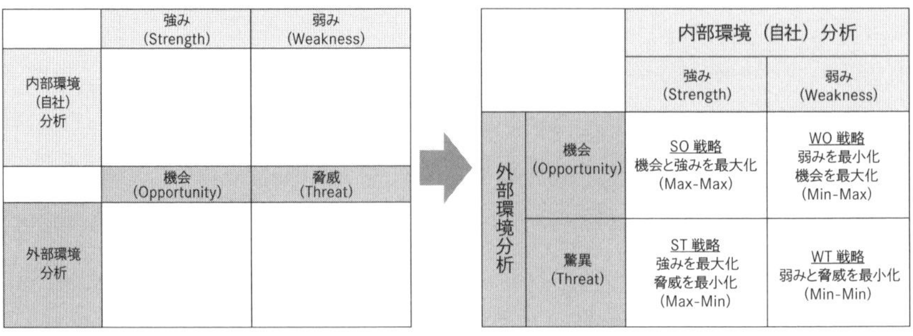

強み
(Strength)
弱み
(Weakness)
内部環境
(自社)
分析
機会
(Opportunity)
脅威
(Threat)
外部環境
分析
内部環境（自社）分析
強み
(Strength)
弱み
(Weakness)
外部環境分析
機会
(Opportunity)
SO 戦略
機会と強みを最大化
(Max-Max)
WO 戦略
弱みを最小化
機会を最大化
(Min-Max)
驚異
(Threat)
ST 戦略
強みを最大化
脅威を最小化
(Max-Min)
WT 戦略
弱みと脅威を最小化
(Min-Min)

出所：経済産業省（2005）をもとに作成

機会，脅威を掛け合わせたマトリクスを作成し，戦略の方向性を考えていきます。図表8－3（図表の右）には，そのマトリクスを示しています。まず，強みのほうを見ていきましょう。左上は，強みと機会の掛け合わせ領域です。つまり，強みを活かして得られる市場の機会は何かといった観点で戦略を策定します。これを，強みと機会の英単語の頭文字をとって**SO戦略**と呼びます。この領域が，戦略においては最も重要なポイントになります。そして左下は，強みと脅威の領域です。強みを活かして市場の脅威を回避できないか，他社への脅威を自社の強みにすることはできないか，といった観点で戦略を策定します（**ST戦略**）。また，弱みに関する領域を見ていくと，右上は，弱みと機会の掛け合わせ領域です。ここでは，事業機会を失わないために弱みをどう克服するか，自社の強みを生かして弱みを補完できないか，といった観点で戦略を策定します（**WO戦略**）。最後に，右下の弱みと脅威の領域ですが，ここでは，弱みを最小化し，脅威を回避する戦略は何かという観点で戦略を策定します（**WT戦略**）。

なお，事業計画において戦略を策定する際に留意すべきことは，分析と戦略の整合性がとれていること，他社に対して優位性がある戦略を策定することですので，このSWOT分析と戦略策定においても必ずそこを意識する必要があります。もちろん，戦略策定にあたっては，過去の成功体験やベストプラクティス等を参考にすることも重要ですが，あくまで現状の分析に沿ったもの，実行不可能でない戦略を策定することが重要です。

6 その他の多様な戦略論

本章では，SWOT分析とそこから導かれる戦略の策定方法について見てきました。ここで，改めて，戦略とは何を意味するのかについて簡単に見ていきましょう。企業経営の分野で戦略に関する研究は数多くなされています。ここですべてを紹介することはできませんので，より詳しくは，関連する専門書を読んでいただきたいのですが，やはり主要なところは押さえておく必要があります。

まず，ここまで見てきたSWOT分析と，それをもとにした戦略策定手法は，数ある手法，方法論の１つです。明確な立案者ははっきりしておらず，1900年代前半からアメリカのハーバード大学やマサチューセッツ工科大学で開発されてきたとも言われています。特に，1969年にハーバード・ビジネススクールのケネス・アンドリュースやローランド・クリステンセンらによって書かれた「Business Policy: Text and Cases」（Andrews et al. 1969）によりSWOT分析は広く普及，使用されるようになったと言われています。

ところで，エリック・ボールとジョセフ・リピューマ（Ball and LiPuma 2016）によると，そもそも，戦略は過去数千年も前から研究され，実践されてきたものです。つまり，戦において，勝つためにはどのような策や計画を立てればよいかというところから戦略という概念は生まれたと言えます。それは，紀元前６世紀の中国の武将である孫武が書いた『孫氏の兵法』や，ナポレオン戦争終結後の1800年代前半，プロイセンの将軍カール・フォン・クラウゼヴィッツが，陸軍大学校の学校長として勤務している間に執筆したと言われる『戦争論』において，戦を論じる中で戦略という概念が提示・定義されていることからもわかると思います。

企業や経営の戦略に関する定義については，さまざまな著名な研究者の間でなされています。1980年代に圧倒的な存在感を示した経営学者である，ハーバード大学のマイケル・ポーター（Porter 1980）の競争優位戦略や，イゴール・アンゾフ（Anzoff 1957）の**成長戦略マトリクス**，さらに，ベンチャー企業やアントレプレナーシップの戦略を考えるうえで必要不可欠な，フランスのINSEADと呼ばれる欧州経営大学院教授のW・チャン・キムとレネ・モボルニュ（Kim and Mauborgne 2005）により提唱された**ブルー・オーシャン戦略**について少し詳しく見ていきましょう。

マイケル・ポーターは，すでに本書でも紹介したとおり，最初に競争の激化を決定するフレームワーク，つまり，５つの競争要因から，一般的な競争戦略に着目しました。５つの競争要因に対して，いかに自らのポジションを守ることができるか，もしくは優位点として活用できるかということです。著書『競争の戦略』（Porter 1980）では，「**競争戦略とは，会社が，自社の市場地位を強化できるよう，うまく競争する仕方の探求である**」というように表現されています。そして，同書では，次の３つの基本競争戦略について述べています。それは，全体的な**コスト・リーダーシップ戦略**，**差別化戦略**，**集中戦略**の３つです。全体的なコスト・リーダーシップ戦略は，効率的な規模の設備建設や，生産コストの削減などを通じて，他の競争業者よりも低価格で製品やサービスを提供し，利益を上げる戦略です。次に差別化戦略は，製品のデザインや品質，ブランドイメージ，形態，カスタマーサービス，販売後のサービスなどで付加価値を提供する戦略です，この戦略は，５つの競争要因に対する防御であると言えます。最後に，集中戦略ですが，これは，ある特定の購入者や地域などに経営資源を集中させる戦略です。特定のターゲットに集中する際，低コスト化，高度な差別化，もしくは，その両方を選択することになります。ただし，この戦略の場合は，獲得できる市場シェアには限界があると言われます。

次に，イゴール・アンゾフの成長戦略マトリクスについて見ていきましょう。経営戦略において，製品市場戦略，すなわち，いかなる製品もしくはサービスをどの市場に売るか，という決定が，事業を方向づけると言われます。そこで，アンゾフ（Anzoff 1957）は，製品と市場を，横軸と縦軸に取り，それぞれを既存と新規に分けることで，マトリクスを作り，**市場浸透**，**製品開発**，**市場開拓**，**多角化**の４つに分類される戦略の方向を示しました。図表８-４では，そのマトリクスを示しています。

たとえば，**多角化戦略**は，製品も市場も新規で勝負する戦略ですので，製品やサービスの差別化，新規性が試されますし，それゆえ，そこでの勝算があれ

図表８-４ | アンゾフの４つの成長戦略マトリクス

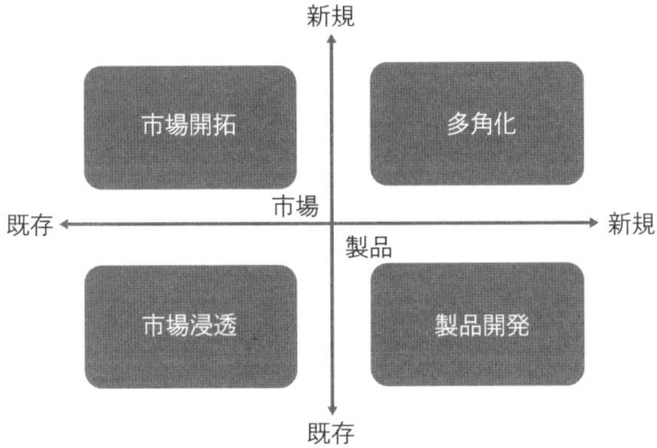

出所：Anzoff（1957）を参考に筆者作成

ば非常に事業機会としては魅力的なものであると考えられます。したがって，この多角化戦略はよく言及されることがあり，アンゾフの多角化戦略として紹介されることも少なくありません。

最後に，**ブルー・オーシャン戦略**についてですが，この戦略は，ここまで見た上記の戦略とも非常に密接に関連しています。ブルー・オーシャンとは何かというと，まず，既存の企業や競合企業がひしめき合い，飽和状態の市場をレッド・オーシャンと呼びます。それと対比するように，新しい市場を開拓し競合企業のいない市場をブルー・オーシャンと呼びます。ブルー・オーシャン戦略とは，レッド・オーシャンを避けてブルー・オーシャン市場でビジネスを進める戦略のことです。そして，そのためには，自分の業界における一般的な機能のうち，何かを「減らす」，「取り除く」，特定の機能を「増やす」，あるいは「新たに付け加える」ことで，それまでなかった企業と顧客の両方に対する価値を向上させることが必要だとしています。これは，**バリュー・イノベーション**と呼ばれ，これにより差別化と低コスト化を同時に実現します。しかし，実際にそのような競合企業がいない新市場があるのであれば，当然，他社も模倣して参入してきますので，もし新市場を開拓しても，決して安泰ではなく，今度はいかに参入障壁を高くするか，次のブルー・オーシャン市場を開拓するなどの動きが必要になってきます。この概念も，ベンチャー企業やアントレプレナーにとって押さえておかなくてはならない戦略概念であると考えられます。

まとめ

- 現状分析では，自社を取り巻く経営環境（外部環境）と自社の経営資源や収益構造（内部環境）について分析を行います
- 外部環境と内部環境を基にSWOT分析を行い，その結果からSWOT戦略を策定，その戦略実現のための事業計画を策定します

演習・課題

- 本章で紹介した以外のさまざまな事業経営戦略の方法論を自分で調べ，まとめてみよう。また，それぞれの違いを比較しよう

第３部

アントレプレナーシップを体現するベンチャー企業

第３部では，新しく誕生し，急成長を遂げるベンチャー企業に特化して学びます。具体的には，まず，新しく立ち上げた企業や事業の成長や変遷に関する理論について学びます。また，ベンチャー企業には，どのように事業を運営するかについてのビジネスモデルやマーケティングが必要不可欠であり，どのように資金を調達するか，そのための企業評価に関する知識も理解しなければなりません。本章では，それらの事項について総合的に学びます。

第9章 成長するベンチャー企業

✓ベンチャー企業とは何？
✓成功する要因は？
✓ベンチャー企業の成長プロセスとは？

1 ベンチャー企業とは

ベンチャー企業と聞くと，新しい会社や急成長している会社，新技術を生かしてビジネスしている会社などを思い浮かべると思います。ベンチャー企業のベンチャーとは，アドベンチャーのベンチャーと同様の語源で，「冒険」を意味します。そもそも「ベンチャー」という言葉は，1970年に開催されたボストンカレッジ・マネジメント・セミナーに参加した通商産業省（現経済産業省）によって日本に紹介されたと言われています。ベンチャー企業に関する統一された用語の定義はありませんが，ベンチャー企業論の古典である清成ら（1971）や，経済産業省をはじめとする公的な機関や関連文献を参考にすると，おおむね，「ベンチャー企業は，新しい製品や技術，サービス，ビジネスモデルにより新規事業を行う成長志向型の新興企業」ということができると思います。

「ベンチャー」という言葉が日本に入ってきた当時と比べて，現在では，日本の社会制度や産業構造は大きく変わっているため，より広義にベンチャー企業を解釈することが必要ですが，ここでのポイントは「**新しい**」ということだと思われます。会社自体が新しいことはさることながら，事業内容も従来型の産業ではなく，新しいもので，そこで提供する技術，製品，サービス等に新規性があることが重要です。

よくベンチャー企業と中小企業との比較がなされますが，これは，中小企業が，その名のとおり，中小（事業・組織）規模であるため，起業・創業からの期間が短い会社も多いためであると考えられます。中小企業に関しては，中小企業基本法によって資本金額と従業数が明確に定義されています。具体的には，製造業，建設業，運輸業，その他の業（卸売行，サービス業小売業を除く）では，資本金額が３億円以下，常時従業員数が300人以下，卸売業では，資本金額が１億円以下，常時従業員数が100人以下，小売業 では資本金額が5,000万円以下，常時従業員数が100人以下，サービス業では，資本金額が5,000万円以下，常時従業員数が50人以下となっています。

ベンチャー企業の重要なポイントは「**新しさ**」であると先ほど述べましたが，新しいものは時間とともに必ず古くなります。したがって，生まれた当時は新しいと考えられた技術も製品もサービスも，時代とともに古くなるのです。ベンチャー企業は，成長し，時間が経過すると，大企業や既存企業になるという側面があります。

新産業の新たな担い手が期待されるベンチャー企業や起業家を多く輩出する時代は，産業構造の変革期であるということができます。その因果関係は明確に断定できませんが，相関関係があることはこれまでの歴史を振り返ると間違いではないようです。日本は，これまでに複数回のベンチャーブームを経験しました。

初期のブームは，1970年初頭，素材中心の大量生産・大量消費産業から，自動車・電機産業を中心とした加工組立型産業への転換期です。続いて，1980年代前半には，従来の製造業中心の産業構造から転換し，流通・サービス産業が一気に拡大します。このころ，孫正義氏が率いるソフトバンクなどが誕生しています。ベンチャー企業への資金提供を主とする**ベンチャーキャピタル**の設立も増加しました。1982年にはベンチャーキャピタルによる日本初の**投資事業組合**方式が導入されています。

そして，1990年代初めから2000年初頭のバブル経済崩壊後の日本では，産学官主導のベンチャー支援が活発化され，ヤフー株式会社や楽天といったITベンチャーが数多く誕生しました。しかし，いわゆるインターネットバブルの崩壊とともにその勢いは衰えていきました。

2　ベンチャー企業の成功要因と成長プロセス

ベンチャー企業であっても，中小企業や大企業であっても，企業の基本機能は同じと言えます。ただし，ベンチャー企業が異なる点は，前述したように，その「**新しさ**」にあるため，起業家・創業者の経営に対する比重が高いこと，そして，製品やサービスの競争優位性や差別化要因が高くなければ市場に受け入れられないということが主に挙げられます。

それでは，ベンチャー企業にとって重要な点，成功の要因は何なのでしょうか。ベンチャー企業研究の第一人者である松田（2005）によると，ベンチャー企業が成功するためには次の９つが重要であるといいます。①**起業家の性格・能力**，②**起業家の経験**，③**経営環境変化の正確な把握**，④**ビジョンの明確化**，⑤**市場・顧客の絞り込み**，⑥**事業・製品の選定**，⑦**機動力のある経営チームの組成**，⑧**必要な資金の調達**，⑨**社外支援インフラの活用**，の９つです。

ベンチャー企業は，起業家の性格・経験・スキルにマッチした製品・サービスで勝負し，その製品・サービスが市場に受け入れられることで初めて成長します。また，ベンチャー企業は経営資源に乏しいため，自らが勝負する市場を明確に絞り込む必要があります。そのため，自社を取り巻く経営環境や競合他社の動向を正確に把握し，環境に適合したマネジメントをしていくことが成功には不可欠です。その際，たとえ１人の起業家がどんなに有能であったとしても，価値観の異なる従業員を一定方向に向かわせることは困難です。したがって，成長を維持していくためには，起業家を助け，補う経営チームが作られているかどうか，そして，多様な価値観，能力を持つベンチャー企業の社員をまとめ，１つの方向性に向かわせる経営理念や，行動目標，行動指針のような明確なビジョンを掲げていることが必要不可欠であると言えます。

次に，ベンチャー企業を成功に導くための成長プロセスを考えてみましょう。松田（2005）によると，ベンチャー企業の成長プロセスは，主として４段階があると言われています。その４段階とは，①**シード期**，②**スタートアップ期**，③**急成長期**，④**安定成長期**です。

①シード期は事業を構想する時間，②スタートアップ期は，起業家が起業を

経て，商品・サービスの事業化をするまでの基礎固めをする期間，③急成長期は，社会的認知度が高まり，市場の拡大またはシェアアップによって，企業規模が急拡大している時期，④安定成長期は，事業や商品などの社会的認知が確定し，株式上場を果たし，収益力が最も安定する時期です。

ベンチャー企業にとって，設立から５年までが最もリスクが高いと言われますが，**シード期**では，アイデア段階のものを，製品やサービスという具体的な事業化可能性まで検討し，その過程で顧客のニーズを的確に把握する事業センスを磨いておくことが重要となります。そして，**スタートアップ期**では事業化までの基礎固めをすることになりますが，その際，どのような事業を選定するか，その事業のコンセプトを明確化する必要があります。それをもとに創業資金の資金調達を含む創業計画・事業計画を立案していかなければなりません。

なお，技術を基にしたイノベーションを実現する際，ベンチャー企業には，研究開発から事業化までのプロセスにおいて乗り越えなければならない障壁があります。まず，研究ステージと製品化に向けた開発ステージの間に存在する障壁を，**「魔の川」**と呼び，技術シーズを市場ニーズに結び付け，具体的なターゲット製品を構想する知恵が必要とされます。その後，コストがかさみ，資金が尽きて倒産の危機を迎えることを**「死の谷」**（Death Valley）と呼び，創業間もないベンチャー企業が，環境の変化に適応できずに倒産していくことを，ダーウィンの「進化論」になぞらえて「**ダーウィンの海に沈む**」と呼びます。

無事に死の谷を乗り越え，ダーウィンの海に沈まずに成長し続けたベンチャー企業は，次に**急成長期**を迎えます。社会的認知度が高まり，市場の拡大またはシェアが増えることにより，企業規模が急拡大していくのです。規模が拡大するにつれ，当然，人員も増え，ビジネススピードも加速していきます。事業内容が多様化し，成長スピードが加速すると，それをまとめ上げるには，特に経営陣の団結と，経営実態の正確な把握，そして，経営陣と社員との緊密なコミュニケーションがより必要となるでしょう。また，急成長に伴い，自社の製品やサービスの質の低下や，他社の類似の製品やサービスに負けないように，継続的に製品・サービスの改良・改善を行い，競争優位に立つことも重要です。

そして，事業や商品などの社会的認知が確定し，収益力が最も安定する時期を**安定成長期**と呼びます。この時期では，より社会的に存在感のある企業として，**株式上場**を果たし，株主を意識した公益的な会社になることも大きな目標となりえるでしょう。しかし，その一方で，この時期において，次の段階を模索しないと，成長し続けることは難しく，企業は衰退していく可能性もあります。なぜなら，企業の従業員も多くなり，組織としての活動年数や経験値も高くなり，成長が鈍化すると，新たな事業に挑戦する機会が少なくなるためです。したがって，この段階では，外部人材の登用やアウトソーシングの活用，次の世代を担う新経営チームの育成が不可欠となります。組織自体の体質の変革が求められる時期でもあるのです。

3 世界を相手に成長するグローバル企業

たとえ創業時にはある一定の地域を対象に事業を始めたとしても，企業が成長するには，その事業範囲を広げる必要があります。事業を拡大していくために世界の市場を相手にすることも珍しくありません。1950年代から1980年代における，企業のグローバル化のモデルは，**多国籍企業**が主流でした。多国籍企業とは，簡単に言うと，活動拠点を１つの国だけに限らず複数の国にわたって世界的に活動している大規模な企業のことです。豊富な経営資源をもつ大企業が，国外市場に事業展開することを前提としています。

伝統的な多国籍企業は，欧米など特に先進国において豊かな国内市場の中で寡占もしくは独占的企業として成長，経営資源を蓄積し，その後，国外に新たな事業拠点をつくり事業展開します。これにより，市場を広げて，企業の成長を持続させようとするのです。その点において，多国籍企業は，国内市場と国外市場を分けて考えたり，グローバル化の過程においては，物理的な距離が大きな弊害となります。

しかしながら，1990年代に入ると，インターネットの登場などにより，市場がグローバル化することによってその状況が変わります。それまで国外進出が難しいとされてきた中小企業やベンチャー企業，経営資源の乏しい企業も比較的容易にグローバル市場への進出が可能になったのです。つまり，はじめから，市場を国内のみに絞らず，グローバル市場を相手に事業を行うことを前提とした企業が誕生するようになりました。このような企業を，**ボーン・グローバル企業**や**グローバル・ベンチャー企業**と呼びます。

繰り返しになりますが，多国籍企業とボーン・グローバル企業の大きな違いは，多国籍企業が，まず国内市場で事業展開し，経営資源を蓄積したうえで，国外の新たな市場に進出するのに対して，ボーン・グローバル企業は，起業時からグローバル市場でのシェア拡大を目指し，設立後数年でグローバル展開を果たす点にあります。その中には，国内市場が小さく，その売上だけでは企業の成長が期待できないため，創業当初からグローバル市場を狙うベンチャー企業も含まれます。

ボーン・グローバル企業は，世界市場を1つの市場として捉えることで，創業時から常にグローバル市場でどのように戦うか，シェアを拡大させるかという視点を持ち，戦略を立てるのです。その際，ボーン・グローバル企業が着目するのは，多国籍企業が進出していない**ニッチ市場**になります。ニッチ市場に関しては，後述しますが，特定の単一国内で見れば小さな市場でも，世界規模であれば大きな市場になりうる，世界市場におけるニッチな隙間市場を狙い，資源を集中させることで，特定の分野では圧倒的なシェアを獲得することが可能となります。

世界を市場と考えたときに，重要なポイントは，**途上国**になります。途上国とはつまり，経済発展が先進国ほど進んでいない国，つまり，1人ひとりの所得が低く，社会インフラが整っていない国ですが，そのような国においても，現在は，スマートフォンの普及により多くの人がインターネットにアクセスできるようになっています。そこにはつまり，大きな潜在的な市場が存在しているのです。

4 イノベーションとキャズム理論

ベンチャー企業にとって成長は必要不可欠であり，そのためには，新しい市場の創出が重要です。この新しい市場の創出は，イノベーションの1つと考えられます。著名な経済学者のシュンペーターは，その著書（Schumpeter 1926）の中で，**新結合**という言葉を用いて，イノベーションを，新しい生産物または生産物の新しい品質の創出と実現，新しい生産方法の導入，新しい販売市場の創出，新しい買付け先の開拓，産業の新しい組織の創出であると類型化しました。この類型化をベースとして，たとえば，**プロダクト・イノベーション**，**プロセス・イノベーション**，**マーケティング・イノベーション**，**組織イノベーション**などのように類型化されることもあります。

その一方で，クリステンセン（Christensen 1934）は，シュンペーターの新結合に基づくイノベーションの類型化ではなく，それらを横断するかたちで**持続的イノベーション**および**破壊的イノベーション**の概念を提示し，その概念は広く普及しました。

また，ロジャーズ（Rogers 2003）は，イノベーションとは，個人や採用単位によって，新しいと知覚されたアイデアや対象物であるとし，あるイノベーションが個人にとって新しいものと映れば，それはイノベーションであり，イノベーションの新規性については，それが新知識である必要性はないとしました。むしろ，発見したイノベーションを普及させる，時間軸を基にした普及理論が重要であり，人がイノベーションに関する知識を獲得する段階から，採用もしくは拒絶に至る決定過程や，ある個人がイノベーションを採用するまでの革新性，社会システムにおけるイノベーションの採用速度の３つの時間軸を提示しました。

そのなかで，イノベーションの決定過程には，**知識**，**説得**，**決定**，**導入**，**確認**の５つの段階があり，個人がイノベーションを知り，その機能について理解した時に**知識**が得られ，イノベーションに対する好悪の判断の**説得**，そしてそれを採用するかどうかの**決定**と導入，最後にイノベーション**導入**に関する個人の意思**確認**が行われます。特に重要な点は，導入の段階においては，人によって導入のタイミングが異なるということであり，ロジャーズ氏はそのための類型化を行いました。

このロジャーズによるイノベーション採用者の類型である，**イノベーター理論**では，統計学における正規分布にもとづき（図表９-１），左端から2.5％を**イノベーター（革新者）**，次の13.5％を**アーリーアダプター（初期採用者）**，平均までの34％を**アーリーマジョリティ（前期追随者）**，平均から34％を**レイトマジョリティ（後期追随者）**，右端の16％を**ラガード（遅滞者）**の５類型に定義しまし

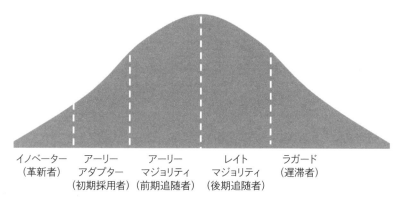

図表9-1　イノベーション採用者の類型の概念図

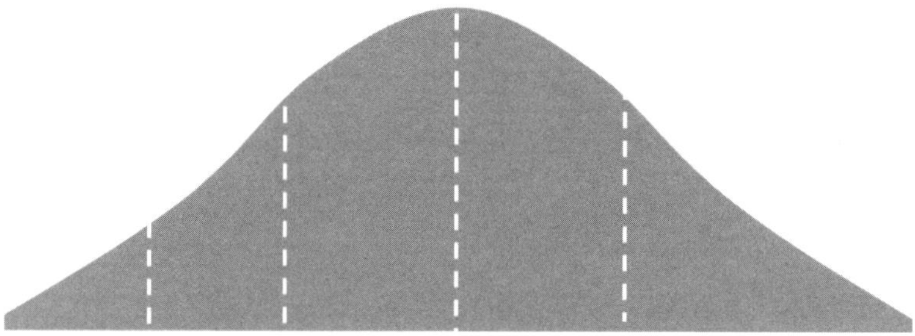

出所：Rogers (2003) をもとに作成

た。ロジャーズ氏の定義やその後の議論をもとに，要約すると，その類型別の特徴は次のようになります。

まず，**イノベーター（革新者）**は，製品をもっとも早い段階で購入する層のことで，商品の目新しさを重視し，とにかく試してみることが好きな層です。イノベーターは，イノベーションが社会システム内で開始されるきっかけをつくる役割を果たしていると言えます。しかしながら，イノベーターでいるためには，十分な金銭的資金と複雑な技術的知識を理解し，活用する能力が求められます。

アーリーアダプター（初期採用者）は，流行に敏感ですが，専門性を求め，自分自身の判断で製品やサービスを購入する層です。この層に受け入れられるとマジョリティ層へのアプローチがしやすくなると言われています。また，アーリーアダプターは，イノベーターよりも地域社会システムに根ざした存在であり，オピニオン・リーダーとなり，この層が認めたものが周囲に広まっていくことが多いと言われます。

次に，**アーリーマジョリティ（前期追随者）**は，世の中の新しい動きに敏感で他人の判断に影響されるものの，実際に新しいものを購入するのには慎重な層のことです。しかし，社会システムの成員のうち3分の1を占めており，イノベーションの普及においてつなぎ役という重要な役割を果たしています。

いっぽうで，**レイトマジョリティ（後期追随者）**は，新しいものに対して懐疑的で，多くの人が新しい製品やサービスを買ってから，自らも購入します。レイトマジョリティは，社会の半数が新しい製品やサービスを採用した頃にようやく採用しますが，理由は経済的なものや，周りからの圧力などで，自ら積極的に動くものではないと言われています。

最後に，**ラガード（遅滞者）**は，もっとも保守的な層で，新しいものやみんなが持っているものに興味がないか，または嫌いであることもあります。そのため，社会システムのネットワークにおいて孤立していることもあります。したがって，ラガードの意思決定過程は長期にわたり，新しい製品やサービスに気がついて時間が経ってから採用を行います。

さらに，アメリカのマーケティング・コンサルタントの**ジェフリー・ムーア**（Moore 2002）は，ロジャーズによるイノベーション採用者カテゴリーをもとに，**キャズム理論**を考案しました。ムーアによるイノベーション採用者カテゴリーは，ロジャーズ氏のものとやや異なっており，その大きな違いは，ロジャーズ氏がイノベーション採用者カテゴリーを連続的に取り扱っているのに対し，ムーア氏はそれぞれの類型の間には**裂け目（クラック）**があると主張し，その最も大きな裂け目を**キャズム**と呼びました。キャズム理論におけるキャズムとは，先ほどのイノベーター理論で定義されたアーリーアダプターからアーリーマジョリティへ新しい製品やサービスが広まる際に存在する大きな裂け目，障害のことをいいます。

キャズムほど大きくないものであるにせよ，クラックはイノベーターとアーリーアダプターの間にもあります。斬新な製品やサービスのアイデアが人々の間に全く浸透しない時には，このクラックに落ち込んでいると考えられます。また，アーリーマジョリティとレイトマジョリティの間にもクラックは存在します。このクラックはイノベーターとアーリーアダプターの間のクラックと同じくらいの大きさであり，市場は開拓されているものの，企業は対象顧客をアーリーマジョリティからレイトマジョリティへ速やかに移すために，いかにわかりやすく新しい製品やサービスを説明できるかがポイントになります。

キャズム理論では，イノベーターとアーリーアダプターをまとめて**初期市場**，アーリーマジョリティ以降の層を**メインストリーム市場**といい，各市場でニーズが異なることがキャズムを生む原因であると言われています。初期市場で新しい製品やサービスを導入するモチベーションは新しさにある一方で，メインストリーム市場では，安心感が大事になります。初期市場が占める全体の16%の割合のみの購入ではビジネスは成立しないことが多く，それがキャズムになるということです。このキャズムは，越えるのがもっとも難しいものである一方で，通常見過ごされていることが多く危険な溝であるとも言えます。

では，キャズムを乗り越えるにはどのような方法があるのでしょうか。その主な解決方法は，マーケティングであり，その中でも，**セグメンテーション**と**ターゲティング**が有効といわれています。マーケティングについては後の章で詳述しますが，特に，初期市場では，アーリーアダプターを取り込むことが重要です。既述のとおり，アーリーアダプターは，オピニオン・リーダーの性格を持っていることが多いので，この層の一部をはじめに上手く取り込むことができれば，他のアーリーアダプターを巻き込むことも可能となります。

まとめ

- ベンチャー企業は，新しい製品や技術，サービス，ビジネスモデルにより新規事業を行う成長志向型の新興企業のことです
- ベンチャー企業の成長プロセスは，①シード期，②スタートアップ期，③急成長期，④安定成長期

演習・課題

- ベンチャー企業を調べ，その中で，成功すると思うベンチャー企業を挙げてみよう
- なぜ成功すると考えたのか，９つの成功要因をもとに分析してみよう

第10章 ベンチャー企業とビジネスモデル

✓ビジネスモデルとは何か？
✓ビジネスモデルに必要な３要素の関係をビジネスモデル図で理解する
✓ビジネスモデルをどのように考えるか？

1 ヒト・モノ・カネとビジネスモデル図

ベンチャー企業は，新しい製品や技術，サービス，**ビジネスモデル**により新規事業を行う成長志向型の新興企業のことであると前章では記述しました。本章では，そのうちのビジネスモデルについて詳しく見ていきたいと思います。ビジネスモデルとは，企業のような組織が**継続的に存続するための仕組み**のことです。事業として何を行い，どこで収益を上げるのかという，ビジネスの仕組みを示すことで，企業活動の大枠を理解することができます。ビジネスモデルの最も単純な要素は，「**ヒト・モノ・カネ**」です。「ヒト」は，商品・サービスの提供者（およびその関係者）と顧客，「モノ」は，商品・サービス，「カネ」はお金です。企業はどのようなプロセスで顧客に商品・サービスを提供するのか，どのようなパートナーが必要なのか，商品・サービスとお金はどのように

図表10-1 ｜ ヒト・モノ・カネの動きに関する物販モデルの概念図

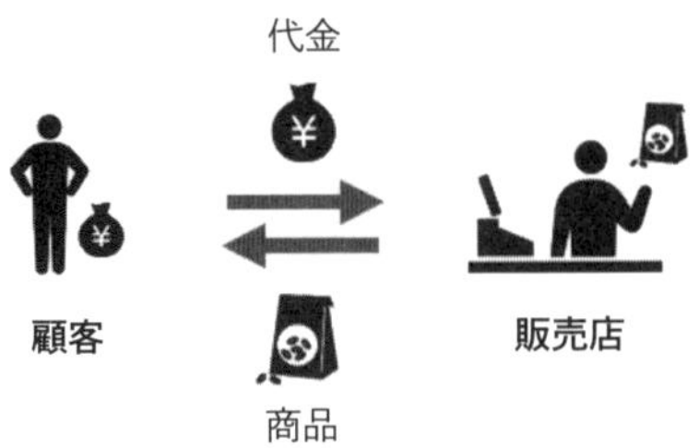

出所：筆者作成

流れるのかという三者の関係や動きが最も基本的な構造です。ビジネスモデルは複雑ですが，それをできるだけ簡潔に図示することが，ビジネスの本質をまず捉えるうえでは重要です。ビジネスモデル図は，一見簡単そうですが，作るのはただ見ることほど簡単ではありません。

まず，図表10-1を見てください。これは簡単な**物販モデル**です。たとえば，コーヒー豆を売るだけのビジネスモデルであれば，まずはここから考えます。

しかし，実際は，コーヒー豆は生産地から仕入れ，その後，焙煎工場で焙煎されたり，販売用にパッケージングされます（図表10-2）。

コーヒー豆の販売専門店がある一方で，コーヒー豆の販売もしているカフェや喫茶店もあります。そこで，次は喫茶店やカフェを考えてみましょう。喫茶店やカフェはコーヒー豆を売ることはもちろんありますが，主なビジネスは，コーヒー飲料を提供し，快適なお店でくつろいでもらうことにあります。コーヒー飲料といっても，普通のブラックコーヒーもあれば，カフェラテやカプチーノ，エスプレッソなどその種類は豊富です。もちろんコーヒー飲料だけでなく，コーヒー飲料にある軽食やデザートなどさまざまなメニューを提供することもあります。したがって，ビジネスモデルは少し変わります。簡潔に表すと図表10-3のようになります。

基本的には，コーヒー豆の販売と同様に単純なビジネスモデルですが，少し異なる点として，喫茶店やカフェには自家焙煎をすることも，オリジナルのパッケージやブレンドでコーヒー豆を販売したりコーヒー飲料を提供することもあるため，商品の仕入れに工夫が出てきます。もちろん販売店から買い付けることもありますが，大手カフェチェーンや豆の選定にこだわっている店は，

図表10-2 ｜ ヒト・モノ・カネの動きに関する卸売販売モデルの概念図

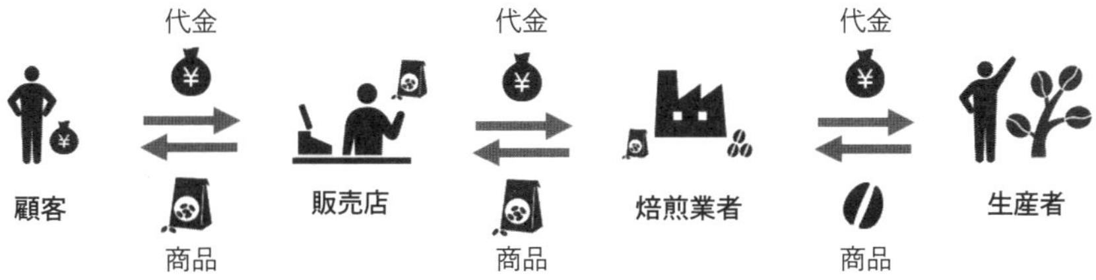

出所：筆者作成

図表10−3 ｜ ヒト・モノ・カネの動きに関する卸売販売・店舗運営モデル

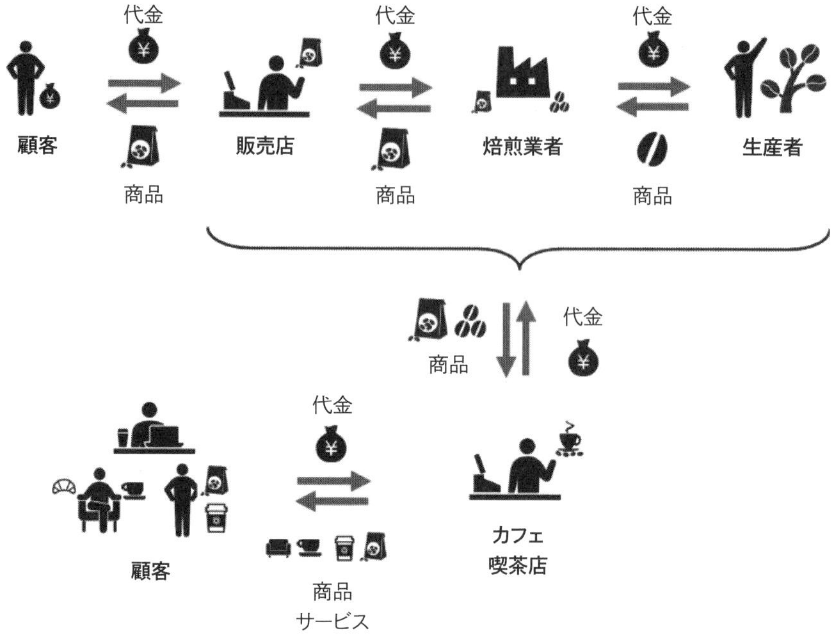

出所：筆者作成

焙煎業者から直接買い付けたり，自社に焙煎機器をもち，生産者から直接買い付けることもあるでしょう。

ただし，ここで最も重要なことは，カフェや喫茶店の場合，単純に製品を売るだけではないということです。お客さんは，そこで友人や家族と会話を楽しんだり，読書や学習といった１人で有意義な時間を過ごしたりします。したがって，カフェや喫茶店は，提供する商品もさることながら，いかにお客さんに快適に過ごしてもらうか，そのための内装や雰囲気作りなど，いわゆる商品ではない，質の高いサービスを提供することがより重要になります。カフェや喫茶店でのコーヒー１杯の値段が，その原価などに比べて場合によってはやや高く設定されているのは，そのサービスに提供価値があるからにほかなりません。

さて，カフェや喫茶店でもコーヒー豆を販売しているのであれば，ただコー

図表10-4 | 販売店がネットで通販サイトを運営するモデルの概念図

出所：筆者作成

ヒー豆を販売している店はどのようにその競合相手と競えばいいのでしょうか。その戦略は色々とありますが，ここでは，ネット・ウェブ販売について考えましょう（図表10-4）。当たり前のようですが，コンピューターやウェブが普及する前は，このネット・ウェブ販売は不可能でした。その意味で，ネット・ウェブ販売も，登場初期は革新的なビジネスモデルであったに違いありません。また，現在では，ネット・ウェブ販売はスマートフォンの普及によりますます必要不可欠なものとなっています。

ネット・ウェブ販売は，販売店に地理的に近い人だけではなく，ネットやウェブが使え，コーヒー豆を欲しいと思っている人すべてが顧客となりえます。 潜在的な顧客層が一気に増えるということです。しかし，ネット・ウェブ販売をするには，ウェブサイトをまず作らなければいけません。このウェブサイト構築の初期費用は当然かかりますし，ウェブサイトを運営し続けるにはサーバーやドメイン代等，維持管理費も必要です。また，代金の決済をするためにクレジットカード会社と，商品配送をするために運送会社と契約をしなければならず，これらすべてにお金がかかります。

なぜ，この企業は，このようなお金や手間がかかることをしようと意思決定するのでしょうか。それは，これまで物理的に制限のあった商圏を，ネット・ウェブ上で広げ，潜在的な顧客をとりこむことによって，商品の原価や販管費のすべてを商品による売上で補い，黒字つまり利益が出ると考えたためです。

ビジネスモデルを図示するということは，大まかな儲けの仕組みを理解してもらうことですので，とりあえずはこれでいいのですが，ビジネスとして取り込むうえではまだまだ不十分です。詳細にビジネスモデルを検討する際には，より具体的，定量的に考える必要があります。たとえば，ネット・ウェブ販売サイトを立ち上げることでどれくらいの顧客が獲得できるのか，そもそも市場規模はどれくらいか，ウェブ構築の初期投資を回収するための期間はどれくらいか，必要売上げ数はどれくらいか，など検討要因はたくさんあります。

そもそもこのコーヒー販売店が，ごくごく小規模で，地域のつながりでの固定客で何とか採算性を確保しているような店である場合，ウェブ構築に投資するのは正しい意思決定かどうかわかりません。

少し話は変わりますが，この点に着目して新しいビジネスモデルを提示することができます。それは，**通販サイト運営会社・EC（Electric Commerce）サイト運営会社**です。図表10-5は，それをできるだけ簡潔化したものですが，小さな販売店や小売店が通販サイトを立ち上げ，その運営をする代わりに，通販サイト運営会社・ECサイト運営会社がその業務を行うというビジネスモデルです。両者のビジネスモデルには，一見あまり大きな差がないように感じますが，通販サイト運営会社・ECサイト運営会社という1つのプラットフォームが誕生することにより，1つの小さな販売店や小売店だけではなく，同様の課題を抱えているほかの販売店や小売店，さらには，コーヒー豆販売という1つの業種だけでなく，ほかのさまざまな業種も取り込むことができます。それにより，それぞれ業種内での競争を活発化させたり，さまざまな販売会社および顧客の関連情報を一元的に管理したりと，通販サイト運営会社・ECサイト運営会社の活動が広がり，収益をより一層増やすことができるのです。

図表10-5 | 通販サイト運営会社によるビジネス・モデルの概念図

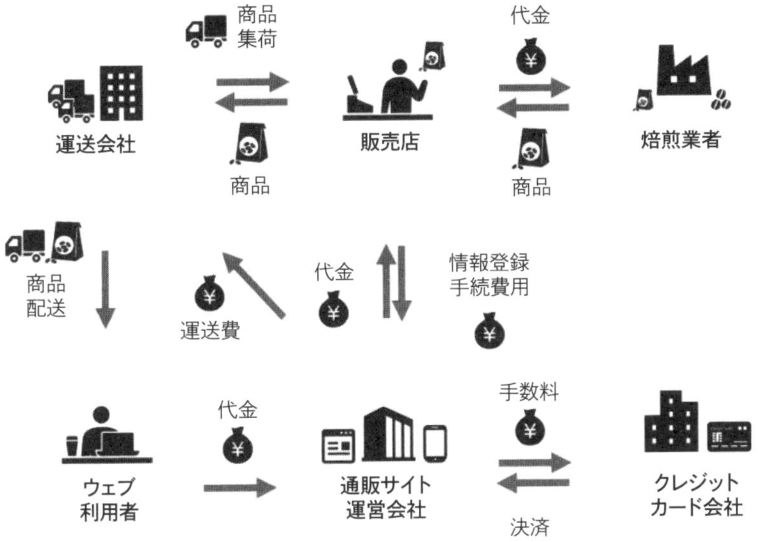

出所：筆者作成

2 ビジネスモデルにおける価値提供 ―― ビジネス・モデル・キャンバス

ところで，そもそもお金とは何でしょうか。原始的な社会では，人は物々交換をしていました。たとえば，ある人が漁をしてたくさん魚を獲った一方で，ある人は森からたくさんの木の実や果実を採ったとします。お互い全部自分では食べきれないし，同じものを食べても飽きるので，お互い不要な分を交換しよう。魚50匹をあげる代わりに，木の実や果実を100個もらおう，これが物々交換です。

しかしよく考えると，この交換は簡単ではありません。この例は１人と１人の関係でしたが，これが社会になると，人は数えきれないほどいますし，モノも数えきれないほどあります。あるモノは不足していて，多くの人が欲しているのに，あるモノは余っているのに欲している人が少ないということもよくある話です。

それではどうするのか。そこで，人類は次のように考えました。誰もがある程度必要としているモノ，つまり，誰もが納得しやすい価値があるモノ，持ち運びしやすく劣化しないモノ，にそれぞれまず置き換えたらどうか。たとえば，それは，貝などではどうか。これがいわゆるお金の最初の段階，つまり**物品貨幣**と呼ばれるものです。

その後，物品貨幣から**金属貨幣**，そして現在の貨幣と進化を遂げ，貨幣は，いわゆる，**価値尺度**，**交換**，**価値保全機能**をもったものとして，社会経済システムの中でなくてはならない存在となっていきます。

このように貨幣システムが確立していくと，今度はあらゆるものがお金で評価されるようになります。お金で評価された価格がモノの価値で，この価格は，消費者の需要量と生産者の供給量で決定されるというのが経済学の基本的な考えです。

ビジネスモデルは，お金を儲けるための仕組みですが，お金とはそもそも何かという基本に立ち返ると，ビジネスでお金を儲けるということは不思議なことだと感じないでしょうか。たとえば，顧客は企業が提供するサービス・商品の価値をお金で支払います。一方で，企業は，その提供する商品・サービスを同価値のモノから生み出しているのであれば，そこに価値の違いはないはずです。

しかしながら，ビジネスでは，お金を儲けることができます。お金を儲けるとは，利益を出すことであり，利益は「売上－コスト」です。では，この利益とは何なのでしょうか。実は，これこそが，企業が提供する商品・サービスを同価値のモノから生み出している過程で生み出した新たな「**価値**」なのです。この「価値」はモノではありません。つまり，ビジネス・モデルにおいて最も大事な要素は，「価値」の提供にあるのです。

企業は提供する商品・サービスに価格をつけ，この価格とコストの関係で利益は生まれます。したがって，価格の決定が重要なのですが，ここにそれに見合うだけの価値がなければ，顧客による需要と，競合他社を含む市場全体の供給との関係でやがて淘汰されることになります。

ところで，ビジネスモデルの特徴を理解したり，比較検討を容易にしたりするために，アレックス・オスターワルダーとイヴ・ピニュールが，著書『ビジネス・モデル・ジェネレーション』（Osterwalder and Pigneur 2010）で提唱した概念に「**ビジネス・モデル・キャンバス**」があり，広く普及，使用されています。ビジネス・モデル・キャンバスでは，①**価値提案**，②**顧客セグメント**，③**顧客との関係**，④**チャネル**，⑤**パートナー**，⑥**主要活動**，⑦**リソース**，⑧**コストと構造**，⑨**収益の流れ**，の９つが主要な要素として挙げられていますが（図表10-6），この中でも，中心的な主要要因として挙げられているのが，やはり「**価値提供**」になります。

ビジネス・モデル・キャンバスにおいて，まず初めに考えるものは「顧客セグメント」です。ここでは，誰のために価値を提供するのか，最も重要な顧客は誰かについて吟味します。次に，「提供する価値」について考えます。顧客にどのような価値を提供するのか，顧客のどのような問題を解決するのか，各顧客層のどのニーズを満たすのかを検討するのです。

そして，この「提供する価値」とそれを受け取る「顧客セグメント」の関係

図表10-6　ビジネス・モデル・キャンバスの概念図

<table>
<tr><td colspan="2" rowspan="2">パートナー
➢主要パートナー，サプライヤーは誰か
➢どのようなリソース供給，重要活動を行うか</td><td colspan="2">主な活動
➢事業価値の提供に必要な主な活動</td><td colspan="2" rowspan="2">提供する価値
➢顧客にどのような価値を提供するのか
➢顧客のどのような問題を解決するのか
➢各顧客層のどのニーズを満たすのか</td><td colspan="2">顧客との関係
➢顧客はどのような関係を期待しているか
➢それをどのように提供するか</td><td colspan="2" rowspan="2">顧客セグメント
➢誰のために価値を提供するのか
➢最も重要な顧客は誰か</td></tr>
<tr><td colspan="2">主なリソース
➢事業価値の提供に必要な資源</td><td colspan="2">流通チャネル
➢顧客にどのようにアプローチするのか
➢それをどのように実現するのか</td></tr>
<tr><td colspan="5">コスト
➢最重要なコストは何か
➢どの資源に最もコストがかかるか
➢どの活動に最もコストがかかるか</td><td colspan="5">収入
➢顧客は提供される価値にお金を払うか
➢顧客は何を買っているか
➢どのように支払うか</td></tr>
</table>

出所：Osterwalder and Pigneur（2010）をもとに作成

が最も重要なポイントになります。この関係が上手く「**フィット**」することが重要なのですが，このフィットには３段階あるといいます。

１つ目は，**課題解決フィット**です。ここでは，**顧客がやらなければいけないこと**（ジョブ）や**不満・不便に感じていること**（ペイン），**製品やサービスで得られるもの**（ゲイン）に対して，自身の製品やサービスがどのような価値を提供できるかを考えます。つまり，不満や不便を解決できている（**ペインリリーバー**），顧客のジョブを満たして，顧客が得たいものを生み出しているか（**ゲインクリエーター**）ということです。２つ目は，**製品・市場フィット**です。ここでは，初めての顧客が本当に自身の商品・サービスに魅力を感じて，お金を支払ってもいいと考えるかどうかの適性を判断します。そして，最後が**ビジネス・モデル・フィット**です。ここでは，持続的で，成長可能な，採算性が見込めるビジネスとして本当に成り立ちうるかを見極めます。

この「顧客セグメント」と「提供する価値」および，そのフィットを十分に吟味したのち，顧客はどのような関係を期待しているか，それをどのように提供するかという「顧客との関係」，さらに，顧客にどのようにアプローチするのか，それをどのように実現するのかという「流通チャネル」，顧客は提供される価値にお金を払うか，顧客は何を買っているか，どのように支払うかという「収入」の要素を考えます。

そして，ではその事業価値を提供するために必要な「主な活動」や，「主なリソース」，主要パートナーやサプライヤーは誰か，どのようなリソース供給・重要活動を行うかを考え，それらをもとに，最重要なコストは何か，どの資源に最もコストがかかるか，どの活動に最もコストがかかるかという「コスト」を考える流れとなります。

このように，ビジネス・モデル・キャンバスを見てもわかるとおり，ビジネス・モデルを考えるうえで，提供する価値と顧客は大変重要な要素です。

まとめ

- ビジネスモデルに必要な「ヒト」,「モノ」,「カネ」の大まかな関係を，ビジネスモデル図で簡潔に，視覚的に表現することが重要です
- しかし，ビジネスモデルで最も大事な要素は「提供する価値」であり，それを考える際には「ビジネス・モデル・キャンバス」で考えることが有効です
- 特に,「顧客セメント」と「提供する価値」のフィットが重要です

演習・課題

- 関心があるベンチャー企業のビジネスモデルについて考え，ビジネスモデルを自分なりに整理してビジネスモデル図で表現しよう
- そのビジネスモデルにおいて，どのような価値が提供されているか，誰のためにその価値は提供されているか，最も重要な顧客はだれか考え，ビジネス・モデル・キャンバスを完成させよう

第11章 ベンチャー企業のマーケティング

✓マーケティングで重要な要素は何か？
✓ベンチャー企業にとってマーケティングの何が重要か？
✓ベンチャー企業におけるマーケティングの注意点はなにか？

1 セグメンテーション・ターゲティング・ポジショニング

前章においてはビジネスモデルについて整理しましたが，その際，ビジネスモデルを考えるうえで重要なことは，「提供する価値」とそれを受け取る「顧客セグメント」の関係が上手くフィットすることであると述べました。このフィットを考えることは，まさにマーケティングを考えることであり，マーケティングに関する基礎知識を頭に入れておく必要があります。

マーケティングの定義は多岐にわたっていますが，大まかに言うと，どのようにすれば顧客が商品やサービスを買ってくれるのか，という問いに答えるのがマーケティングです。マーケティングにおいて，人々が必要性を感じ，求めているものを「**ニーズ**（needs）」といいます。ニーズとは文字どおり，人々が不便や不満を感じ，それを解消することへの欲求を必要とするものです。一方で，企業が，自社の技術やリソースを使って提供したいと思うものを**シーズ**（seeds）といいます。シーズは，種という意味で，主に企業の研究開発部門から提示される製品化へのアイデアなどを指します。ベンチャー企業が既存の企業と大きく異なる点は，より人々のニーズに重きを置くことにあります。なぜなら，ベンチャー企業は「新しい」企業であるがゆえ，シーズという点においては，やはり既存の企業ほどに優位性を持っていない場合が多いからです。

そこで，ニーズをより深く見ていく必要があるのですが，顧客のニーズは皆同じではありません。しかしながら，何らかの特性や特徴に着目すると，類似性は見つけることが可能です。このように，何らかの類似性に着目し，同じようなニーズをもつ顧客を分類することを「**セグメンテーション**」といいます。そして，分かれたグループのことを「**セグメント**」と呼びます。つまり，セグメンテーションとはターゲットにする顧客を絞り込むことであり，セグメントは，その絞り込まれた顧客群のことを言います。

セグメンテーション，つまり，市場を細分化するためには，顧客の特性や特徴を規定する基準が必要です。たとえば，属性や人口統計学的要素，地理・地域的要素，心理的特性，行動特性などが挙げられます。具体的には，年齢，性別，家族構成，所得，職業，教育，社会階層，地域，ライフスタイルなどに基づいて顧客を分類します。

市場に対する企業のマーケティング戦略としては，①**無差別型**，②**差別型**，③**集中型**の３パターンに分かれます。１つ目の無差別型マーケティングは，セグメンテーションを考慮せずに，特定の製品で，市場全体もしくは，複数および広範囲にまたがるセグメントを対象とする効率性重視のマーケティングと言えます。細かくセグメントされた市場ごとの差異ではなく，類似点に注目して全市場をターゲットとする戦略と言え，たとえば，徹底したコストの削減などにより，競合他社との優位性を確保して競争する戦略をとる企業はこれに含まれると言えるでしょう。

一方で，差別型マーケティングは，市場を細分化し，複数の各セグメントに対してそれぞれにフィットしたマーケティング活動を行う方法です。また，特に，すべてのセグメントをカバーする場合をフルカバレッジといい，すべてのセグメントに異なるマーケティング活動を行うことになり，製品ラインはフルラインとなります。したがって，かなりのコストがかかるため，コストの増大を上回る収益の増大が必要となります

最後に，集中型マーケティングは　特定のセグメントに特化し，そのセグメントにフィットしたマーケティング活動を行う方法のことを指します。中小規模の企業が，経営資源を集中させて，特定の市場内において強さを確立する場合に有効的なアプローチと言えます。したがって，資金や資源の少ないベンチャー企業においても必要不可欠なアプローチと言えます。

そこで，次に重要な視点が「**ターゲティング**」です。ターゲティングとは，細分化した市場の中で自社が狙うべき市場を選ぶことを意味します。通常，市

場を選定する際には，自社の強みが発揮できる分野か，新商品やサービスが顧客ニーズと対応しているか，大きな需要が見込めるかなどの視点で検討します。

ベンチャー企業は，人材，資金，設備などの経営資源が乏しく，市場での知名度や信頼度がほとんどないため，標的市場を攻略するためには，限られた経営資源を集中的に投入しなければなりません。したがって，ベンチャー企業にとって，ターゲティングは特に重要であり，それゆえ，ターゲティングを慎重に行う必要があります。ベンチャー企業は，特定の市場にターゲットを絞って，その市場で優位に立つことを考える必要があります。たとえば，大企業があまり関心を持っていない，**ニッチな分野や領域**に着目することが重要です。しかしながら，この際，ニッチな分野や領域とはいえ，成長する分野・領域，つまり一定の市場規模が見込める分野・領域でなければならず，その選定は容易ではありません。そして，消費者に対して，自社の製品・事業の差別的優位性のある位置付けを見つけ出し，それを明確に示し，伝達していくことが必要となります。これをポジショニングといいます。

2　マーケティング戦略におけるマーケティング・ミックスとしての４Ｐ

マッカーシーの理論（McCarthy 1960）によると，ターゲットとなる顧客に対して，何を（**製品：Product**），いくらで（**価格：Price**），どこで（**流通：Place**），どのように（**プロモーション：Promotion**）売るかの４Ｐを決定することが，マーケティング戦略の要となります。

まず，**製品**（Product）は，単なるモノだけではなく，サービスや経験，イベント，人，場所，資産，情報，アイデアなども含まれ，顧客のニーズや欲求を満たすために，企業が市場へ提供する「**価値**」のことを指します。つまり，大事なことは，製品を物理的な側面からだけではなく，その製品から顧客がどのような価値を見出しているのかを把握することであると言えます。

次に，**価格**（Price）とは，製品の対価として顧客が支払うお金のことです。価格は，消費者に製品の価値を表示すると同時に，企業に売り上げ，そして，利益をもたらす重要な要素となります。価格について影響を与える要因は，社会経済的状況や市場，競争相手の設定価格といった外部要因と，製品のコストといった内部要因に分かれ，それゆえ，価格設定の手法には，主に売り手視点の「コスト志向価格設定」,「競争志向価格設定」と，顧客の視点からの「需要志向型価格設定」の３つがあります。現実的には，これらの視点をすべて統合して価格設定が行われることになりますが，通常，売り上げは，簡潔に**「価格×販売数量」**となるため，企業はできるだけ高い価格と，できるだけ販売量が多くなる最適な価格を検討し，そのなかで利益を最大化させようとします。

３つ目は，**流通**（Place）です。これは，製品を消費者の手元に届けるまでの流通経路のことで，製品をどのように売るのかを考えることです。流通チャネルを設計する際に考えるのは，チャネルの長さ，チャネルの幅，チャネルメンバー，そして，展開エリアです。チャネルの長さは，顧客までの距離のことです。通常，製品は，メーカー・売り手 → 卸売業者・問屋 → 小売業者・店 → 消費者という経路をたどりますが，近年はインターネットの普及により，メーカー・売り手 → 消費者へと直接販売が増えており，チャネルの長さが短縮される傾向にあります。また，チャネルの幅は，チャネルの各段階で利用する中間業者の数のこと，チャネルメンバーは，取引するかの企業メンバーを指します。 そして，展開エリアでは，全国展開か地方限定かといった販売エリアを決めます。

なお，先ほど，インターネットの普及により，メーカー・売り手 → 消費者へと直接販売が増えていると述べましたが，このようなインターネット販売や訪問販売，カタログ販売など直接販売の流通経路を**直接型流通チャネル**と呼び，流通業者を介して販売する形態を**間接型流通チャネル**と呼びます。さらに，間接型流通チャネルのうち，流通業者を制限しないものを開放型，流通業者を絞り込むものを選択型，流通業者を制限しコントロールするものを排他型と呼びます。

４つ目の**プロモーション**（Promotion）は，製品を消費者に買ってもらうために必要な，製品の特長や自社に関する情報を消費者に伝える活動のことを指します。製品・サービスを開発し，価格を決定し，流通チャネルを設定しても，その情報がターゲットとなる顧客に効果的に届けられなければ製品は売れません。プロモーションの代表的なものとしては，広告，対人販売，試供品・サン

図表11-1 ｜ ベンチャー企業の成長プロセスと４Ｐの関係

	スタートアップ期	急成長期	安定成長期
目標	市場拡大	市場浸透	シェア維持
製品	基礎開発	ライン拡大・拡張	多様化・差別化
価格	高い	やや低い	低い
流通	選択的	拡大・拡張・集中的	重点化
プロモーション	製品認知	市場での認知と関心，ブランド化	ブランド・ロイヤルティと差別化

出所：忽那ら（2013），長谷川（2018），総務省（2010）をもとに作成

プル品の提供や景品プレゼントなどの販売促進，広報，口コミがあります。

以上，4Pに関して，本書では簡単な説明のみですが，マーケティングを考える上では最低限必要な基礎知識ですので記載しました。もちろん，これはベンチャー企業に限ったトピックではありませんが，特にベンチャー企業には，**シード期 → スタートアップ期 → 急成長期 → 安定成長期**の成長プロセスがあることを前提として，どのようなマーケティング・ミックス，４Ｐ戦略をとるべきかを考える必要があります。図表11-1には参考までに，ベンチャー企業の成長プロセスにおけるマーケティング・ミックス，４Ｐ戦略の代表的な関係性を示しています。

3 キャズム理論における市場の断層（キャズム）とAIDMA理論

創業後まもないベンチャー企業が新しい商品やサービスを販売したときに，しばしば直面する問題として，少しは売れるけれどたくさんはなかなか売れないということが挙げられます。これは，新し物好きや通，マニアには受け入れられても，大衆には受け入れられないという状況です。このことを，前述したとおり，**市場の断層（キャズム）**と呼びます。具体的には，キャズム理論では，イノベーターとアーリーアダプターをまとめて初期市場，アーリーマジョリティ以降の層をメインストリーム市場といい，各市場でニーズが異なることがキャズムを生む原因であると言われています。初期市場で新しい製品やサービ

スを導入するモチベーションは新しさにある一方で，メインストリーム市場では，安心感が大事になります。

では，どのようにしてそのようなメインストリーム市場を取り込むことができるのでしょうか。それを考える上で，参考になる理論の１つとして**AIDMA理論**があります（Strong 1925）。

AIDMA理論とは，ある商品について，消費者がそれを知り，買うという行動に至るまでのプロセスが示された理論のことを指します。AIDMAとは，**Attention（注意）→ Interest（関心）→ Desire（欲求）→ Memory（記憶）→ Action（行動）**の頭文字を取ったもので，アメリカのローランド・ホール（Roland Hall）が提唱した消費行動の仮説です。

このAIDMA理論に従って，商品やサービスの購入促進（プロモーション）を考えます。たとえば，**Attention（注意）**を得るための認知度向上，**Interest（関心）**をひくために製品・サービスに対する評価・評判を醸成させる，**Desire（欲求）**を促すために試供品やお試し期間などを提供しニーズ喚起する，そしてその時の**Memory（記憶）**をもとに**Action（行動）**するように購入意欲を喚起させる，というようなことです。

その一方で，創業間もないベンチャー企業の新商品やサービスのプロモーション活動を考えるとき，消費者が商品・サービスの存在を知った後，すぐさま購買行動までたどり着いてもらうことが重要です。消費者が商品・サービスを認知してから購買行動を起こすまでの時間が極めて短いことを，市場の即応性が高いと言います。市場の即応性が高い商品・サービスとは，AIDMA理論において，最初のAttention（注意）をクリアできれば，Interest（興味），Desire（欲求），Memory（記憶）のプロセスを経ることなく，一気に最後のAction（行動）にたどり着くような商品・サービスのことです。これは，消費者が本当に必要としているもの，今すぐにでも手に入れたいもの，手間や費用がかからず無料で手に入れることができたりするものです。

4 ニッチで成長する領域・分野・インターネット・マーケティング

ベンチャー企業にとって，ニッチな分野や領域とはいえ，成長する分野・領域，つまり市場規模が見込める分野・領域が重要なのですが，これは，ある意味で矛盾した難しい領域と言えます。つまり，ニッチな分野や領域であるがゆえ，成長や一定の市場規模は見込めないのではないかという矛盾です。

そのことについて考える前に，まず，「**パレートの法則**」という概念について整理していきます。パレートの法則は，「**80：20の法則**」とも言われるもので，上位20％に入る要素が全体の80％の影響力をもつ，つまり，コアとなる主要なものは全体の約２割しかないということを意味しています。1896年に，イタリアの経済学者・社会学者であるヴィルフレド・パレート（Vilfredo Pareto）が，所得配分の研究において発表した経験則ですが（Freund 1987），その法則は，所得配分だけでなく，自然現象や社会現象など，さまざまなジャンルに当てはまると言われています。

たとえば，ビジネスにおいては，全顧客に等しいサービスを提供するよりも，20％の優良顧客に的を絞って行うほうが，売上げを伸ばすのに効果的であるということです。効率よく売上げを伸ばすためには，売れ筋商品に資源やエネルギーを集中するべきということになります。これは言い換えれば，フルカバレッジの差別型戦略ではなく，集中型の戦略と言えます。

その一方で，「**ロングテール**」という概念もあります。ロングテールという概念は，長い間ビジネスの世界で常識だと考えられてきたパレートの法則，つまり，80：20の法則の反対の考え方です。この概念は，アメリカのワイヤード誌編集長のクリス・アンダーソン（Anderson 2006）によって提唱されたと言われています。ロングテールとは，従来，主要な売上げに貢献しないと考えられていた商品・サービス，つまり，しっぽ部分（ロングテール）商品・サービスの売上総額が，インターネットやウェブの発達に伴って，多様なビジネスモデル展開できることにより，売れ筋の売上げを上回り，無視できない売上貢献があるということです。つまり，ロングテール現象とは，“塵も積もれば山となる”ことを意味します。地理的や物理的に限られた範囲では少量しか売れない商品でも，インターネットやウェブなどを駆使して，その対象範囲を拡大し，その品揃えを多種多様にすれば，全部合わせると一定の量になり，主要商品に勝るとも劣らない売上げに達するということです。

このことは，ニッチな分野や領域とはいえ，成長する分野・領域，つまり市場規模が見込める分野・領域とは何かを考えるうえで，とても重要な示唆を与えてくれます。つまり，従来，売上げに貢献しないものと考えられてきたニッチな商品・サービス，もしくはそれらに対応するニッチな顧客に対して，何らかの新しい基盤やプラットフォームを提供することで，そのニッチな分野や領域を，成長し，市場規模が見込める分野・領域に変えることができるということです。

ロングテール理論が誕生した背景には，**インターネットの誕生**と**検索エンジン技術**，**インターネット広告**の展開，さらには，インターネットをいつでも自由に使える**モバイルパソコンやスマートフォンの普及**があります。インターネットの利用者が増加するにつれてインターネットの媒体価値は上がり，インターネット広告の市場が急拡大しました。株式会社電通が行った，2005年から2017年までの広告費の試算によると，日本におけるインターネット広告費総額は2017年には1兆5,000億円と報告されています。

インターネットは，双方向型のインタラクティブなメディアであり，基本的にユーザーが能動的に目的を持って利用します。したがって，利用者の利用目的に合った広告を掲載することができれば，その広告の効果はより高いものとなります。また，同じウェブページの同じ広告枠でも，ターゲットがインターネットを利用する時間帯や購買のタイミングに合わせた時間帯を狙って配信することも可能です。

不特定多数に，広範囲に，目立つように告知する従来の広告に対して，インターネットでは，誰に何の情報を送ると最も効果的かというターゲティングができ，このメリットを活かすことで高い費用対効果が期待できるのです。そして，その費用対効果の測定に関しては，従来の広告では，広告に対してどのくらいの人が購入に至ったのかを測定することが困難であった一方，インターネット広告では，何回表示され，何回クリックされ，そのうち何件購入に結びついたということを測定することができるため，広告効果を把握することも容易になりました。

また，インターネット広告は，通常の広告では伝えきれない詳細な情報を伝えることができます。インターネット広告から各ページにアクセスし，商品の詳細情報を調べたり，クリックしたりするだけで注文することもできるため，インターネット広告はユーザーの興味を喚起できれば，次のアクションに誘導しやすいといった側面もあります。

では，インターネット広告とは具体的にどのようなもので，通常の広告とどのように違うのでしょうか。最後に簡単にインターネット広告の代表的なものを紹介します。インターネットを利用する人であればだれでも**検索エンジン**という言葉は聞いたことがあるでしょう。インターネットに存在するウェブサイトなどの情報を検索する機能およびそのプログラムのことを検索エンジンといいます。そして，代表的なものとして，グーグルやヤフーなどがこの検索エンジン機能を有した検索サイトを運営しています。

さて，このような検索サイトで検索を行ったとき，必ず何かしらの広告が掲載されているかと思いますが，それを検索連動広告といいます。検索エンジンの検索結果ページに有料でテキスト広告を表示するというものです。これは，検索エンジンを広告媒体の1つと捉え，検索エンジンを通じて消費者に商品やサービスの購入喚起を図るものです。企業は自らに関連するキーワードを特定し，自社のWebサイトに誘導したり，商品やサービスの利用したりしてもらうように集客を図ります。

検索連動広告の特徴は課金にあります。従来の広告は，広告主が広告の掲載に対して費用を支払う一方で，検索連動広告の場合，広告の表示ごとではなく，実際にクリックされて初めて課金されます。したがって，1クリック数円から掲載可能なので，費用対効果が高く，ベンチャー企業でも手軽に始めることができます。さらに，本章でも度々登場しているロングテールにあたるキーワードは，検索連動広告でもクリック当たりの単価は低く，費用対効果を高くすることができるという点において，ベンチャー企業のマーケティング戦略と相性がいいと言えます。

このように，インターネットおよび検索エンジン技術は，従来の広告やマーケティングの状況を一変させました。その一方で，インターネットは，物理的な世界というより，データ上の世界ともいえるため，その情報量は莫大なものとなります。実際，検索エンジンでキーワードを検索すると，検索結果には膨大な数のページがヒットします。しかし，通常，検索者は，そのすべてを見ることはありません。見るのは，せいぜい上位に表示されるページのみでしょう。したがって，検索を行ったときに表示順位が上にあるほうが利用者の目につきやすく，訪問者も増えるため，検索順位を上げるためにさまざまな試みを行います。検索エンジン最適化技術を駆使して，検索結果の上位に掲載させることで，掲載期間が終了すればそこで終わってしまう従来の広告や，インターネット上でのバナー広告やメール広告などと異なり，広告掲載料として課金されることなく，期間の制限なく，長期的にプロモーションすることも可能となるのです。

まとめ

- ベンチャー企業は，限られた経営資源を集中的に投入しなければならず，セグメンテーションやターゲティングが重要になります
- ベンチャー企業には，成長プロセスがあり，それに対応して，マーケティング・ミックス，４Ｐ戦略を考える必要があります
- AIDMA理論とは，ある商品について，消費者がそれを知り，買うという行動に至るまでのプロセスが示された理論のことを指します
- 市場の即応性が高い商品・サービスのビジネスが，インターネットの登場により増えています

演習・課題

- キャズム理論が当てはまると考えられるベンチャー企業や製品・サービスの事例について調べよう
- インターネットを用いた広告やマーケティングの事例を探し，調べよう

第12章 ベンチャー企業の資金調達

✓事業を立ち上げるための資金調達の方法は？
✓多様な資金供給者の特徴
✓自己資金や借入資金，出資金はどのように組み合わせるか？

1 初期の資金をどうするか

(1) 間接金融と直接金融

事業を行うには資金が必要となりますが，どこから資金を持ってくるかということは，あらゆる事業実施主体にとって重要課題となります。特に起業家やベンチャー企業にとって，この問題は死活問題となります。まず，資金調達の方法として，**間接金融**と**直接金融**があります。間接金融は借入れによる資金調達であり，直接金融は株式による資金調達です。厳密には，一部重複がありますが，間接金融は**融資**，直接金融は**出資**と考えてもらってかまいません。融資と出資との最大の違いは，資金を返還するかしないかという点です。出資の場合，受け入れた資金の返還義務も利息の支払いもありません。

間接金融では，銀行などの金融機関や取引先からの借金で資金を集めます。多くの個人や企業は，お金を銀行に預金していますが，その銀行は，自らの事業として，資金を必要としている個人や企業等に融資しています。つまり，銀行等の金融機関を介して，ある個人や企業は，別のある個人や企業に，間接的にお金を貸していることになります。金融機関はなぜ自らの事業として，ある個人や企業から預かっているお金を，それを必要としている別のある個人や企業に貸すかというと，貸したお金に対する**利息**により利益を受けることができるためです。これはつまり，間接金融において，借り手が借り入れる場合は，借入れ金額に**利子**を付けて返済することになります。

一方，**直接金融**は，株式・債券による資金調達のことで，企業は有価証券を発行して，資金がある投資家から直接的に資金を調達します。たとえば，企業が株式を発行して株主から資金を調達することや，社債を発行して社債購入者から資金を調達します。

(2) 社債・第三者割当増資

なお，ここで，簡単に用語について説明すると，**社債**とは，企業が資金調達の手段として，投資家から資金を募る際に発行する有価証券のことで，社債には返済期日や利息率が記されており，企業が投資家に対して発行する借用証明の役割を果たします。社債は債券です。したがって，決められた期限に達すると投資金額が戻ってきますし，発行企業にとっては負債になります。一方で，転換社債というのもあり，転換社債は社債としても機能するため利息を受け取ることもできますが，一定条件において株式と交換できるという特徴があります。株式に転換されると，発行企業にとっては負債から資本に組み入れられて増資になるため，負債となる通常の社債とは異なります。

また，一般的に出資を受ける場合，つまり，増資を行う場合，**第三者割当増資**という方法が用いられます。第三者割当増資とは，株式会社の資金調達方法の1つであり，おおむね，株主であるか否かを問わず，特定の第三者に対して募集株式を割り当てる方法による増資のことです。

(3) 創業時の自己資金・助成金

さて，一般的に，起業家や創業間もないベンチャー企業は，既存企業や大企業のように信頼・信用がないことが多く，資金調達をしようとする場合，間接金融で多額の資金を調達することは難しいと言えます。では，そのような起業家やベンチャー企業にとって，直接金融はどうでしょうか。直接金融といっても，その形態はさまざまあり，その中で，株式市場での公募による直接金融での資金調達を行うには，株式公開をしなければならず，創業間もないベンチャー企業にとって，こちらも容易ではありません。

そこで，どのような資金調達方法があるかということですが，家族や親戚，親友，友人などの知り合い，取引先企業からの資金調達や**クラウド・ファンディング**，**エンジェル投資家**や**ベンチャーキャピタル**からの資金調達が考えられます。エンジェル投資家やベンチャーキャピタルという言葉は，やや専門的ですので，後ほど説明しますが，それらの資金調達についても必ずしも容易ではありません。あくまでも，事業が軌道に乗るまでの資金は，会社設立時の**資本金**，**自己資金**でやりくりすることが大原則です。もしくは，現在では，起業・創業支援策として，多くの起業・創業・ベンチャー企業支援のための国や地方自治体などの助成金があり，それを活用することも考えられます。

さて，自己資金や助成金でまずはやりくりすることが大原則とはいえ，事業が大きくなればなるほど，必要な資金も大きくなり，どうしても自己資金や助成金だけではまかなえない状況も生まれます。その時は家族や親戚，親友，友人などの知り合い，場合によっては馴染みの取引先などからお金を借りたり，資金提供したりしてもらうこともあるでしょう。しかしながら，そのような人たちは，お金を貸したり資金提供したりすることを事業としているわけではありませんので，そのノウハウがあるわけでも，多額の資金があるわけでもありません。そして何より，相手への信頼や善意がなければお金を提供することはないでしょう。そういった諸々のことを考えると，やはり，家族や親戚，親友，友人などの知り合いから資金提供を受けるのも容易ではないと言えます。

(4) クラウド・ファンディング

そこで，新たな資金調達の方法として，インターネット上での**クラウド・ファンディング**と呼ばれる資金調達が関心を集め，日本においても徐々に浸透していっています。クラウド・ファンディング（crowdfunding）とは，群衆を意味するクラウド（crowd）と資金調達を意味するファンディング（funding）を組み合わせた言葉です。クラウド・ファンディングでは，自分の事業や活動のために資金を調達したい人が，インターネット上でその事業計画や活動計画を発信することで，事業や理念に共感した人，活動を支援したいと思った人から資金を集めることができます。もちろん，そのような資金提供者は，家族や親戚，親友，友人や仕事上の知り合いでもかまいませんし，クラウド・ファンディングのプラットフォームに参加している全くの他人でもかまいません。人々から資金を募り，何かを実現させるという手法自体は，寄付などのように従来ありましたが，それをインターネット上で行うことで情報を多くの人に提供し，参加者の数を増やすことができるという点において，画期的な新しい仕組みであると言えます。

クラウド・ファンディングには大きく分けて，①**寄付型**，②**購入型**，③**融資型**，④**投資型の４つ**の形態があります。まず，①寄付型は，文字どおり寄付の形態をとっているもので，ある事業に対して支援者がお金を寄付し，リターンとして商品やサービスは基本的には受け取りません。次に，②購入型は，あるプロジェクトに対して支援者がお金を出資し，そのお返しとして，お金ではなく，商品やサービスを得ることができます。たとえば，支援者がある商品やサービスに開発の事業において資金提供をした場合，その商品やサービスが完成した際にお礼として，それらを受け取るというようなことがあります。③融資型では，資産運用したい個人から小口の資金を集め，それを大口化して借り手に融資する仕組みです。これは，融資という性格上，企業や大型の事業であることが多いと言えます。また，融資ですので，金銭的リターンとして利回りの分配を得ることができます。最後に④投資型ですが，これも文字どおり，投資の形態のクラウド・ファンディングで，資産運用したい投資家から小口の資金を集め，それを大口化して企業に投資します。投資家は，出資先企業の詳細な情報を確認したうえで投資を行い，未公開株を取得でき，一方で企業側は，未公開株を提供する代わりに資金を募ることができるのです。

2 エンジェル投資家とベンチャーキャピタル

(1) エンジェル投資家

さて，そのようなクラウド・ファンディングにおいても積極的に情報を集め，資金提供を行う人に**エンジェル投資家**がいます。エンジェル投資家とは，事業を始めようとしている人や，創業準備をしている人，起業家，創業間もないベンチャー企業に対して資金を提供する個人投資家のことをいいます。エンジェル投資家は一般的に，投資の見返りとして株式や転換社債を受け取ります。

エンジェル投資家の特性は必ずしも明確ではなく，クラウド・ファンディングで小口の案件に投資する人，知人に頼まれて投資する人，エンジェル投資家同士で投資家グループを形成し，起業家に呼び掛けて事業計画の発表会などを開催し，案件発掘をしつつ投資する人などさまざまです。一般的に，エンジェル投資は，起業したことのある起業経験者や，経営者，大企業の創業者，資産家などが，自身の経験をもとに目利きをし，新たな起業家やベンチャー企業の育成の意図も込めて行うことが多いようです。エンジェル投資家は，個人投資家であり，投資に対する考え方は個々に異なります。したがって，投資するベンチャー企業の経営者のビジョンや事業的な魅力に惚れ込んで，応援したいという面から投資することも少なくありません。

特に米国では，エンジェル投資家はベンチャー企業の育成に欠かせない存在として位置付けられています。担保や信用が不足している起業家や創業間もないベンチャー企業は，銀行融資も受けられなければ，この後説明するベンチャーキャピタルのように多額の金額を出資する機関投資家からの投資もあまり受けられません。このギャップを埋めるのが，まさにエンジェル投資家の役割と言えます。日本においても，エンジェル投資家によるエンジェル投資の活性化を目指して，税制優遇措置などの政策を実行しています。

(2) ベンチャーキャピタル

次に，**ベンチャーキャピタル**（Venture Capital）について説明します。ベンチャーキャピタルとは，文字どおり，ベンチャー企業に**キャピタル（資本）**を供給することを主たる業務とする組織や会社のことです。ベンチャーキャピタルは，高い成長性が見込まれる未上場企業に対し，資金を**株式（エクイティ）**の形で出資し，出資した企業を**上場（株式公開）**（IPO：Initial Public Offering）させたり，M&Aに導くことで，出資時に得た株を売却して利益を得ます。この利益は，株価値上がり益であり，**キャピタル・ゲイン**と呼ばれます。基本的にベンチャーキャピタルは，主に高い成長率を有すると考えられる未上場企業に対して多額の出資を行い，**ハイリターン**を狙います。したがって，ベンチャーキャピタルにとっては，企業が成長し，その企業価値が高まることが重要ですので，投資した企業の企業価値を上げるために，資金面だけでなく，人材の供給，販売先・提携先の紹介等を通じて経営に深くコミットし，株式上場まで支援します。

そもそも出資というのは，資金の返還が保証されていないリスクを伴う投資

図表12-1 ｜ ベンチャーキャピタルの仕組みの概念図

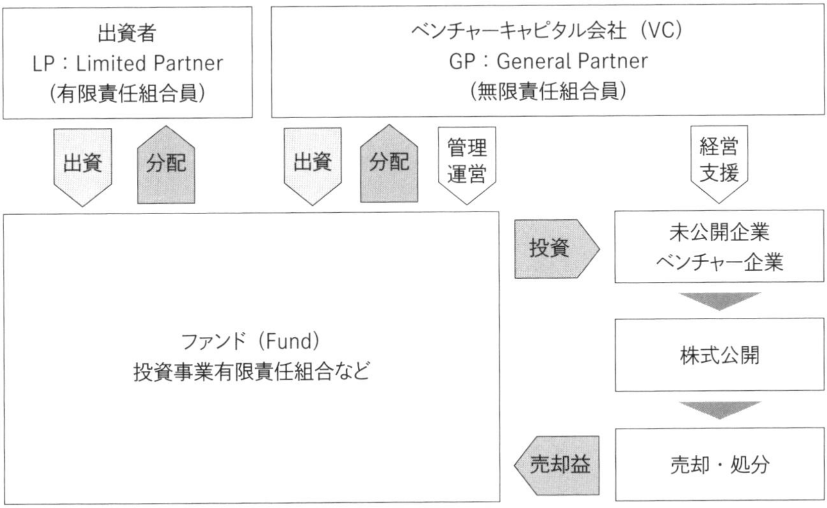

出所：総務省（2010）をもとに作成

であり，多額の出資をするベンチャーキャピタルにとっては**ハイリスク**となります。ハイリスクである以上，当然ハイリターンが期待されるのです。つまり，ハイリターンが期待できる先に投資するという目利きや審査がより重要になります。成長が見込める業界・分野かどうか，市場の潜在規模はどのくらいかというマクロな視点から，会社や事業のビジネスモデルや将来性，収益性，さらには，信頼・信用できる経営者が事業を行っているかどうか，その経営者の過去の実績や素質といった視点まで慎重に検討する必要があります。

また，ベンチャーキャピタルの仕組みは，一般的には以下のようになっています（図表12-1）。自己資金を投資するのではなく，図表12-1のとおり，外部の金融機関や機関投資家などから資金を募り，**投資事業組合**（**ファンド**）を設立します。

ベンチャーキャピタルは，ファンドで確保した投資資金を元手として，ベンチャー企業にアプローチし，審査を通過したベンチャー企業に対して，ファンドより投資を行います。ベンチャー投資ファンドは，5～10年程度の期間で運用されていることが多いです。ベンチャーキャピタルもまた，株主がいる株式会社のような組織体です。たとえば，銀行や証券会社の系列にある金融機関系ベンチャーキャピタルもあり，銀行や証券会社の親会社の事業の一環としてファンドを運営していることも少なくなく，また，上場している会社もあります。ベンチャーキャピタルによる投資や投資のためのベンチャー企業の審査は，責任を伴い，それゆえ厳しく慎重なものとなります。たとえば，投資に際して，綿密な**企業調査**（デューデリジェンス）を行い，その会社の将来性を判断します。

3 ベンチャーキャピタルの出資基準

ベンチャーキャピタルは，投資した会社のうち大きく成長し，大きなリターンを得ることが目的ですので，事業の将来性がより重要な要素となります。ベンチャーキャピタルは，企業の成長性に着目して出資をするのです。したがって，出資を受ける企業にとっては，自らの成長性を上手くベンチャーキャピタルに伝え，その内容を理解，納得してもらう必要があります。資金調達ができるかどうかは，自社の将来性や展望について，上手く説明できるかどうかであり，その際に有効な手段が起業・創業計画書または事業計画書になります。起業・創業計画書に関しては，第５部で詳細に説明しますが，第２部の新規事業計画を考えてもらうとわかると思います。

それでは，ベンチャーキャピタルは，出資をする際にどのような点に基準を置くかということですが，ごく基本的なポイントとしては，出資の規模やリターン，期間，そして，事業や企業の利益，成長性にあるといえます。

出資の規模やリターン，期間という考え方に関しては，次章でより詳細に考えますが，ここでは，まず，ベンチャーキャピタルに求められる大まかな条件について考えてみます。具体的には，ベンチャーキャピタルが投資する際の設定期間は，投資実行から**上場**（IPO：Initial Public Offering）です。そして，上場時にどの程度の規模，つまり時価総額が投資家から求められるかということですが，機関投資家の投資基準は上場先の市場はどこか，であるとか，時価総額いくら以上が見込めるかなど条件があり，上場後この条件に達することができる成長戦略が必要不可欠となります。

具体的には，50億円から100億円以上，さらに上場後300億円規模の時価総額

図表12-2　資金調達額と会社数（金額判明のみ）

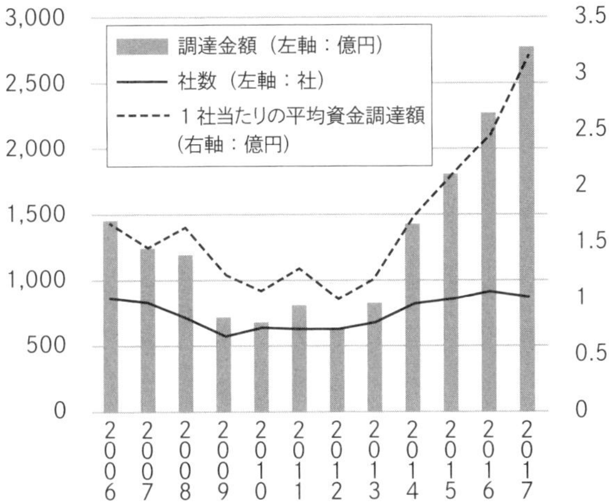

出所：entrepedia（2017）『Japan Startup Finance 2017』

にできるような成長戦略を考える必要があります。出資を受けるベンチャーの利益水準は，この規模とも大きく関係し，時価総額が純利益の何倍であるかを示す指標である**株価収益率**で考えます。株価は，将来の業績見込み等を踏まえて決定されますので，成長性が高く見込まれる企業に対しては，株価収益率が高くなりますし，成長が期待できる業界・市場に参入している会社の企業は高くなる傾向があります。

投資で考える期間に関しては，前述のとおり，投資実行から上場するまでであり，具体的には５～10年以内に上場を果たす事業計画が必要だと考えられますが，ベンチャーキャピタルにとっては，この期間は短いほど効率のよい案件ということになります。また，ベンチャーキャピタルは，一般的に年20～25%以上の収益率で運用することが求められており，この水準を上回るリターンが得られないと投資案件としては難しいということになります。

なお，日本における，ベンチャーキャピタルからの資金調達額と会社数（金額判明のみ），および，2017年の資金調達金額別内訳は，図表12-２のとおりです。調達金額および１社当たりの平均調達金額は近年増加傾向にあり，2017年は，平均約3.2億円であることがわかります。

4 ベンチャー企業の成長と資金調達の割合

(1) ベンチャー企業の成長と投資家との関係

本章の最後に，ベンチャー企業成長プロセスに応じたベンチャーキャピタルなど投資家との関係についてみていきましょう。

まず，起業から本格的に事業を開始するまでの段階では，ビジネスモデルも確立されておらず，売上げも少なく，利益も出ない状態が続くことが多い状況となります。したがって，資金は，自己資金や，親族や友人等からの支援が中心となります。しかし，既述のとおり，クラウド・ファンディングなどの仕組みを上手く使って，事業内容や事業目的・理念などを上手く人に伝えることができれば，事業や事業実施者に魅力を感じ，その将来性，成長性を見込んで，エンジェル投資家などが出資してくれることもあります。

事業が少しずつ進展し，売上げが増え，利益が出始める段階では，追加の運転資金が必要となります。その成長性次第で，多くのベンチャーキャピタルが興味を示し始めるのもこのころです。企業としても上場を意識しながら，ベンチャーキャピタルから資金を受けるかどうかの戦略を考える必要が出てきます。そして，その後，初期の累積損失が解消され，フリー・キャッシュ・フローも黒字になってきます。取引先や取引金融機関に対する第三者割当増資を行うのはこの段階になります。

図表12-3 ｜ 株主総会の決議（原則）

権　　利	持ち株比率		
	3分の1超	2分の1超	3分の2超
株主提案権，会計帳簿閲覧権，株主総会招集請求権，取締役・監査役解任請求権，解散請求権，株主総会での重要な決定事項の拒否権	○	○	○
取締役選任等の普通決議の単独可決可能	×	○	○
取締役解任，会社解散等の特別決議を単独可決可	×	×	○

出所：筆者作成

さて，既述のとおり，第三者割当増資とは，特定の第三者に対して募集株式を割り当てる方法による増資のことですが，ここで，持ち株比率，つまり，会社の株をどのくらい持つか，そして，それが，会社にとってどのような意味を持つかということを押さえておきたいと思います。これは，資金調達の割合などを考えるうえで必要不可欠な事項です。なぜなら，株主比率で，株主総会でどのようなことが決議できるかなどが変わってくるからです。

図表12-3に示すとおり，過半数を超える持ち株比率を有していると，普通決議で取締役や監査役を選任することができ，会社の日常業務についてほとんどすべてのことを決定することができます。さらに**3分の2**以上の持ち株比率を有していると，特別決議で定款の変更や減資などの会社の重要方針を決議することもできます。したがって，逆に**3分の1**超の持ち株比率を有していると，会社の方針を決める決議に拒否権を行使することができ，決議を否認に追い込むことが可能となるのです。そこで，ベンチャーキャピタルは，株式の**3分の1**から**2分の1**前後の株式比率で交渉することも少なくありません。

では，たとえば，資本金が少ない会社の創業者が，自ら会社の経営決定権を維持したい一方で，ベンチャーキャピタルからの投資金額が大きく，株式比率が高くなり過ぎる可能性がある場合などはどうしたらいいのでしょうか。そこで最後に，出資を中心とした**自己資金**（エクイティ）と，返済および金利の支払いを伴う**借入金**（デット）との資金調達のバランスについて触れておきます。

(2) 資本コスト

そもそも，借入れで資金調達する際には，利息が生じるということを考えると，借入れよりも，長期安定的で返済不要の自己資金や増資によって資金調達したほうが良いと思うかもしれませんが，必ずしもそうではありません。なぜなら，借入金は，返済や利息の支払いの必要があるものの，その金利は，投資家が期待する期待収益率に比べて低いからです。つまり，ある程度の借金をして資金調達したほうが，総合的なコストは，少なくて済みます。ちなみに，このコストのことを**資本コスト**といいます。「資本コスト」とは，企業が事業を行う際に調達した資本に対して支払うことが要求されている収益率です。

具体的には，資本コストは，社債の利回りや借入金利である負債コストと，株主への配当やキャピタル・ゲインである株式コストからなるもので，資本・負債全体で考えた時に，総じて年間何%の利息を払う必要があるかを計算したものを**加重平均資本コスト**（WACC：Weighted Average Capital Cost）と呼びます。WACCは，Lは負債，Cは資本，r_{debt}は負債の利息率，r_{equity}は資本の配当率とすると，次の計算式で計算できます。

$$WACC = \frac{L}{L+C} r_{debt} + \frac{L}{L+C} r_{equity}$$

なお，ここで一点留意すべきは，自己資本が少ないと，信用力が低下しますので，借入れ条件が厳しくなるということです。この点も考慮に入れると，一般的に自己資本は30〜40%くらいが望ましいと言われることもあります。

まとめ

- 資金調達の方法として，間接金融と直接金融があります。間接金融は借入による資金調達であり，直接金融は株式・債券発行による資金調達です
- 資金調達方法としては，家族や親戚，親友，友人などの知り合い，取引先企業からの資金調達やクラウド・ファンディング，エンジェル投資家やベンチャーキャピタルからの資金調達が考えられます
- ベンチャーキャピタルは，投資した会社のうち大きく成長し，大きなリターンを得ることが目的ですので，事業の将来性がより重要な要素となります
- 資本コストは，社債の利回りや借入金利である負債コストと，株主への配当やキャピタル・ゲインである株式コストからなるもので，資本・負債全体で考えた時に，総じて年間何%の利息を払う必要があるかを計算したものを加重平均資本コストと呼びます

演習・課題

- 日本にはどのようなベンチャーキャピタルがあるか調べましょう
- ベンチャーキャピタルが出資している企業には，どのような起業があるか調べましょう

第13章 ベンチャー企業の価値評価

✓ベンチャー企業の評価方法に必要な基礎知識
✓ベンチャー企業の評価はどうするか？
✓企業評価とファイナンスの関係

1 割引率と考え方と正味現在価値や内部収益率

(1) 投資の判断指標

本章では，第3部の最後として，ベンチャー企業の評価とファイナンスに関することについてまとめます。企業の評価と投資，ファイナンスとは密接の関係があります。なぜなら，企業の評価ができなければ投資の判断がつかないからです。

ベンチャーキャピタリストや投資家は，キャッシュ・フローをベースとして，①**正味現在価値**（NPV：Net Present Value），②**内部収益率**（IRR：Internal Rate of Return），③**回収期間**などの指標を用いて企業に投資すべきか否かを判断します。ここでは，これらの基本的概念を理解しましょう。

まず，**正味現在価値**（NPV）とは，投資から得られるキャッシュ・フローの現在価値から投資額を引いた値のことです。現在価値についてはすぐ後に説明しますが，これによって投資案件の経済的価値がわかります。

次に，**内部収益率**（IRR）とは，実際の投資額と投資から得られるキャッシュ・フローの現在価値が同額になるときの**割引率**のことを言います。ここでの割引率についても，現在価値と一緒に説明しますが，この内部収益率（IRR）が，前章で説明した資本コスト（WACC）より大きくなる投資案件を行うといった指標になります。

最後に，**回収期間**とは，前章での説明と重複しますが，投資金額をどのくらいの期間で回収することができるかを示す値のことです。投資金額が同じ複数の投資案の比較ならば最も速く回収できる投資案を，単独の比較案ならば基準回収年数と比較し，それより短ければその投資案件を採用するというような基準として活用します。

(2) 割引率と現在価値

さて，先ほど，**割引率**や**現在価値**という言葉が出てきました。長期的視点で経済的に物事を判断する場合，**割引率（時間割引率）**という考えが重要になります。たとえば，今すぐに1万円もらうのと，1年後に1万円もらうのではどちらが良いかと尋ねると，多くの人は今の1万円のほうを選ぶと思います。なぜなら，1年後に1万円使えるか，今すぐに1万円使えるかを比べれば，それは当然いますぐに使えたほうが良いと思うでしょう。また，より論理的に考えれば，もし，今すぐに1万円を手に入れて貯金すると，1年後には大なり小なり利息がつくので，1年間1万円を待つよりも，今すぐに1万円もらったほうが得なのです。実際の利息や市場利子率がすぐにそのまま割引率ということではありませんが，割引率の考え方はおおよそこのようなものです。

たとえば，もし今すぐに1万円もらう代わりに，1年後にいくらもらえれば今もらう1万円を我慢できるかどうかを考えたとします。もし，その額が1万5,000円であれば，その人にとって，今の1万円は，1年後の1万5,000円と同じ価値ということです。これはどういうことかというと，1年間で，1万円が，15,000÷10,000＝1.5倍，つまり，50％価値が上がったということになります。つまり，この時，割引率は50％になります。

なぜ割引率というかというと，将来時点の価値を現在価値に割り引くからです。つまり，将来受け取る予定のお金は，今日の時点においてはその額面よりも小さな価値に割り戻さなければなりません。このように，割り戻された価値を**現在価値（PV：Present Value）**といい，その時の割合を割引率というのです。具体的に，ある時点のお金の現在価値は，割引率をrとすると，

$PV=\frac{CF}{(1+r)^t}$の式で計算できます。

ここで，もし，ある1,000万円の事業があるとします。その事業を実施すると，翌年には1,010万円になって戻ってくるとします。この投資は現在価値でいく

らの価値を生む事業でしょうか。ただし，割引率を３％とします。先ほどの計算式にあてはめると，

$$PV=\frac{1{,}010}{(1+0.03)^1}=980.5825\cdots\ (\text{円})$$

となります。つまり，約980.６万円の価値を生む事業です。では，この事業は1,000万円で実施したほうがいいのでしょうか。現在価値で比較して，1,000万円以下の価値の事業ですので，実施しないほうがいいという判断になります。

(3) 内部収益率

しかし，ここで１つ疑問が残るかもしれません。それは，そのような割引率はどのようにして決めるかということです。実は，これが一番の大きな論点で，国債の利回りを使うこと等もありますが，これを状況によって異なり，統一的な値があるわけではありません。そこで，もう１つ重要な考え方の指標が**内部収益率**（IRR）というものです。これは，繰り返しになりますが，実際の投資額と投資から得られるお金（キャッシュ・フロー）の現在価値が同額になるときの割引率のことです。つまり，先ほどの例でいうと，

$$1{,}000=\frac{1{,}010}{(1+r)^1}$$

となるような割引率rのことをIRRと呼びます。この時のIRRは１％となります。

では続けて，この事例において少し視点を変えてみます。この事業の1,000万円の資金調達について考えます。この事業をもしあなたが実施するとします。あなたは手元に200万円しかありません。この事業を実施するためには，どこかから残りの800万円の資金を調達しなければなりません。そのような時，金融機関が不足の800万円を利率１％で貸してくれるということになりました。この時，この事業は，銀行からお金を借りて実施すべきかどうかどのように判断すればよいでしょうか。その時に参考となる指標が，前章で紹介した**資本コスト**です。資本コストは，加重平均資本コスト（WACC）で計算できますので，自己資金200万円（利率なし），銀行からの負債800万円（利率３％）だと，

$$WACC=\frac{L}{L+C}r_{debt}+\frac{C}{L+C}r_{equity}=\frac{200}{1{,}000}\times 0+\frac{800}{1{,}000}\times 0.01=0.008,$$

つまり0.8%となります。*IRR*が1%で，*WACC*が0.8%ですので，これは計算上では，実施してもいい案件と言えるでしょう。

ここまでの例は1年後のことでしたが，これらのことは，複数年にまたがるものでも考え方は同じです。たとえば，現在1,000万円投資すると，1年後に200万円，2年後に400万円，3年後に600万円を生む事業があったとします。割引率2%の時のすべての期間の発生価値の現在価値，つまり，正味現在価値（NPV）と，内部収益率（IRR）はどのようになるでしょうか。次式で計算できます。まず，正味現在価値は，

$$NPV=\frac{200}{(1+0.02)^1}+\frac{400}{(1+0.02)^2}+\frac{600}{(1+0.02)^3}=1145.9\cdots \text{（万円）}$$

です。これは，1,000万より大きい額ですので，投資は実施するという判断になるでしょう。次にIRRは，

$$1{,}000=\frac{200}{(1+r)^1}+\frac{400}{(1+r)^2}+\frac{600}{(1+r)^3}$$

となるrです。少し計算が複雑に感じるかもしれませんが，コンピューターの計算ソフトでも簡単に計算できます。計算すると，この時のIRRは約8.2%となります。

2 企業のフリー・キャッシュ・フローと企業価値

以上のことを頭に入れた上で，次は，企業価値の評価方法をみていきます。企業価値とは，企業が行っている事業の価値を金額的に表したもので，その算出方法はいくつかあり，大きく3つにまとめることができます。1つ目は，将来期待される経済的な収益やキャッシュ・フローをもとに評価を行うアプローチで，代表的なものに，後ほど説明する**DCF法**や**配当還元法**などがあります。2つ目は，会社の保有している資産の価値に着目するアプローチで，代表的なものには**簿価純資産価額法**や**時価純資産価額法**などがあります。最後は，市場における相場の価格をもとに企業価値を算定するアプローチで，代表的なものとして，**市場株価法**，**類似会社比較法**，**ベンチャーキャピタル法**などがありま

す。

さて，以上のうち，企業価値はその企業が生み出す将来の**フリー・キャッシュ・フロー（FCF）**により決まるというファイナンス理論の基本的な考え方に基づいている**DCF（Discount Cash Flow）法**を説明します。DCF法では，企業価値を，将来の各期にわたるキャッシュ・フローをそれぞれ現在の価値に割り引いて，その総和で計算します。具体的には，企業価値をCV，ある年tの**フリー・キャッシュ・フロー**をFCF_tとすると，

$$CV=\frac{FCF_1}{(1+r)^1}+\frac{FCF_2}{(1+r)^2}+\cdots+\frac{FCF_t}{(1+r)^t}+\cdots$$

の計算式で計算できます。

ただし，この際，FCFは，**EBIT（Earnings Before Interest and Tax）**と呼ばれる税引前営業利益から法人税を引いた値であるEBIAT（Earnings Before Interest After Taxes）に，実際には現金支出のない会計上の損失である減価償却費を足し戻し，設備投資を現金支出があったものとして減算し，運転資本の増減に応じて加減算することで算出します。具体的には，FCF＝EBIAT×（1－法人税率）＋減価償却費－設備投資±運転資本等の増減で計算します。

さて，もう一度，式

$$CV=\frac{FCF_1}{(1+r)^1}+\frac{FCF_2}{(1+r)^2}+\cdots+\frac{FCF_t}{(1+r)^t}+\cdots$$

に戻ると，キャッシュ・フローがずっと続いて終わりがないことがわかると思います。これは，企業が**ゴーイングコンサーン**，つまり永続することが前提となっているためですが，どのようにそれを計算すればよいのでしょうか。評価対象会社が事業を永続することを想定している場合には，一般的な算定方法として**残存価値（TV：Terminal Value）**を考えます。残存価値とは，事業や企業の生み出す将来のキャッシュ・フローを試算し，その価値を計算する際に，たとえば5年目以降など，将来のキャッシュ・フローの試算が困難な期間について算定された**継続価値**のことです。具体的には，将来に継続する成長率をδとすると，残存価値（TV）＝試算可能な最終年度のFCF×$(1+\delta)\div(-\delta)$で計算されます。ここまでくると混乱してくるかもしれませんので，次のように考えてください。

まず，

$$CV = \frac{FCF_1}{(1+r)^1} + \frac{FCF_2}{(1+r)^2} + \cdots + \frac{FCF_t}{(1+r)^t} + \frac{FCF_{t+1}}{(1+r)^{t+1}} + \frac{FCF_{t+2}}{(1+r)^{t+2}} + \cdots$$

が企業価値であることは変わりません。そのうち，あるt期のフリー・キャッシュ・フローをFCF_tまで試算可能だとします。t期以降の価値は，一括して残存価値TVで表現するとします。すると，上式は

$$CV = \frac{FCF_1}{(1+r)^1} + \frac{FCF_2}{(1+r)^2} + \cdots + \frac{FCF_t}{(1+r)^t} + \frac{TV}{(1+r)^t}$$

となります。この時，将来に継続する成長率をδとすると，

$$TV = \frac{FCF_{t+1}}{(1+r)^1} + \frac{FCF_{t+2}}{(1+r)^2} + \cdots = \frac{FCF_t \times (1+\delta)}{(1+r)^1} + \frac{FCF_t \times (1+\delta)^2}{(1+r)^2} + \cdots$$

です。ここで，両辺に$\frac{1+r}{1+\delta}$をかけると，

$$TV \times \left(\frac{1+r}{1+\delta}\right) = FCF_t + \frac{FCF_t \times (1+\delta)}{(1+r)^1} + \frac{FCF_t \times (1+\delta)^2}{(1+r)^2} + \cdots$$

となります。したがって，$TV \times \left(\frac{1+r}{1+\delta}\right) = FCF_t + TV$となり，これより，

$TV \times \frac{1+r}{1-\delta} FCF_t$となるのです。

ところで，継続的な成長率は，長期的に見れば業界の成長率，さらにはマクロ経済の成長率に収斂すると考えられますが，多くの不確実性があります。この残存価値（TV）の評価によって，DCF法による企業価値評価の結果が大きく変動しますので，実務上では慎重に検討する値となります。

最後に，DCF法における，割引率の設定についてまとめます。DCF法では，割引率として，資本コスト，つまりWACCの値を用いることが多いです。なぜなら，会社や事業が，WACCを下回るリターンしか出せない時，それは，投資家や債権者がその会社や事業を見限って，より利回りの良い投資先に資金を振り向けることを意味するため，最低限WACCのリターンは必要と考えられるためです。つまり，WACCを割引率として使用することは，調達源泉の状況を企業価値評価に織り込むのに最もわかりやすい方法と言えます。

3 ベンチャー企業の価値評価とベンチャーキャピタルの持ち株比率

(1) ベンチャー企業を評価する際の留意点

では，ベンチャー企業を評価する場合は，どうすればいいのでしょうか。基本的には，前述した企業価値評価のアプローチと同様ですが，ベンチャー企業が通常の企業と異なるのは新しいという点です。「新しい」ということは，これまでの活動実績，財務実績のような情報も少ないということです。先ほど，企業価値評価のアプローチとして，DCF法に代表される将来期待される経済的な収益やキャッシュ・フローをもとに評価を行うアプローチで，会社の保有している資産の価値に着目するアプローチ，そして，市場における相場の価格をもとに企業価値を算定するアプローチがあると言いました。ベンチャー企業であれば，予想キャッシュ・フロー計算書などを用いて，企業評価をするということも考えられます。

しかしながら，まず考えなければならないことは，ベンチャー企業を評価することを最も必要としている主体は何かについてです。ベンチャー企業を評価しようとする最も考えなければいけない主体は，ベンチャー企業に多額のお金を投資し，そのリターンを高く求める**ベンチャーキャピタル**に他なりません。したがって，まずベンチャーキャピタルの行動原理をもう一度おさらいし，押さえておく必要があります。既述したとおり，ベンチャーキャピタルがベンチャー企業を評価するポイントとして，創業者・起業家の経営理念や人的ネットワーク，ビジネスモデル，成長性，リーダーシップ，市場規模，チームの実効性など諸々あります。そして，何よりも銀行などの金融機関と最も異なるのは，お金を返済できるかの信頼性や確実性ではなく，投資対象企業が急成長する企業かどうかを見極めなければならないという点です。したがって，銀行などの金融機関が，返済できるかどうかのキャッシュ・フローにより着目するのに対して，ベンチャーキャピタルは将来のキャッシュ・フローが多少なりとも不確実でも**成長性**を見込んで投資判断を行うこともあります。

(2) ベンチャーキャピタルの期待収益率

ベンチャー企業に投資するベンチャーキャピタルは，持ち株比率次第では，取締役として就任するなど経営資源を提供することによって，ベンチャー企業と一体になって企業価値を創造していきます。したがって，たとえ，投資した直後はキャッシュ・フローや会計上の利益がマイナスであっても，急速に企業価値を高め，成長性があると確信すれば投資を行うのです。

つまり，これは，前述の企業評価におけるターミナルバリューや成長率に着目しているということになります。この成長率は不確実性が大きいということはすでに述べました。そして，継続的な成長率は，長期的に見れば業界の成長率，さらにはマクロ経済の成長率に収斂すると考えられるということも既述のとおりです。したがって，ベンチャー企業を評価する場合は，対象とするベンチャー企業がどのような業界にいるか，類似の企業をもとに，**投資回収（エグジット）時期**，つまり，将来キャッシュ・フローや純利益がプラスとなる時点などを想定し，評価をすることが最も簡潔で重要な点となります。具体的には，将来時点の投資先の企業の財務数値に，投資先企業と類似する公開企業の倍率をかけて，投資先企業の将来時点における将来価値を算定し，現在価値に割り引きます。

ベンチャー企業の企業価値評価において，ベンチャー企業は創業時からの蓄積はほとんどなく，かつ将来価値も不確実性が高いため，そこから企業価値を算出するのは困難であり，あくまでエグジット時点の企業価値を算定した後にエントリー時点の企業価値に割戻すという視点が重要なのです。そして，このとき割り戻すレート，つまり，割引率ですが，これがベンチャーキャピタルの**期待収益率**であり，いわゆる**ハードルレート**と呼ばれるものになります。

そして，もう1つ大事な点が，ベンチャーキャピタルがベンチャー企業を評価するということは，すなわち，ベンチャー企業に投資を検討しているということです。そして，ベンチャー企業に投資する以上，ここまで見てきたように，投資先の企業に対する持ち株比率が大事になります。ベンチャー企業の評価において，ベンチャーキャピタルと，投資，そして持ち株比率は切り離して考えることはできないものなのです。

(3) ベンチャーキャピタル法と持ち株比率

これらを前提にしたうえで，ベンチャー企業の評価手法の１つであるベンチャーキャピタル法は次の４つのステップにまとめることができます。**①継続価値の算定の基準年の決定および基準年の純利益見積り，②継続価値の算出，③継続価値の現在価値への割引，④投資家・ベンチャーキャピタルの必要持ち分比率の算出**です。少しわかりにくいでしょうから，具体的な事例な数値を入れながら考えましょう。

たとえば，あるベンチヤー企業Ａ社が，事業成長を加速するため，５億円の資金を新株発行によって調達したいものとします。その時，投資判断の基準となる最低限の収益率（ハードルレート）を年率30％としている，あるベンチャーキャピタルＢがその会社への投資を検討しています。Ａ社は，現時点での売上高や純利益の推移をもとに，５年後に売上高15億円，当期純利益５億円の業績のもとで**新規株式公開（IPO）**を目指しています。

なお，Ａ社と類似の事業を営むあるベンチャー企業Ｃ社は，純利益の実績値の約10倍に相当する株式時価総額（株主資本価値）で最近，新規株式公開を果たしました。

この時，まず，①継続価値の算定の基準年の決定および基準年の純利益見積りを考えます。期間は新規株式公開までの５年，投資回収年の純利益は５億円です。次に，②継続価値の算出ですが，類似企業の実績値をもとに，純利益の実績値の約10倍に相当する株式時価総額を考えているので，５億円×10倍で50億円となります。そして，③継続価値の現在価値への割引ですが，これは，ベンチャーキャピタルＢのハードルレート30％を割引率とすると，

$$TV=\frac{50\text{億円}}{(1+0.3)^5}=43.1\text{億円}$$

となります。そして，これをもとに④投資家・ベンチャーキャピタルの持ち株比率は，投資額を投資回収時の株主資本価値の現在価値で割ったものなので，５億円÷43.1億円で約11.6％となります。

また，ベンチャーキャピタルＢ社からの投資に対し，Ａ社がＢ社に新規に割り当てる株式数，つまり新規発行株式数とＢ社の必要持ち株比率との関係は，

$$持ち株比率 = \frac{新規発行株式数}{新規発行株式数 + 発行済株式数}$$

であるため，A社の増資前の発行済株式数を100万株とすると，新規発行株式数は，

$$\begin{matrix}新規発行\\株式数\end{matrix} = \frac{VCの必要持ち株比率}{1 - VCの必要持ち株比率} \times \begin{matrix}発行済\\株式数\end{matrix} = \frac{0.116}{1 - 0.116} \times 100万株 = 13.1万株$$

となります。

なお，このような評価手法の利点は，創業者・起業家の作成した事業計画書に基づいて議論ができることや，算定プロセスが簡単なため，厳密な計算よりも，俊敏な投資の意思決定に適している点にある一方で，短所としては，限定的な情報や楽観的な予測であることも否定できない事業計画書をもとにした算定のため正確性や緻密さを欠く点にあると言えます。

まとめ

- 企業価値はその企業が生み出す将来のフリー・キャッシュ・フロー（FCF）により決まるというファイナンス理論に基づき，DCF（Discount Cash Flow）法では，企業価値を，将来の各期にわたるキャッシュ・フローをそれぞれ現在の価値に割り引いて，その総和で計算します
- ベンチャー企業の評価手法の１つであるベンチャーキャピタル法は，①継続価値の算定の基準年の決定および基準年の純利益見積り，②継続価値の算出，③継続価値の現在価値への割引，④投資家・ベンチャーキャピタルの必要持ち分比率の算出の４つのステップにまとめることができます。

演習・課題

- 実在する企業のフリー・キャッシュ・フロ--のデータをもとにその企業価値を算出しましょう
- その企業価値と発行株数を基に１株当たりの価値を推定し，実際の株価と比較しよう

第4部

アントレプレナーシップが地域や社会を良くする

第4部では，これまで，皆さん自身や個人，組織の視点から見てきたアントレプレナーシップの地域や社会における影響や役割について学びます。さらに，地域や社会課題を，アントレプレナーシップ，ビジネスアプローチで解決するソーシャル・アントレプレナーシップやソーシャル・ビジネスについて学びます。ソーシャル・アントレプレナーシップやソーシャル・ビジネスにおいては，社会的な価値をどのように評価するかという視点も必要不可欠であり，その点についても詳細に見ていくことにします。

第14章 地域・都市における アントレプレナーシップ

✓地域や都市によりアントレプレナーシップの違いはあるのか？
✓地域や都市の評価におけるアントレプレナーシップとは？
✓地域や都市の課題を解決するビジネスとは？

1 地域別にみた起業活動の違い —— 米国，英国，日本

コトラーら（Kotler and Kotler 2014）が指摘しているとおり，ビジネスリーダーや経営者にとって，都市や地域の経済状況は大きな関心ごとです。なぜなら，どれだけの製品を地域で販売し，どれだけを地域外と取引するか，いくらの投資をすべきか，そして，自分の企業を成長させるにはどこに投資すべきかを知らなければならないためです。そして，そのためには都市や地域のあらゆる情報をビジネスリーダーや経営者は知っておくべきだと，コトラーは述べています（Kotler and Kotler 2014）。地域や都市という視点も重要な視点です。

さて，シリコンバレーに代表されるように技術革新と起業活動をリードし続ける国といっても過言ではない米国に目を向けると，GEMの指標のみならず，**カウフマン財団**が作成する**起業活動インデックス**（成人に占める起業した者の割合）（**カウフマン指標：Kauffman Index**）などが用いられています（Fairlie 1996）。たとえば，この指標を用いた報告書によると，米国においては，近年，外国人による起業活動は米国民の倍程度で推移しているなど，米国独自の起業活動の状況が明らかにされています。

Kauffman Index（以下，カウフマン・インデックス）は，米国の起業活動に関する指標であり，それをもとに毎年の報告書が公刊されています。この指標の特徴として，起業活動に関するインプット（起業環境など）ではなく，アウトプットにより焦点を当てていることが挙げられますが，ここでいうアウトプットは，新規企業の数や，新規企業の密度，新規企業の成長率といった指標のこ

とを指します。カウフマン・インデックスによる調査・研究の報告書は，主に3分野からなり，それらは，上記の指標自体の特徴と関連します。1つは，「Startup Activity」と呼ばれる新規企業の数や新規事業の市場分野に関するものです。2つ目は，「Main Street Entrepreneurship」と呼ばれる，米国の68％の従業員を占める中小企業の活動に関するものです。そして3つ目が，「Growth Entrepreneurship」と呼ばれる新規企業の収益や雇用の成長に関するものとなります。このカウフマン・インデックスを整理した結果を見ていきたいと思います。まず，図表14-1は，起業ダミー変数の平均値（平均起業率）を州別に算出した結果を示しています。一目でわかるとおり，概して，経年変化で値は高くなっており，特に西部や南部東海岸北部の地域を中心に高くなっていることがわかります。

図表14-2は，独身か既婚か，および男性か女性かに分け，世帯年収別での違いを見たものです。その結果，全体的に，世帯年収が高いほど起業率は低いことがわかる。属性別でみると，独身よりも既婚者のほうが，女性よりも男性の方が，起業率が高いことがわかります。

図表14-3は，移民かどうか，雇用されているかどうかに分類し，年齢別での違いを示しているものです。非雇用者のほうが起業率は高く，移民・非雇用者に関しては，40代から50代前半をピークとし，移民・非雇用者は年齢が上がるほど，全体的にやや値が高くなっていることがわかります。また，概して移民のほうが，非移民と比べ起業率がやや高い傾向にあることも見てとれます。

図表14-1 ｜ 起業ダミー変数の地域別平均値（左：2005年，右：2015年）

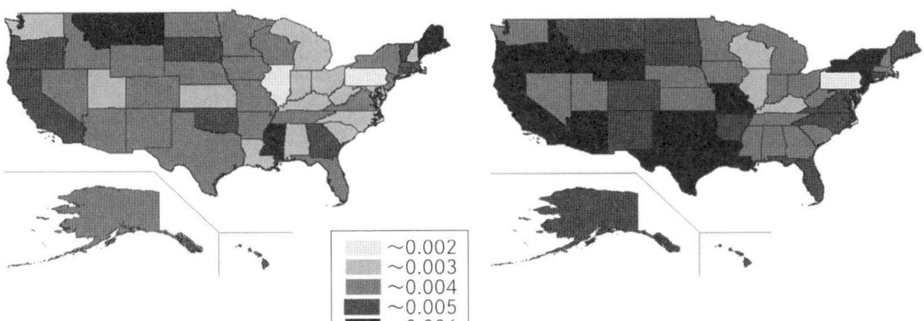

出所：カウフマン・インデックスをもとに作成

図表14-2 ｜ 世帯年収別平均起業率

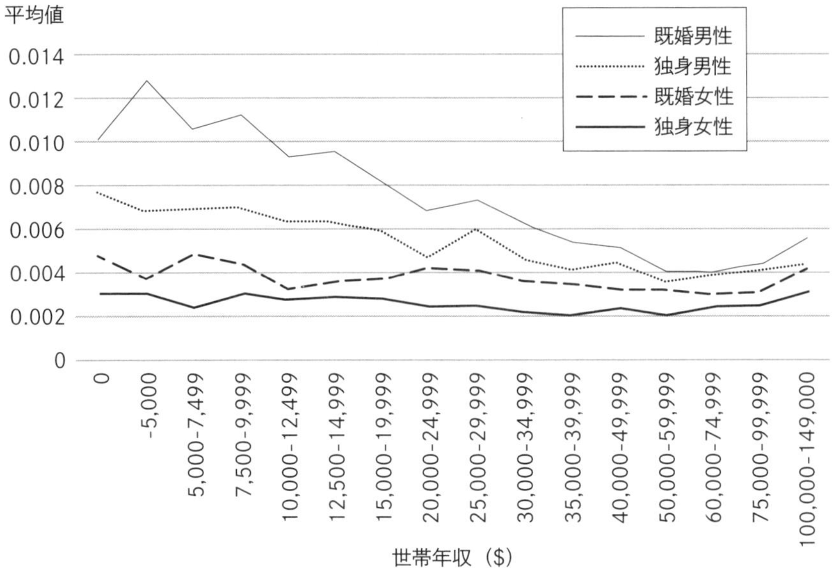

出所：カウフマン・インデックスをもとに作成

米国以外の国に関して，たとえば，英国（図表14-4）や日本（図表14-5）を例にとると，アントレプレナーシップや起業活動に関する指標はいくつかありますが，カウフマン・インデックスほど充実したものはないと言っても過言ではありません。ベンチャー企業数や，企業の開業率などで，起業活動の状況を把握することが多いと言えます。なお，それらの指標を用いて起業活動を見る場合，やはり概して，地方都市や郊外よりも大都市や都心部の値のほうが高いと言えます。

図表14-3 年齢別平均起業率

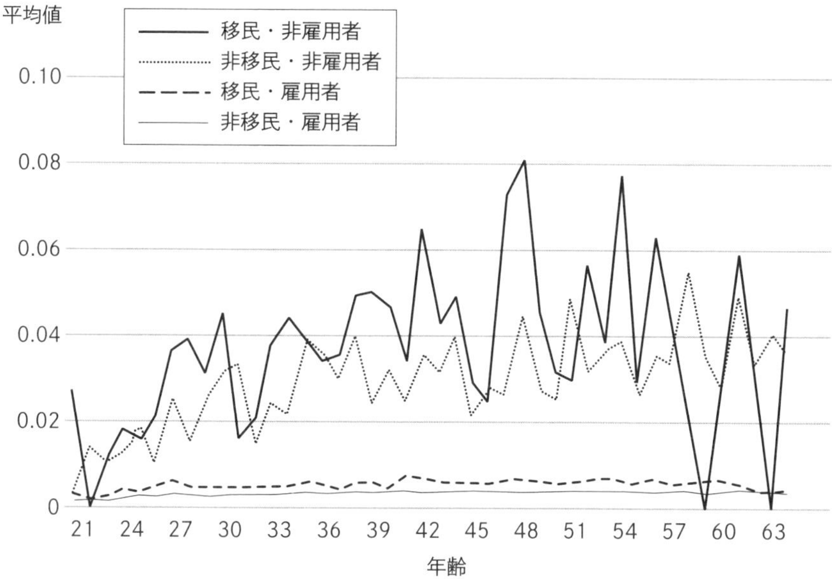

出所：カウフマン・インデックスをもとに作成

図表14-4 英国の地域別ベンチャー企業数（人口1,000人当たり）

出所：Startup Genome LLC（2017）をもとに作成

図表14-5　日本の開業率（2014年）

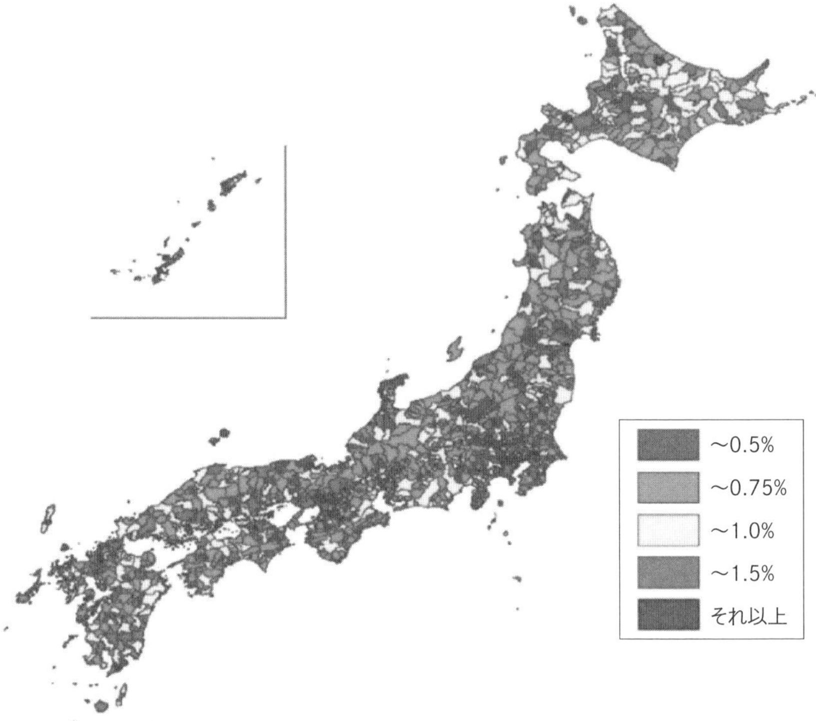

出所：総務省統計局「平成26年経済センサス―事業所・企業統計調査」をもとに筆者作成

2　地域や都市の評価

近年，企業に限らず，都市や地域も，いわゆるハイテクノロジーやスマート・テクノロジーとともに発展しています。家電などを情報機器で総合的に管理する高度な技術を導入した家をスマートハウスなどと呼びますが，そのようなハイテクノロジーやスマート・テクノロジーは，さまざまな都市に導入しており，**スマート・シティ**などのように呼ばれています。その分野は多岐にわたり，スマート・シティ・プロジェクトは多くの関心を集めています。そして，それらスマート・シティ・プロジェクトを評価し，さまざまな地域と比較する評価指標についても多くの議論がなされています。このスマート・シティの評価は，ベンチャー企業やアントレプレナーシップとも関連するものです。

そもそも，地域や都市の評価に関しては多くの指標があります。また，それらの指標や評価に基づいたランキングなど，たとえば，「住みたい街ランキング」のような形で目にすることも少なくないのではないでしょうか。自治体などの公的機関のみならず，研究所や不動産会社，報道機関などの民間機関でも数多く，このような地域や都市の評価および順位付けはよく行われています。自治体などの公的機関がそれらの評価を行う理由は，主に都市計画や地域計画，環境政策など政策の基礎情報およびその政策効果を測定することに活用したり，ランキングの結果を自治体が広報活動に利用したりすることもあります。

また，その評価指標の手法についても，学術的研究を中心に近年多様化しています。たとえば，統計データなど，**客観的に計測可能な指標（客観的データ）**で地域や都市を評価するのに加え，**住みよさや幸福度，満足度といった主観的な指標（主観的データ）**も色々と提案され，アンケート調査などでそのデータを収集することで，評価に活用されています。

このことは同時に，都市の評価において客観的データだけでは十分でないということも物語っています。なぜなら，ある項目に関する客観的データが高いことが，必ずしも同項目の住民の満足度が高いことを意味しないからです。したがって，住民の都市への主観的な評価が，都市評価に必要不可欠であるという視点に立てば，客観的データに加えて主観的データを併せて都市評価を行うことが重要になるのです。

そこで，主観的データと客観的データを同時に取り扱う研究があるのですが，それらの多くは，データ間の関係性を分析した研究であると言えます。たとえば，客観的データに関連する項目について，アンケート調査でその住民満足度および重要度をたずねることで，その関係性などを検証します。これは，客観的データと主観的データを同じ枠組みで評価したものと言えます。

しかし，項目によって，それらに高い相関関係があることが見出されものと，そうでないものに分かれます。たとえば，識字率や就学年数など教育のレベルが高い都市に住む住民は，必ずしもその都市の教育システムへの満足度が高くないといったことを明らかにした研究（Liao, 2009など）もあります。

上記のように，多岐にわたる項目ごとに状況は異なることから，客観的データと主観的データとの関係は統一的な見解は確立されていないと言えますが，たとえば，それらをうまく統合することで評価をするという事例も多くあります。また，主観的データと客観的データとの矛盾を減らすための1つの解決策は，地域や都市評価に関する特定の詳細な知識と洞察力を持つ専門家を調査することです。たとえば，GEM調査においても，NES調査は，国別の状況に関して，専門家に尋ねた調査のデータとなっています。

では，具体的に，スマート・シティに関する評価の事例を見ることにします。たとえば，EasyPark Groupによるスマート・シティ指標があります。スマート・シティに関連する19の要素について，世界500以上の都市を分析し，広範囲の地域をカバーしています。インデックスの最終スコアを作成するため，さまざまな客観的指標（交通と移動，イノベーション経済，デジタル化，生活水準，ガバナンスなど）と専門家の評価指標を用いると同時に，その評価プロセスを明確にしています。具体的な指標は図表14-6のとおりです。ここで，着目すべき点は，スマート・シティの評価項目の1つとして，スタートアップ企業の数，つまり，アントレプレナーシップに関する項目があるということです。

最終スコアを導き出す際，各データを最高値から最低値までランク付けし，そのランク付けに基づいて1～10の範囲で採点します。その採点スコアが高いほど，優れていることを意味します。そして，各項目のスコアを使用して，それらを重みづけし，最終スコアを導き出します。その最終スコアのトップ10ランキングには，デンマークのコペンハーゲンやシンガポール，アメリカのボストンとサンフランシスコ，そして，東京も含まれています。

また，そのほかにも，欧州の都市をのみを対象にしたものですが，European Digital City Index 2016（EDCi 2016）というものもあります。詳しい評価項目は図表14-7のとおりですが，多くの項目がアントレプレナーシップに関するものとなっていることが特徴的です。なお，このランキングでは，1位ロンドン，2位ストックホルム，3位パリ，4位ヘルシンキ，5位アムステルダム，6位コペンハーゲン，7位ベルリン，8位ミュンヘン，9位ダブリン，10位がウィーンおよびケンブリッジ，12位オックスフォード，13位バルセロナ，14位マドリード，15位ハンブルクとなっています。

図表14-6 ｜ スマート・シティ指標の詳細

主項目	サブ項目	データ内容
輸送と移動	スマートパーキング	➢車保有率（都市） ➢都市部の１平方キロメートル当たりの駐車場の数 ➢スマートフォンの普及率 ➢駐車アプリの使用率
	カーシェアリングサービス	➢市の人口に対する，市のカーシェアの車両数
	交通	➢渋滞の度合い
	公共交通機関	➢公共交通機関の満足度
持続可能性	クリーンエネルギー	➢再生可能エネルギーによって生み出された電気の割合
	スマートビル	➢建物のエネルギー使用効率
	廃棄物処理	➢廃棄物の埋立処理の割合
	環境保護	➢１人当たりの温室効果ガス排出量 ➢１人当たりのCO_2排出量
ガバナンス	市民参加	➢議会選挙の投票率
	政府のデジタル化	➢デジタル・インフラ・ランク指標
	都市計画	➢都市内の緑豊かな公共エリアの割合によるランク付け
	教育	➢市民1,000人当たりの教育用パソコン台数 ➢情報技術開発インデックス ➢世界トップレベル大学リストに載っている大学の数 ➢国内トップ10レベル大学リストに載っている大学の数 ➢国内トップ３レベル大学リストに載っている大学の生徒数
イノベーション	ビジネス・エコシステム	➢Angel.coに登録されているスタートアップ企業の数
デジタル化	ネット環境	➢Mbs，スピードテスト・グローバルインデックス
	Wi-Fiホットスポット	➢無料Wi-Fiホットスポットの数
	スマートフォン	➢スマートフォンの普及率
生活水準	生活水準	➢ファストフード，レストラン，衣類，家賃，交通機関での平均消費額 ➢平均給与額 ➢１人当たりGDP
専門家評価	専門家評価	➢技術や都市計画の専門家20,000人によるスマート・シティ評価

出所：EasyPark Groupのウェブサイトをもとに作成

図表14-7 | European Digital City Index 2016の評価項目と詳細

項　目	内　容	デ　ー　タ
資金への アクセス	起業初期段階の資金ファンド	調達されたスタートアップ資金の額
	起業後期段階の資金ファンド	起業後期段階での資金提供額
	エンジェル投資家からの資金調達	エンジェル投資家の資金提供額
	クラウド・ファンディング	すべてのクラウド・ファンディングの形態で，募集に成功した事業の金額の合計
ビジネス 環境	ビジネスのしやすさ	労働時間と費用（通勤費用など）
	オフィススペースの費用	平均賃貸料または商業用不動産の価格
	公共部門の情報とデータの公開性	公共部門情報スコア
デジタル インフラ	ネット環境	ブロードバンド速度
	ブロードバンドの費用	固定ブロードバンド契約料
	モバイルインターネット速度	モバイルインターネットの速度
	ファイバーインターネットの可用性	FTTHの契約数
起業家文化	リスクを負う意欲	「失敗するリスクがある場合は，事業を始めるべきではない」の質問に対して，同意しなかった人々の割合
	文化の多様性	外国生まれの人口の割合
	オンラインコラボレーション	過去12カ月以内のGitHubユーザー数
	新規事業密度	就労年齢1,000人当たりの新規登録企業数
	起業に対する肯定的な認識	「起業家への全体的な印象はどうですか？」の質問に対して，好感をもっている人の割合
	信頼	ほとんどの人は信頼できると思いますかという質問（10件法）に対する回答の平均値
	デジタルスタートアップエコシステム	起業に関連するハッシュタグ付きツイートの数
	大成功を収めたIT企業	ユニコーン企業の数（10億ドル規模のスタートアップ企業の数）
知識の波及	研究機関の質	世界トップ200に入る研究機関の数
	研究開発力	研究開発費

ライフ スタイル	生活水準	生活の質（QOL）スコア
	文化と創造性	多様な文化施設の数に関連する指標の平均スコア
市場	ローカルオンライン取引	過去１年間にウェブ上で商品・サービスを購入・注文したユーザーの割合
	デジタルサービスに対する地域の需要	金融セクターを除いた全企業の電子商取引からの企業の総売上高の割合
	デジタル市場規模	「ｅコマース」および「ｅサービス」の国内市場における総収益
	モバイル市場の規模	住民100人当たりのモバイルブロードバンド契約数
	ローカルオンライン取引の成長率	オンラインで購入した個人の割合の過年度比
メンタリング &経営支援	ネットワーク・メンタリングイベント	前年度のミートアップイベントの数
	アクセラレータへのアクセス	アクセラレータの数
	起業の早期支援の有無	エンジェル投資家の数
非デジタル インフラ	通勤	平均移動時間と仕事までの距離
	列車のアクセス	電車で３時間以内の移動圏内の総人口
	空港へのアクセス	地元の空港からのフライト数に基づいたスコア
スキル	人件費	ソフトウェア開発者，Webデザイナー，Web開発者などの平均給与
	卒業生ネットワーク	高等教育レベル５～８の25～64歳の人口の割合
	起業トレーニング	起業家教育と訓練に関するスコア
	ICT社員	ICTセクターの従業員数
	支援してくれる専門家へのアクセス	法務や会計に関して支援してくれる人の数
	英語スキル	英語でコミュニケーションできる都市人口の割合

出所：EDCi（2016）をもとに作成

3 地域政策とアントレプレナーシップ ―― ロンドンのテック・シティ構想

従来，スタートアップおよび起業活動の拠点は，シリコンバレーやニューヨークといった，米国の地域に集中していたといっても過言ではありません。しかしながら，現在では，そのような活動拠点は，米国の地域のみならず，世界各地に広がっています。Startup Genome LLC（2017）では，スタートアップおよび起業活動の拠点となる都市をランキング評価しており，それによると，上位から順に，シリコンバレー，ニューヨーク，ロンドン，北京，ボストン，テルアビブ，ベルリン，上海，ロサンゼルス，シアトル，パリ，シンガポールとなっています。

それらの都市の中でも，特にその存在感を高めているのがロンドンと言えます。ロンドンが急激にスタートアップおよび起業活動の拠点となった背景には，2010年11月に，当時のデイビッド・キャメロン首相が，**East London Tech City構想（テック・シティ構想）**を発表し，スタートアップやテック企業がこのエリアに集まるよう，インフラなどの面で積極的な支援を開始したことが第一に挙げられます。テック・シティ構想では，シティ（いわゆるロンドン市，City of Londonのこと）と呼ばれるロンドン中心部の東側にある金融街の周辺エリア，具体的には，オールド・ストリート駅から東部のオリンピックスタジアムにかけた地域を，テック・シティとして，アントレプレナーシップをさらに加速させ，英国版シリコンバレーに成長させることを目的としました。

そもそも，英国は1960年代以降，経済の低迷が続きましたが，その状況を打

図表14-8　ロンドンのテック・シティ近辺の写真と位置関係

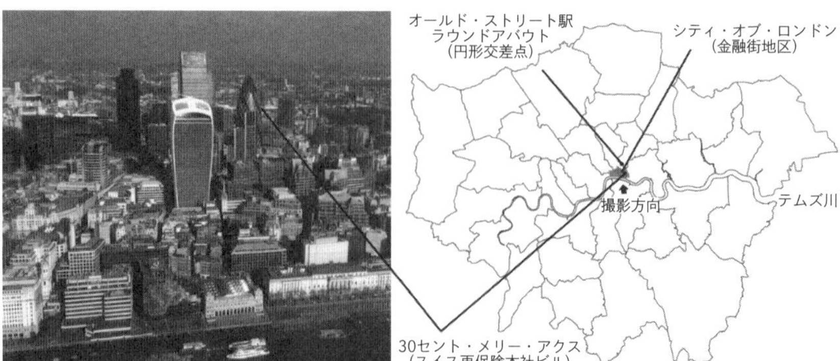

出所：筆者撮影・地図作成

開するための1つの策として，大企業を中心とした経済から，中小企業や新しく起業されたスタートアップ企業を中心とする経済へのシフトが試みられました。テック・シティ構想も，この一連の流れを汲むものであり，政府の支援策として，起業に対する税制面の優遇や，投資家に対する減税措置を講じたのみならず，Tech City UKという非営利の組織を立ち上げ，起業しようとする人たちを技術的にサポートしたり，行政，教育関係者，投資家など，関連する人たち，この地域で結び付けたりと，一気に活動を盛り上げていく地域環境を整えました。なお，これらの施策が講じて，GoogleやFacebookといった米国初の世界的な企業もテック・シティに拠点を持つようになり，テック・シティを拠点とする企業数は，わずか数年で急増したと言われています。

ロンドンのテック・シティの象徴として，金融街シティから少し離れたところにあるオールド・ストリートという通りが挙げられます。このオールド・ストリートには，円形交差点（ラウンドアバウト）があり，テック・シティ構想の前の2008年頃から，IT関連会社などが十数社集まっていました。当時，それらの企業は，事業を大きく成長させていたタイミングでもあったため，内外から徐々に注目が集まるようになり，米国の起業先進地域であるシリコンバレーと関連付けて，**シリコン・ラウンドアバウト**と呼ばれるようになります。

当初は十数社に過ぎなかった企業数は，現在に至るまで，このエリアを中心に数千社に及んでいます。前述のとおり，Googleも2011年にはオールド・ストリート駅近くの7階建てビルを購入し，2012年にはGoogle Campus Londonがオープンさせ，コワーキングスペースやワークショップなどのイベントなどの拠点としています。

しかしながら，このシリコン・ラウンドアバウトの地域は，ロンドンの中心地に近いところではありましたが，金融街シティの中心にあるわけではなく，もともとは，あまり評判の良い地域ではありませんでした。そのため，家賃は安く，空き家なども目立つ地域であったのです。そのような場所に，まずはお金をあまり持っていない芸術家やアーティストらが徐々に集まるようになり，それに続くようにさまざまな分野の人々が集まり出しました。人が集まり出すと，カフェなどの店ができ，若い人たちが中心となった創造的な環境が整っていきました。英国政府は，そのような特有の地域環境の変化にいち早く目を付け，就労支援と起業支援を一体化して実施し，金融街シティやロンドン中心市街地との連携を促すことで，より一層，地域における起業活動を活性化させることを試みました。

テック・シティおよびシリコン・ラウンドアバウトの地域では，既存の大企業と，上記の新しい起業活動の結び付きが強いと言われています。また，シリコンバレーが近郊の大都市であるサンフランシスコ市街地から50km以上離れているのに対し，テック・シティおよびシリコン・ラウンドアバウトはロンドン中心部のすぐ隣であり，シティという欧州屈指の金融街があります。金融街に近いため，テック・シティには金融とIT技術を融合した分野（FinTech）でのスタートアップも数多く，その分野では，すでに世界最大の中心地域になっています。

さらに，このテック・シティ構想は，オールド・ストリート駅から東部のオリンピックスタジアムにかけた地域を，テック・シティと称していることからもわかるとおり，2012年に開催されたロンドン・オリンピックで使用された各施設が，起業支援活動を含めた地域の多様な活動にうまく再利用されることを促すことも重要な目的の１つだったと言われています。この点は，2020年に東京オリンピック・パラリンピックを控える東京の，地域における起業支援政策を考えるうえでも大いに参考となる事例であるといえます。

4　地域課題を解決するコミュニティ・ビジネス

今日の地域社会では，物質的豊かさのみならず，精神的・文化的な豊かさを追求する生活の質の向上が重要視され，そのための住民主体の地域社会の総合的再構築，つまり，住民の暮らしの保障・充実のための相互扶助的・協働的な仕組みの構築が強く要請されています。

コミュニティは，地域住民が，生活者の視点で生活の場を見直し，共通の問題関心のもと，共同の力で地域問題を解決していくための活動の場であるといえますが，コミュニティにおける重要な事業主体は，地域住民の要望を把握している住民自身であるといえます。これらの個人や組織による活動が，地域の諸問題を解決し，今後のあり方を自己決定していくことになるのです。

それでは，そのコミュニティにおけるビジネスである**コミュニティ・ビジネス**とはどういうものなのでしょうか。コミュニティ・ビジネスという言葉には，ビジネスという言葉が入っており，企業や経済活動がメインのようにも聞こえます。しかし，あくまでも，重きがあるのは，コミュニティのほうであり，ビジネス・アプローチの地域に根ざした活動や組織です。現在では，もちろんそのようなコミュニティ・ビジネスを行う地域に特化した営利企業も多いため，一概には言えませんが，これまでは，主にその役割は非営利活動法人や地域住民組織であり，コミュニティ・ビジネスの議論では，そのような非営利活動法人や地域住民組織に言及されることが多いと言えます。

そもそも，コミュニティ・ビジネスという用語は，イギリスにおける地域再生の取り組みの中から1970年代後半以降に登場してきたものであると言われています。日本においては，市場と政府という２つの失敗を背景として，1990年代半ば以降から登場し，その後，1995年の阪神・淡路大震災を契機として，地域再生やボランタリーな市民活動への関心が高まる中，地域問題解決のための新たな手法として脚光を浴びるようになりました。

コミュニティ・ビジネスとは，概して，地域社会における社会貢献のための地域社会に根ざした事業性・収益性のある活動と言うことができますが，その定義については，複数あります。たとえば，中小企業庁が発行する『中小企業白書』では，従来の行政（公共部門）と民間営利企業の枠組みだけでは解決できない，地域問題へのきめ細やかな対応を地域住民が主体となって行う事業であるとし，社会貢献性の高い事業であると同時に，ビジネスとしての継続性も重視される点で，いわゆるボランティアとは異なる性格を持っているとしています。また，『中小企業白書』では，その特徴を，①**地域住民が主体である**，②**利益の最大化を目的としない**，③**コミュニティの抱える課題や住民のニーズに応えるため財・サービスを提供する**，④**地域住民の働く場を提供する**，⑤**継続的な事業または事業体である**，⑥**行政から人的，資金的に独立した存在**である，としています。

そのほかにも，経済産業省（2004，2007）によると，コミュニティ・ビジネスは，地域問題解決を主要な内容とするコミュニティの創造（まちづくり）のための具体的なアクティビティから出発し，次の４つに分類されるとしています。1つ目は，**地域資源活用型まちづくり**で，地域産業の振興や地域文化・自然条件などの資源を活かしたまちづくりです。2つ目は，**地域問題解決型まちづくり**で，地域住民の暮らしに共通するごみ・環境・過疎・商店街再生などの地域問題を共同管理していくためのまちづくりです。3つ目は，**地域生活支援型まちづくり**で，高齢者の生活支援や人にやさしいまちづくりなどがこれにあたります。4つ目は，**地域起業就労型まちづくり**で，地域の生活要望に根ざし，生活に密着して，高齢者・障がい者の就労の場を創出するというものです。

また，コミュニティ・ビジネスと視点が異なりますが，地域のうち，特に中心市街地のまちづくりを担う主体として，**まちづくり会社**という組織もあります（図表14-9）。まちづくり会社は，公益性と企業性を，地域密着型のディベロッパーとして，ハードとソフトの両面から，中心市街地の再生に取り組みます。一企業がそれを担うこともありますが，多くの場合は，まちづくりは多岐の分野にわたりますので，行政や地域住民，地域の企業や大企業など多様なステークホルダー（利害関係者）を巻き込み，その役割分担を明確にしつつ，新たな組織として，まちづくり会社をつくって運営することが少なくありません。

なお，コミュニティ・ビジネスにおいて，その主眼がコミュニティにあることもあり，環境に特化したものは環境コミュニティ・ビジネスと呼び，より明確に区別する傾向があると言えます。

環境コミュニティ・ビジネスは，地域の環境保全や環境改善，リサイクル活動など環境分野に関する収益性のある事業に，地域の企業・非営利活動法人・市民団体等の地域コミュニティを形成する主体が連携・協働しながら取り組み，地域が抱える環境問題を解決することで，地域コミュニティをよりよくするものです。それゆえ，環境コミュニティ・ビジネスにより得られる効果は，経済産業省によると，①**環境負荷の削減と地域環境の改善**，②**事業活動を通じての地域経済・社会の活性化**，③**地域住民の主体的参加・連携を通じての地域コミュニティの再生**（再活性化），④**活動者および周囲の協力者の満足感・生き甲斐**の4つであると言われています。

図表14-9 | まちづくり会社の概念図

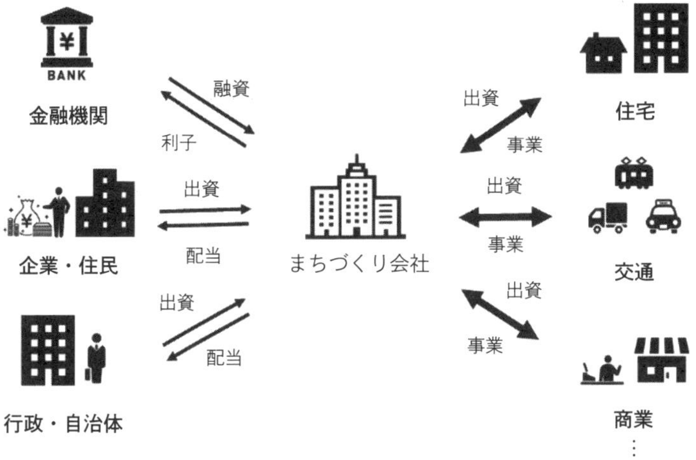

出所：筆者作成

まとめ

- 地域や都市の評価に関して，スマートシティ評価などアントレプレナーシップに関する要素が重要視されており，それをもとに，地域や都市のランク付けがなされることも多くなっています
- 地域の課題をビジネスアプローチで解決するものをコミュニティ・ビジネスと呼びます

演習・課題

- スマート・シティ評価などのランキングで上位に位置する都市について，どのような起業支援策があるか，どのようなベンチャー企業が存在しているかなど調べてみよう
- 地域課題を解決するコミュニティ・ビジネスの事例を探してみよう

第15章 社会課題とその解決に向けた目標

✓社会にはどのような課題が存在するか？
✓社会課題の解決に向けた国際的な目標を知ろう

1 国連ミレニアム開発目標 (MDGs：Millennium Development Goals)

世界にはさまざまな課題があります。その社会問題を解決することが，人類の大きな目標といっても過言ではなく，ここで紹介する**MDGs**は，まさに人類が抱える社会問題を解決するための目標と言えます。

1998年，コフィ・アナン事務総長（当時）のリーダーシップのもと開催された国連総会において，貧困撲滅を中心とする国際開発が国連の重要課題として設定されました。その結果，2000年9月に開催された国連ミレニアム・サミットで「国連ミレニアム宣言」が189カ国によって採択され，その1年後に「**ミレニアム開発目標－貧困撲滅と生活改善**（**MDGs：Millennium Development Goals: eradicating poverty and improving lives**）」が打ち出されました。MDGsは，2000年から2015年までを対象期間に，その最大の目標として，主にアジアやアフリカの発展途上国の極度の貧困と飢餓の撲滅を掲げていました。

MDGsでは，8つの分野について開発目標の指標が列挙されています。具体的には，①**極度の貧困および飢餓の撲滅**，②**普遍的初等教育の達成**，③**男女平等および女性の地位強化の推進**，④**乳幼児死亡率の削減**，⑤**妊産婦の健康の改善**，⑥**HIV/エイズ，マラリア，その他の疾病の蔓延防止**，⑦**環境の持続可能性確保**，⑧**開発のためのグローバルなパートナーシップの推進**です。これらの目標ごとに，ターゲットと指標がある三重構造になっています。

MDGsの後，**持続可能な開発目標**（**SDGs：Sustainable Development Goals**）が設定されますが，その際，このMDGsの何が達成され，何が達成されていな

図表15-1 ミレニアム開発目標の項目と達成度

目標とターゲット	アフリカ		アジア				オセアニア	ラテンアメリカ・カリブ海	コーカサス・中央アジア
	北	サハラ以南	東	東南	南	西			
目標１　極度の貧困と飢餓の撲滅									
極度の貧困の半減	◎	△	◎	◎	◎	○	−	◎	◎
生産的雇用と働きがいのある人間らしい仕事	△	○	◎	○	○	×	△	△	×
飢餓の半減	◎	△	◎	◎	○	×	×	◎	◎
目標２　初等教育の普遍化の実現									
初等教育の完全な普及	◎	△	◎	○	○	○	○	△	△
目標３　ジェンダーの平等の推進と女性の地位向上									
初等教育への女子の平等な就学	○	○	◎	◎	◎	○	△	◎	◎
有給雇用における女性の割合	×	○	◎	△	○	△	△	◎	◎
国家における平等な女性議員数	○	○	×	△	○	○	×	○	○
目標４　幼児死亡率の引き下げ									
５歳未満幼児死亡率の３分の２引き下げ	◎	○	◎	○	○	○	△	◎	○
目標５　妊産婦の健康状態の改善									
妊産婦死亡率の４分の３引き下げ	○	○	◎	○	○	△	○	△	◎
リプロダクティブ・ヘルスへのアクセス	○	△	○	○	○	○	△	○	△
目標６　HIV/エイズ，マラリア，その他の疾病の蔓延防止									
HIV/エイズのまん延防止および減少	×	◎	×	○	◎	×	◎	○	◎
結核のまん延阻止および減少	△	○	◎	◎	○	◎	×	◎	△
目標７　環境の持続可能性の確保									
改良された飲料水を利用できない人々を半減	○	○	◎	◎	◎	◎	×	◎	×
衛生施設を利用できない人々の割合を半減	◎	×	◎	○	△	◎	×	○	◎
スラム居住者の生活を改善	◎	△	○	○	○	×	−	○	−
目標８　開発のためのグローバル・パートナーシップの構築									
インターネット利用者	◎	○	◎	◎	○	◎	○	◎	◎

◎：目標達成済または高い進捗，○：良好な進捗，△：着実な進捗，×：不十分な進捗，
−：データ紛失またはデータ不十分

出所：国際連合広報センター（2015）をもとに筆者作成

いかが大きく関わっています。図表15-1は，国際連合広報センター（2015）が作成した，地域別進捗状況についてまとめたものです。

2 MDGsで生まれたさまざまな運動

MDGsを掲げる国連ミレニアム・プロジェクトでプロジェクト長を務めたアメリカの開発経済学者であるジェフリー・サックスの著書『貧困の終焉』（Sachs 2006）には，イギリス出身の世界的に有名なロックバンドのボーカルU2のボノ氏による序文が掲載されています。ボノ氏は，音楽活動のみならず，貧困問題にも政治的に取り組んでいることでよく知られています。

世界80カ国以上で展開されたプロジェクト「**貧困をなくすグローバルな呼びかけ（G-CAP：Global Call to Action against Poverty）**」では，国際NGOが主体的に働き，日本においても企業がタイアップして，ボノ氏をはじめとしたアーティスト，映画スター，タレント，スポーツ選手などの著名人が，それらの活動に賛同する証としてのホワイトバンドを広める役割を果たしました。さらに，その活動と連動してライヴエイド（LIVE AID）という音楽フェスティバルも開催しました。

また，国連開発計画（UNDP）は，親善大使としてテニス界からマリア・シャラポワ氏や，サッカー界からロナウド氏やジダン氏，ノルウェー王国皇太子のマグナス・ホーコン氏を任命しました。大衆文化における影響が大きい有名人が，環境問題や貧困撲滅に関する活動や運動に積極的に関わるようになったのです。このような有名人による活動によって，環境問題や貧困問題は，さらに市民の関心を集めるようになります。地球温暖化問題・気候変動問題に関していえば，アカデミー賞にも出席した，アル・ゴア副大統領（当時）の映画『不都合な真実』の役割も大きいものといえるでしょう。さらに，2007年7月には，そのゴア氏主催のLive Earthという地球温暖化防止ライブ・キャンペーンも行われ，収益はすべて国際的NGOに寄付されたといいます。このライブには，貧困問題に関心を持つ多くのアーティストも参加しました。地球温暖化の影響が顕在化してきた近年でこそ，環境問題の重大性が世界中で認識されてきましたが，従来から，貧困に苦しみ，国民のため，国のために経済成長を第一目標としている発展途上国においては，環境への関心が低いというのが一般的でした。そこで大衆文化，特に音楽，スポーツ，映画といった，国境や世代を越えて広く世界中で愛されているものと，環境問題や貧困削減問題の活動や運動を連携させていく活動が増えていったのだと言えます。

また，音楽に限らず，スポーツ，特にサッカーも同様です。巨額なお金が動くサッカー界は，その発展の歴史と人気の地域が発展途上国にも多いという特徴があるため，社会的責任として貧困問題にも長年取り組んできました。サッカーは，南米，アフリカの貧困地域の人々にとって，貧困脱却の方法として人々に夢を与えます。それゆえ，日本でも活躍した元ブラジル代表のドゥンガ氏のように，現役時代に活躍して，世界的に有名になった後に，基金を設立し，貧困脱却支援活動を積極的に行う人も多いといえます。他にも，前述したように，UNDP親善大使であるジダン氏のチーム対ロナウド氏のチームの親善試合のように，イベントとして試合を行い，上記のような活動や運動を世界にアピールする例もありました。

日本国内では，環境に関する有名人の活動が多く見られます。たとえば，音楽家と坂本龍一氏や，音楽プロデューサーの小林武史氏，音楽バンドMr. Childrenの櫻井和寿氏らが中心となり，各氏の私財を提供して，環境などをテーマに出資する非営利組織 ap bank が設立されました。さらに，その ap bank 主催による ap bank fes が2005年から2012年まで継続して実施され，音楽に関心のある若い世代にも，音楽のみならず，環境問題についても関心を持ってもらおうという試みがなされました。

3 MDGsからSDGs(Sustainable Development Goals)へ

一定程度の成果が得られたMDGsですが，これまで見てきたとおり，主要な目標は貧困削減や教育，健康，衛生に関するものであり，何が持続可能な発展なのかというような，持続可能性という視点は必ずしも十分に示されてはいませんでした。そこで，MDGsの最終目標年である2015年以降の国際的な目標には，持続可能性を重視した目標である**持続可能な開発目標**（**SDGs：Sustainable Development Goals**）**が設定**されました。

図表15-2 | SDGsの17の目標の内容

目 標	内 容
目標1	あらゆる場所のあらゆる貧困を終わらせること
目標2	飢餓を終わらせ，食糧安全保障および栄養改善を実現し，持続可能な農業を促進すること
目標3	あらゆる年齢のすべての人々の健康的な生活を確保し，福祉を促進すること
目標4	すべての人々への包括的かつ公平な質の高い教育を提供し，生涯学習の機会を促進すること
目標5	ジェンダー平等を達成し，すべての女性および女子のエンパワーメントを行うこと
目標6	すべての人々の水と衛生の利用可能性と持続可能な管理を確保すること
目標7	すべての人々の，安価かつ信頼できる持続可能な現代的エネルギーへのアクセスを確保すること
目標8	包括的かつ持続可能な経済成長，およびすべての人々の完全かつ生産的な雇用とディーセント・ワーク（適切な雇用）を促進すること
目標9	レジリエントなインフラ構築，包括的かつ持続可能な産業化の促進，およびイノベーションの拡大を図ること
目標10	各国内および各国間の不平等を是正すること
目標11	包括的で安全かつレジリエントで持続可能な都市および人間居住を実現すること
目標12	持続可能な生産消費形態を確保すること
目標13	気候変動およびその影響を軽減するための緊急対策を講じること
目標14	持続可能な発展のために海洋資源を保全し，持続的に利用すること
目標15	陸域生態系の保護・回復・持続可能な利用推進，森林の持続可能な管理，砂漠化への対処，土地の劣化の阻止・防止および生物多様性の損失の阻止を促進
目標16	持続可能な発展のための平和で包括的な社会の促進，すべての人々への司法へのアクセス提供，効果的で説明責任のある包括的な制度の構築
目標17	持続可能な発展のための実施手段を強化し，グローバル・パートナーシップを活性化する

出所：筆者作成

SDGsの起源は，2012年に開催された，通称リオ＋20と呼ばれる国連持続可能な発展会議の準備会合にあるといわれます。SDGsは，その1年前の2011年9月の国連総会において，コロンビア政府により，リオ＋20における成果の1

つとして提案されました。その後，30カ国の代表を集めたコンサルテーションが首都ボゴタにて開かれ，SDGsの概念が議論されたといいます。

そして，リオ＋20が近づくとともに，SDGsへの期待はさらに高まっていき，最終的には成果報告書「我々が求める未来（The Future We Want)」で，SDGsに関して記されました。同時に，SDGsは，行動指針であること，簡潔であること，意欲的であること，すべての国に普遍的に適用できることが明示されました。SDGsはMDGsと同様，目標，ターゲット，指標という三重構造で構成されており，**17の目標**（図表15-2）と**169のターゲット**から成り立っています。

SDGsには，MDGsに含まれていた貧困削減・教育・保健・男女平等に関する目標に加え，持続可能性を考慮した多くの目標が含まれています。SDGsは発展途上国のみではなく先進国も含めた普遍的な目標となっており，各国における独自のターゲットや指標の補完的な設定を求めています。持続可能な発展を実現するには，市民や企業，NGOなど多様な実施主体が，協力し合って，行動を行うことが重要です。また，MDGsの時と同様に，世界の著名人などがSDGsを周知し，実施につなげるためのメッセージを発したり，イベントを開催したりしています。

まとめ

- SDGsは17の目標と169のターゲットから成り立っており，規制やルールではなく，世界全体の目標であるということが特筆すべき点です

演習・課題

- SDGsの具体的な169のターゲットの内容を調べてみよう
- SDGsを達成するための事業アイデアを思いつく限り挙げてみよう

第16章 社会課題を解決する ソーシャル・アントレプレナーシップ

✓社会的課題を解決するソーシャル・アントレプレナーシップとは？
✓ソーシャル・アントレプレナーシップの形態は？
✓世界のソーシャル・アントレプレナーシップの状況は？

1 ソーシャル・アントレプレナーシップとは

ソーシャル・アントレプレナーシップは，アントレプレナーシップの1つの種類であると見なされることが少なくありませんが，その中で，社会的課題を解決するという点により重点を置いています。それゆえ，ソーシャル・アントレプレナーシップの狭義の解釈として，非営利組織が革新的なアプローチをとることとしているものもあるほどです。

それでは，ソーシャル・アントレプレナーシップにおいて，お金を稼ぐこと，収益を上げることは度外視されているのでしょうか。実は必ずしもそうではありません。それは，非営利活動法人が収益をあげる活動をしているのと同様です。ソーシャル・アントレプレナーシップにおいては，収益獲得戦略がミッションとダイレクトに結びついていること，収益性や利潤はシェアホルダーに再配分されるのではなく，むしろミッションに再投資されることがより重要です。

したがって，広義の解釈では，ソーシャル・アントレプレナーシップは，営利セクターおよび非営利セクターの組織が，その接合部分において展開する，社会的志向の革新的活動として理解されています。ディーズ（Dees 1998）によれば，ソーシャル・アントレプレナーシップは次の5点に要約されるます。①私的な価値ではなく，**社会的価値を創造・維持するというミッション**を掲げていること，②ミッションに奉仕する新しい機会を識別し追求すること，③イノベーション，適用，ラーニング・プロセスに従事すること，④現存する資源に限定されることなく行動すること，⑤活動成果に対する利害関係者への説明責任の意識を高く持つこと，の５つです。

しかし，ソーシャル・アントレプレナーシップの定義や分類は，必ずしも一様ではなく検討すべき論点はいくつか残されています。その理由としては，ソーシャル・アントレプレナーシップには，①営利的なものと非営利的なもの，②経済的なものと社会的なもの，そして，③価値判断を要するものと合理的な計算を要するものの接合点に存在しているからです。そのために，アントレプレナーシップの解釈が幅広くなり，結果的に，多様な形態のソーシャル・アントレプレナーシップが存在することになるのです。

それでは，ソーシャル・アントレプレナーシップは何を意味しているのでしょうか。ソーシャル・アントレプレナーとはどのような存在なのでしょうか。

すでに本書で何度も登場しているGEMの2009年の報告書では，ソーシャル・アントレプレナーシップについて，簡潔に，組織あるいは個人が関与している，社会的志向を有する，企業家・起業家活動として定義され，ソーシャル・アントレプレナーシップの類型化がなされています。具体的に，GEM（2009）の類型をみていきます。まず，分類の決定基準・プロセスは次のとおりです。①経済活動・お金よりも**社会的ミッション**を優先しているかどうか，②主たる活動やプロジェクトから**収益**を得ているかどうか，③**社会的なイノベーション・変革**を起こしているかどうかの３つであり，これらを組み合わせると，４つのタイプに分類されます。①**伝統的なボランタリーな非営利組織・NPO・NGO**，②**非営利の社会的企業**（ソーシャル・エンタープライズ）・**事業型NPO・NGO**，③**ハイブリッド・ソーシャル・エンタープライズ**，④**営利型ソーシャル・エンタープライズ**の４つです（図表16-１）。GEM（2009）によれば，これらの類型のなかで典型的なものは，非営利型ソーシャル・エンタープライズ（24%）とハイブリッド・ソーシャル・エンタープライズ（23%）です。

なお，現在では，世界中にソーシャル・アントレプレナーおよびソーシャル・エンタープライズが数多く存在するため，それらをすべて把握することは難しいですが，具体的な分野として，農業，エイズ/HIV対策，生物多様性，育児，市民参加，消費者意識，犯罪防止，障がい者支援，教育，エネルギー・環境，雇用環境，財政支援・金融，移民支援，衛生改善・健康，水環境整備，

図表16-1 ｜ ソーシャル・アントレプレナーシップの４つの類型

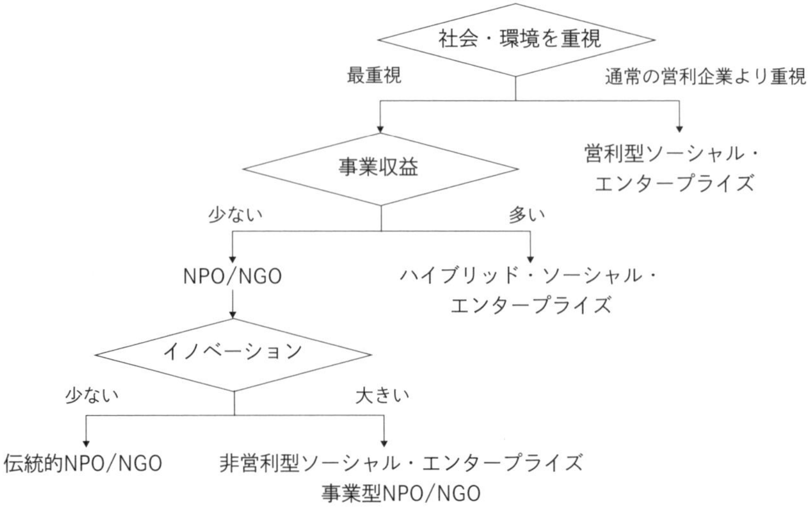

出所：GEM（2009）をもとに筆者作成

女性支援，人権などが挙げられます。ただし，これらは大まかな分類であり，実際の活動は１つの分野だけでなく，複数の分野にまたがったものであったり，上記の分野に当てはまらないものであったりもします。

そもそも，ソーシャル・アントレプレナーシップが，伝統的・営利的なアントレプレナーシップから区別される社会経済的・組織的現象として，一般的に認知されるようになったのは，1980～90年代のことであり，本格的な研究対象となり，学術的な概念規定がはじまったのは，1990年代といわれています。

ソーシャル・アントレプレナーシップは，新しい研究領域であり，初期のソーシャル・アントレプレナーシップ研究の大部分は非営利セクターに関連したものでした。非営利セクターからのアプローチは，アメリカおよびヨーロッパに共通した傾向です。

2 ソーシャル・ビジネスと企業との関係

ところで，代表的なソーシャル・エンタープライズと言えば，グラミン銀行です。もちろん，その創設者である**ムハマド・ユヌス**（Muhammad Yunus）は，代表的なソーシャル・アントレプレナーであり，ソーシャル・アントレプレナーの父といっても過言ではありません。

1940年バングラデシュ生まれのユヌス氏は，バングラデシュ国内で教育を受け，米国に留学，米国のヴァンダービルト大学で経済学博士号を取得しました。バングラデシュに帰国した1972年の２年後，1974年に大飢饉による貧しい人々の窮状を目の当たりにし，貧困撲滅のための活動を開始し，1983年に**マイクロ・クレジット**と呼ばれる無担保小口融資を行う**グラミン銀行**を創設しました。ベンガル語で村の銀行を意味するグラミン銀行では，貧しい者のための信用制度には，抵当も担保も必要ないという理念のもと，従来の銀行からはお金を借りられない農村部の低所得者層の自営業者，特に貧しい女性などに，無担保で小額の融資や，生活や事業の指導・相談など自立支援を行っています。

グラミン銀行のその他の特筆すべき特徴としては，①**貧困層の人びとが収入と住居を手に入れ，自立を支援するために提供されるのであって，それ以上の消費を促すものではないこと**，②**融資計画段階から銀行が貧しい人びとのもとへ出向くこと**，③**借り手は５人１組のグループに所属し，借入れの権利を得た最初の２人が６週間以内に元利を返済し終わった段階で他のメンバーの借入れ申請する仕組みをもつこと**，が挙げられます。

創設以来，グラミン銀行の知名度は瞬く間に上がり，バングラデシュ国内の村の多くの貧しい人びとにサービスを提供するに至りました。そして，その借り手の多くは女性であり，融資の返済率は非常に高いものとなっています。このグラミン銀行の活動をきっかけとして，ユヌス氏は，教育，医療，エネルギー，情報通信などのさまざまな社会的課題を解決する，グラミン・ファミリーと呼ばれる複数のグラミン関連企業を設立，経営しています。

また，九州大学では，ユヌス＆椎木ソーシャル・ビジネス研究センターというムハマド・ユヌス氏の名前を冠し，実際に同氏と連携した活動を実施しています。その活動のうちの１つに，ソーシャル・ビジネス・コンテスト「**ユヌス＆ユー（YY）コンテスト**」があります。

ムハマド・ユヌス（Yunus 2010）は，自身の活動を踏まえて，ソーシャル・ビジネスという概念を提案するにあたって，次の３つのことを主に指摘しています。

第1に，経済学などにおいて，従来，人間は利己的な存在であると前提され，人間の集合体である企業（会社）も私的利潤の追求を前提に行動していると理解されてきました。しかし，人間は利己的であると同時に利他心を併せ持つ存在であり，会社組織にとっても，これらの行動動機に対応した次の2つの制度が必要となります。1つは，従来型の個人的利益ないし利潤最大化を追求する会社（営利企業）であること，そしてもう1つは，他者の利益に貢献する会社（ソーシャル・ビジネス）であり，資本主義社会において後者を新しく制度的に導入することが必要であるというのです。

第2に，ソーシャル・ビジネスは，その目的を確実に達成するため，組織面で，従来の会社にはない幾つかの特徴を持たせる必要があることを強調しています。具体的には，まず企業の所有者（株主ないし出資者）に対して配当金の支払いを行うとは限らないということです。これは，ソーシャル・ビジネスの活動に伴う利益は，その将来の活動のために使う必要があるという考え方に基づいています。

第3に，上記の特徴を持つソーシャル・ビジネスは，現在の資本主義制度の中で運営されるべきものであり，ビジネスとしての厳しさが強く要請されることを強調しています。とくに，持続可能性のある経営，つまり営利企業と同様，経費を賄うだけの収益を確保すること，自らのアイデアを実行に移す野心的な起業家によって設立される必要があることなどの重要性を指摘しています。

ソーシャル・ビジネスの最も重要な基準は，**ダブルボトムライン**，すなわち，社会的価値と経済的価値の創出と利潤を社会的活動の発達に再投資することであると言えます。ユヌス氏は，社会的問題の解決を図ろうとする場合，それを企業の社会的責任というかたちで対応しようとすれば，それは企業が経済的利益と社会的利益の2つを，同時に追求する点に問題があると指摘しており，その矛盾を解決する方法としてソーシャル・ビジネスという制度が別途必要だとしているのです。

CSRとソーシャル・アントレプレナーシップの関係は，研究者により定義が異なり，統一的な区別が必ずしもあるとは言えませんが，著名な経営学者の**ポーターとクラマー**（Porter and Kramer 2006）は次のように検討しています。

具体的には，**CSR**，**持続可能な発展**，**共有価値**という概念を提示し，CSRプログラムが社会の圧力に対する応答として表れた現象であるとすれば，共有価値概念では，会社は，その競争能力だけでなく，地域社会の経済的および社会福祉的水準を高めるような活動方式を導入し定着させることが必要であると述べています。

その背景には，会社の競争能力と地域社会の状態が，密接に相互作用し合っており，市場は経済的だけではなく社会的欲求によっても形成されるという認識が存在しています。そして，CSRから**共有価値の創造**を意味する**CSV（Creating Shared Value）**への転換の必要性を論じています。そこでは，共有価値を創造する担い手は限定されず，また，その責任を企業や国家，市民社会に分割するという伝統的な考え方と対立するものであるとしています。したがって，この議論に即していえば，ソーシャル・アントレプレナーシップが，社会に利益をもたらすだけではなく，共有価値を創造していると言え，それゆえ，共有価値概念の担い手であるといえるのです。

ソーシャル・アントレプレナーシップは，社会的志向のミッションを掲げ，そして独立採算組織であるために，社会的価値と経済的価値を，同時に効果的につくりだすことができます。それは，社会的な活動が，会社の戦略と結びつかず，社会の圧力に応じて実施されていることも少なくない企業やビジネス，もしくは，その正反対で，社会的な活動がミッションとして中心に据えられており，時として資金調達を外部に依存しているために，経営的に不安定な性格を帯びている非営利組織の両者と大きく異なっている点であるといえます。

3　世界のソーシャル・アントレプレナーシップの状況

次に，世界のソーシャル・アントレプレナーシップの現状をデータで見てみましょう。国別に，ソーシャル・アントレプレナーシップの現状を見ます。2015年のGEMの調査では，残念ながら日本は入っていませんので，Thomson Reuters Foundation（2016）の調査結果を見ることにします。この調査は，社会起業家にとって最良の国はどこかということに関して14項目を専門家に尋ねた結果となっています。14項目は，具体的に，①社会起業家が事業を開始し成長させる状況にあるかどうか，②社会起業家を支援する政府の政策，③社会起業家が助成金を得るのが容易かどうか，④社会起業家が投資を受けやすいかどうか，⑤社会起業家が必要とする非金銭的支援へのアクセス，⑥社会起業家が事業を行政に譲渡する容易さ，⑦社会起業家が事業を企業に譲渡する容易さ，⑧社会起業家が事業を一般の人に譲渡する容易さ，⑨社会起業家が必要なスキルを持つ従業員を獲得しやすいかどうか，⑩一般市民の社会起業家への理解，⑪社会起業家が自国における事業で生計を立てられるかどうか，⑫社会起業家精神の勢いの増加，⑬女性が社会事業においてリーダーシップを発揮しているか，⑭女性の社会起業家は男性の社会起業家と同等の報酬を受け取っているか，となっています。

評価の結果，トップ10は，１位米国，２位カナダ，３位イギリス，４位シンガポール，５位イスラエル，６位チリ，７位韓国，８位香港，９位マレーシア，10位フランス，そして，日本は，44地域中40位となっています。１位が米国，２位がカナダと，北米地域の評価が高くなっています。

北米地域では，ソーシャル・アントレプレナーシップが，ヨーロッパと比べると，かなり幅広く理解され，社会的に責任ある活動を展開している営利組織から，収益を生み出している非営利組織まで含まれています。また，北米地域では，セクターの枠を越えた多様な形態の相互協力があり，それが社会政策の効率を高めています。この背景には，北米地域で，ソーシャル・アントレプレナーシップが生まれ，成長した歴史的経緯があります。たとえば，アメリカでは，18世紀の終わり頃に，非営利組織の営利・収益活動が正当化され，一般的に認知されるようになったといわれます。非営利組織として代表的な宗教団体や地域団体が，地域におけるバザーなどで手作り物品を販売し，収益を上げることで，寄付金を賄っていました。また，1960年代には，アメリカ政府は，貧困問題の解決や教育，健康，環境，芸術の分野に投資を行いました。その投資資金をもとに新たな非営利活動法人が数多く生まれたといいます。しかしながら，1970年代に入ると，経済の低迷とともに政府の予算は削減されました。その結果，非営利活動法人は，補助金やその他の寄付以外の収益源を見つけなければならなくなったのです。そして同時に，収益を生みだす活動が積極的に展開されるようになります。

また，カナダでは，第二次大戦と共に導入された福祉国家政策がソーシャル・アントレプレナーシップ発達のきっかけとなったといわれます。カナダの多くの地域では，地域の人びとが，コミュニティ所有のビジネス・企業を立ち上げ，コミュニティ・センターやコミュニティ・パークをつくり，そこで，音楽祭などのイベントを開催したり，地域で生産された農産物を販売したりしています。

まとめ

- GEM（2009）によると，ソーシャル・アントレプレナーシップの形態は①伝統的なボランタリーな非営利組織・NPO・NGO，②非営利型社会的企業（ソーシャル・エンタープライズ）・事業型NPO・NGO，③ハイブリッド・ソーシャル・エンタープライズ，④営利型ソーシャル・エンタープライズの4つです
- ムハマド・ユヌス氏はソーシャル・ビジネスという概念を提唱しています

演習・課題

- ソーシャル・アントレプレナーシップの事例を探してみよう
- 見つけた事例の事業内容やビジネスモデル，収益構造などを詳細に調べ，どのような社会課題の解決につながっているかを整理しよう

第17章 ソーシャルインパクト評価

✓事業評価において，重要な視点は何か？
✓社会的投資収益率（SROI）分析とは何か？
✓SROI分析のプロセスを学ぼう

1 事業評価の視点と手法 —— 採算性分析と費用便益分析

本章では，社会的課題を解決する事業をどのように評価すべきかという点について話を進めていきたいと思います。まず，事業評価の視点と手法について整理しましょう。特に，**採算性**と**社会的便益性**に着目します。

事業の評価は，事業の投資効率性や波及的影響，実施環境といった多様な視点から総合的に行うべきものであり，その中で，ある事業がその投資に見合った成果を得られるものであるかどうかを確認することが重要です。

事業評価にあたっては，事業の投資効率性を評価し，その結果を事業採択時の判断材料の１つとして活用します。その際，投資効率性について，第３部でも見た純現在価値（NPV）と内部収益率（IRR），そして，**費用便益比**（CBR：Cost Benefit Ratio），の３指標がよく使用されます。

まず，純現在価値は，各期の便益（B）から費用（C）を差し引いた額の割引後の合計です。ここで，割引とは，割引率を用いて，ある時点での価値を，基準時点の価値で評価することをいいます。通常，事業の費用や便益の発生は数年から数十年にわたり，ある時点で支払う（または，得られる）経済的価値は，その数年から数十年後に支払う（または，得られる）経済的価値より大きいと考えられるため，割引率を設定して，その経済的価値を基準年に合わせる操作を行うのです。

次に，内部収益率ですが，上記の２指標のような割引率を用いない指標として知られています。割引率を用いる際，最も重要な視点として，割引率の値の設定があります。たとえば，国債の実質利回りを参考に４％を用いることがありますが，割引率の値の設定によって，純現在価値と費用便益比は大きく変わります。特に純現在価値は，その変化が著しいものとなります。そこで，内部収益率を求めることが重要になります。内部収益率は，各期の便益の割引後の値の総計が，各期の費用の割引後の値の総計と一致するような割引率を意味します。しかしながら，内部収益率は，その意味が直感的にはわかりにくいうえに，その値から事業の妥当性を検討するためには，比較の基準として用いる何らかの割引率が事後的には必要となるでしょう。

最後に，費用便益比についてです。公共事業の評価では，よくこの費用便益比が用いられます。これは，事業に要した費用の総計に対する事業から発生した便益の総計の比率であり，その値が１以上であれば，総便益が総費用より大きいことから，その事業は妥当なものとして考えられます。

ところで，事業の費用と便益の比較を行う場合，費用と便益の範囲をどこまで考えるかによって，いくつかの段階が考えられます。これを事業の採算性と社会的便益性という２つの視点から考えてみましょう。ここでは，事業評価における，採算性と社会的便益性の２つに対応して，採算性分析と費用便益分析の２つを考えてみます。

まず，一般的なプロジェクト分析として行われているのが，事業として採算がとれるかどうかを判断する採算性分析です。費用，収入とも実際の市場価格をもとに計算し，事業主体の収支を求めるもので，プロジェクトに関する企業の投資判断や銀行の融資判断等に利用されています。

次に，費用と便益の範囲を，事業者のみではなく，社会全体に拡大したのが，費用便益分析と言えます。評価の尺度として潜在価格を想定し，市場価格に修正して評価を行う手法で，公共投資プロジェクトの分析で注目されています。具体的には，たとえば国道バイパスの建設による時間短縮を便益と考え，時間当たり賃金等を基準に金銭化して積算し，建設費と比較するというものです。公共事業の多くが，無償の便益を発生させており，費用便益分析の対象となり得ます。

2 社会的投資収益率（SROI）分析とは何か

前節では，採算性と社会的便益性という２つの視点から事業を運営することの重要性を見てきました。ここからは，社会的便益と事業への投資との関係について詳細にみていくこととします。そこで，大事なキーワードは，**社会的投資収益率**です。

社会的投資収益率（SROI：Social Return on Investment）とは，米国のロバーツ財団（Roberts Enterprise Development Fund 1996）により開発された手法で，財務会計における **ROI**（Return on Investment）と**費用便益分析**の考え方をベースとした手法です。具体的には，資金やリソースが投じられた**社会活動・事業が生んだ社会的インパクトを貨幣価値に換算**し，費用対便益を定量的に評価するものと言えます。定量的に評価することが重要とはいえ，貨幣価値に換算できない社会的インパクトや価値もあるため，SROI分析レポートでは，貨幣価値換算した結果のみならず，貨幣価値に換算できなかった定性的な成果も記述します。SROIで重要なのは，金額に換算された価額ではなく，価値そのものであり，金額は価値を伝えるための共通単位であるという位置付けです。

SROIの実用にあたっては，2007年より英国内閣府やスコットランド政府が，SROIの活用を目指すSROIネットワーク等の組織と共同で手法の標準化を進め，2009年にはガイドラインを共同発行しています（UK Cabinet Office 2009）。日本においても，特定非営利活動法人SROIネットワークジャパンなどが中心となり，SROIに関するセミナーやコンサルティングサービスの提供をしており，企業や非営利セクター，財団の事業評価などを中心にSROIの活用事例が増えています。

SROIの機能には，マネジメントツールとしての機能とコミュニケーションツールとしての機能，そして説明ツールとしての機能があります。

マネジメントツールとして活用する場合，SROIでは取組みがどのような社会的価値をもたらすのかを把握できる点が大きな特徴です。また，コミュニケーションツールとしての機能とは，SROIの評価過程において，関係者間で取組みがもたらす社会的価値についての合意形成が図られ，取組みが価値を生むプロセスについて理解が深まるところにあります。さらに，説明ツールとして，予算や寄附・投資などの資金調達につながったり，組織への注目度や信用力が高まったりすることが挙げられます。

SROI分析では，大まかに，**ステークホルダー⇒インプット⇒アウトプット⇒アウトカム⇒インパクト**の順にみていきます。このSROI分析の流れに沿って詳細な内容を示したものが表であり，大きく4つのステージに分かれます（図表17-1）。

図表17-1　SROI分析の内容

ステージ1	ステークホルダー 関係者		誰に対して影響があるか
	変化		どのような変化が生じたか（想定内，想定外含む）
ステージ2	インプット（資源）	投資内容	どのような資源を投入したか
		金額	いくら投入したか
	アウトプット（活動）		どのような活動が生じたか
	アウトカム（成果）	概要	どのような変化が生じたか
		指標	どの指標を用いて計測するか
ステージ3		入手	どのように指標を入手するか
		変化量	指標がどの程度変化したか
		期間	どの程度の期間，変化が続いたか
		財務プロキシ	どのような代理指標で変化を金銭換算できるか
		変化価値	変化1単位当たりいくらに換算できるか
		出所	どのように情報を入手するか
ステージ4	インパクト	死荷重	当該事業がなかった場合においても生じた変化の割合
		寄与率	事業の実施がどれだけ寄与をしているかの割合
		逓減率	アウトカムは今後どの程度減少するか
		金額	変化量×単位価値に対し，機会損失比，他社への帰属比率，割引率を考慮した結果
	SROIの算出		割引率

出所：UK Cabinet Office（2009）（英国内閣府（2012））をもとに作成

まずステージ1では，分析範囲と主たる関係者（ステークホルダー）を特定します。その際，SROI分析を通じて何を達成したいのか，その分析結果を誰に向けて示し，何に活用するのかについてもあわせて整理しておく必要があります。

そして，ステージ2では，関係者ごとのインプット，アウトプット，アウトカムを特定します。しかし，特にアウトカムについては，当事者間で見解が異なることも多く，各関係者とともに，分析の進め方や内容について議論しながら，関係者を巻き込んでいくことが重要になります。

ステージ2で整理したアウトカムについて，それらを測るための指標の設定，データの収集，そして実際の価値評価を，ステージ3では実施します。指標の選定や関連するデータの収集方法については，関係者の協力が必要不可欠ですので，このステージでも関係者との議論や調整が重要です。アウトカムに関するデータを収集した後，実際に金銭価値換算するための財務プロキシ（代理指標）を設定し，実際に金額に定量換算します。代理指標の設定は難しいところですが，その際，環境経済学等の分野でよく使われる仮想評価法の手法が有効的です。仮想評価法とは，ある特定の条件における，関係者の支払意思額や受入代償額をアンケート調査などで尋ね，金銭評価する方法です。たとえば，環境を守るために支払っても構わない金額を尋ねることによって，環境の持っている価値を金額として評価します。

そして，ステージ4では，インパクトおよびSROIを算出します。インパクト評価では，事業活動による真のインパクトを把握するため，死荷重，寄与率，逓減率の3つの点から事業活動以外の外部要因を差し引くことが重要になります。これらについても，関係者へのヒアリングやアンケート調査で把握します。インパクト評価ができれば，インプットの額，つまり投入費用で割ってSROI値を算出します（**SROI＝金銭価値に換算した社会的価値の総計÷投入費用**）。この際，評価対象期間は，活動の成果の持続期間によりますが，それが複数年にまたがる評価や将来予測をする場合は，現在価値への割引計算や投資回収期間の計算をします。

SROI分析が終わると，その結果をレポートとしてまとめ，それを関係者と共有し，活用することが最も重要です。この分析結果を活用して，取組みの改善につなげることがSROI分析の最も有意義な点であると言っても過言ではありません。また，SROI分析の結果に関するレポートでは，金銭価値に換算できなかった，もしくは換算しなかったアウトカムについても言及する必要があり，その点も取組み改善の議論に取り入れることが重要になります。

3 SROI分析の具体例

ここでは，具体的なSROIの分析事例を見てみましょう（図表17-2，図表17-3）。SROI分析で先進的なイギリスの事例とその結果を取り上げます。これから紹介する事例は，独立コンサルタントであるCenten（2016）によって分析・評価され，そのレポートは当該事業のウェブサイトにも掲載されています。まず，どのような事例かということですが，イギリスのリーズにある教会におけるカフェ事業です。そのカフェは，通常のカフェとは違い，リアル・ジャンクフード・プロジェクトという，食べ物の無駄を減らし，空腹の人々を救い，コミュニティを築くことを目的としたカフェ・ネットワークの取組みのうちの1つとなっています。リアル・ジャンクフード・プロジェクトは，スーパーマーケットやレストランなどで廃棄され，無駄になる食料品を有効活用し，健康的で栄養価の高い食品に変える事業です。

そして，このカフェでは，カフェのサービスレベルを維持するために必要な，牛乳などの生鮮品の購入を除いて，少なくとも92%の廃棄予定の食料品を使用するものとしています。カフェは，ほぼすべて寄付金で運営されており，2014年から毎週火曜日と金曜日の午前10時から午後4時まで開かれています。また，2016年からは，木曜日に温かい朝食も提供しています。さらに，カフェでは，月平均1回のイベントにケータリングを提供しており，電話やWi-Fiアクセス，持ち帰り用食事の提供サービスなどその他の補助的なサービスも提供しています。また，カフェはボランティアベースで運営されており，登録された約50人のボランティアのうち常時20人のボランティアと1人のマネージャーが運営に携わっています。最小限の運営費で費用対効果の非常に高いサービスを提供することができます。しかし，日本でボランティアというと無償ボランティアを想像するかもしれませんが，ここでは，月額200ポンドの給料を受け取ります。

図表17-2 ｜ 事例事業のSROI分析における関係者とインプット

ステークホルダー		変化 （どのような変化があると考えられるか）	測定に入れるかどうか	インプット	
関係者	総数			投資内容	金額
顧客	763	カフェを訪れ栄養価の高い食事をする	○主要なサービス受益者	寄付	￡6,420.74 （約102万円）
		栄養価の高い食事を楽しむ			
		カフェで過ごす時間が増える			
ボランティア	20	栄養価の高い食事を準備する	○主要なサービス提供者	時間	￡22,596 （約359万円）
		必要な事務作業をこなす			
		スキルが身につく			
		積極的な貢献によりポジティブな感情が生まれる			
		友人ができる			
食品提供者	61	廃棄物になる予定だった食品を寄付する	○主要なサービス提供者	時間	￡0（0円）
		廃棄物量の削減			
教会	1	場所や資源を提供する	○主要なサービス提供者	場所代 電気ガス代	￡5,265.24 （約84万円） ￡1,785 （約28万円）
		協力の機会を促し地域のネットワークづくりにつながる			
環境	—	廃棄物が減る	○主たる事業目的	—	—
		廃棄物処理にかかる環境負荷が減る			
自治体	—	ポジティブで健康的な地域づくりにつながる	×顧客の便益に含まれるため除外		—
地域企業	—	カフェに行く客が増えることで顧客が減る	×カフェの営業時間は限られており，影響は限定的	—	—
地域コミュニティ	—	地域に対するポジティブな感情が醸成される	×変化は定量的でない	—	—
インプットの合計額					￡36,066.98 （約573万円）

注：換算レート　￡1＝158.87円（2016年5月時点）
出所：Centen（2016）をもとに作成

SROI分析で対象とした1年間（2015年1月1日から2015年12月31日）のカフェ運営では，3,662回の食事を提供し，1日の平均数は36，年間の顧客数は763でした。

図表17-2は，この事例事業のSROI分析における関係者とインプットを示しています。この評価には，顧客，ボランティア，食品提供者，教会，環境が最終的な利害関係者とされました。そのほか，自治体，地域，コミュニティも検討対象となりましたが，最終的にはSROI分析の定量評価からは除外されました。関係者はSROI分析の原則に従って，インプットやアウトプット，アウトカムなどを議論，確認し，事前および事後調査を通じて，評価全体を通してこの分析に関与しました。インプットに関しては，生活賃金などの投入などを考慮に入れ，定量的な金銭換算をした結果，年間を通じたカフェへの投資総額は36,066.98ポンド（約573万円）となることがわかりました。

図表17-3は，SROI分析におけるアウトプット・アウトカム・インパクトの結果を示しています。営業年度の間に，カフェは，8万6,000トン分の廃棄予定の食品を，700人以上の人々に，3,662食の準備に使用し，推定21トンのCO_2を節約しました。廃棄予定の食品は，標準的なゴミ箱144個分におよび，およそ54世帯分の家庭の食料廃棄物処理費用2万5,396ポンド（約403万円）の節約に相当します。

分析の結果は，カフェが生み出した変化と価値についての定量的な証拠となります。顧客とボランティアに関しては，多岐にわたるプラスの結果であることを示し，環境への影響は比較的小さかったものの，コミュニティと社会の結果に関しても高い社会的価値のリターンを生み出したことがわかります。カフェは，食事の提供のみならず，食料廃棄物の量と問題に対する意識を高めることを通しても大きな影響を与えています。たとえば，2人に1人の顧客が，カフェに来た結果として自宅における食品の無駄が少なくなったと報告しています。最終的なSROI値は，インパクトの合計額である57万4,514.41ポンド（約9,127万円）を，カフェへの投資総額3万6,066.98ポンド（約573万円）で割ったものであり，その結果，15.93となりました。つまり，カフェは，1ポンドのインプットにつき，およそ16ポンドの社会的および環境的価値を生み出したこと意味しています。

図表17-3 事例事業のSROI分析における

ステークホルダー	アウトプット（活動）	アウトカム（成果）		
関係者	活動指標・数	概要	指標	変化量
顧客	提供された食事数（3,662） サービスを受けた顧客総数（763人）	社会活動と孤独を感じなくなる時間	社会活動による変化の程度	0.21
		感情コントロール能力の向上	感情コントロールにおける変化の程度	0.16
		地域への所属および貢献意識の向上	地域への所属および貢献意識の変化の程度	0.33
		毎週の買い物に使える家計の増加	毎週の買い物に使える家計の変化の程度	0.18
		健康な食事をする（栄養）	毎週，健康的な食事をとることに対する変化の程度	0.13
		規則正しい食事（カロリー）	食事を省くことに対する変化の程度	0.18
		食品廃棄に対する意識の向上	個人的に食品廃棄を減らすことにおける変化の程度	0.18
ボランティア	ボランティアの数（20人） 食品管理者（1人）	他人を助けることによる満足感	行動に対する価値や意義の感じ方の変化の程度	0.23
		自信の向上	成し遂げたことに対する自信の感情の変化の程度	0.23
		新しいスキルを学ぶ機会	新しいことを学ぶ機会に対する変化の程度	0.18
		スキルと経験の向上	職務スキルに関する変化の程度	0.28
		社会活動と孤独を感じなくなる時間	社会活動による変化の程度	0.13
		地域への所属および貢献意識の向上	地域への所属および貢献意識の変化の程度	0.68
		食品廃棄に対する意識の向上	個人的に食品廃棄を減らすことにおける変化の程度	0.15
食品提供者	廃棄されなかった食品量（8.64トン）	食品廃棄費用の削減	食品廃棄の削減量	8.64
教会	新たに生まれたパートナーシップ数（9）	地域パートナーシップの向上	地域パートナーシップの開始・継続理数	9.00
環境	1トン当たりの食品廃棄削減によるCO_2削減量（21.002）	食品廃棄に伴うCO_2の排出削減	CO_2の排出削減量	21.00
インパクトの合計額				

注：換算レート　£1＝158.87円（2016年5月時点）
出所：Centen（2016）をもとに作成

アウトプット・アウトカム・インパクト

		インパクト			
財務プロキシ（代理指標）	変化価値	死荷重	寄与率	逓減率	金額
1年当たり，1人当たりのビフレンディング事業（代理事業）の価値	£346.97（約5.5万円）	0.05	0.9	0	£48,300.89（約767万円）
抑うつの再発防止の認知療法	£171（約2.7万円）	0.05	0.9	0	£17,564.09（約279万円）
1年当たり，1人当たりの地域生活質指標	£1,140.42（約18万円）	0.05	0.9	0	£248,055.04（約3,940万円）
支払われた食事の価値から寄付の平均価格を差し引いたもの	£3.46（約550円）	0.05	0.9	0	£1,904.31（約30万円）
健康的な食事コースの値段	£232.59（約3.7万円）	0.05	0.9	0	£20,431.03（約325万円）
1人当たりの栄養失調患者に対する追加治療費	£1,099.37（約17万円）	0.05	0.9	0	£131,059.53（約2,082万円）
1年当たり，1人当たりの家庭食品廃棄物の費用	£213.03（約3.4万円）	0.05	0.9	0	£25,396.01（約403万円）
自己啓発コースの費用	£682.27（約11万円）	0.25	0.9	0	£2,072.40（約33万円）
自信を身に着けるための費用	£494.71（約7.9万円）	0.25	0.9	0	£1,502.68（約24万円）
学習アクセスの価値	£527.68（約8.4万円）	0.25	0.9	0	£1,246.64（約20万円）
就労訓練を受ける価値	£1582.51（約25万円）	0.25	0.9	0	£5,875.07（約93万円）
1年当たり，1人当たりのビフレンディング事業（代理事業）の価値	£346.97（約5.5万円）	0.05	0.9	0	£741.65（約12万円）
1年当たり，1人当たりの地域生活質指標	£1140.42（約18万円）	0.05	0.9	0	£13,163.3（約209万円）
1年当たり，1人当たりの家庭食品廃棄物の費用	£213.03（約3.4万円）	0.05	0.9	0	£546.42（約8.7万円）
1トン当たりの廃棄物処理費用	£48（約0.8万円）	0.05	0.92	0	£362.58（約5.8万円）
労働時間の節約価値	£9,382.64（約149万円）	0.05	0.7	0	£56,155.1（約892万円）
CO_2排出量の価値	£7.5（0.1万円）	0.05	0.92	0	£137.67（約2.2万円）
					£574,514.41（約9,127万円）

まとめ

- 社会的課題を解決する事業を評価する際，採算性と社会的便益性に着目します
- 社会的投資収益率（SROI：Social Return on Investment）とは，資金やリソースが投じられた社会活動・事業が生んだ社会的インパクトを貨幣価値に換算し，費用対便益を定量的に評価するものです
- SROI分析では，大まかに，ステークホルダー ⇒ インプット ⇒ アウトプット ⇒ アウトカム ⇒ インパクトの順にみていきます。
- インパクト評価ができれば，インプットの額，つまり投入費用で割ってSROI値を算出します（SROI ＝ 金銭価値に換算した社会的価値の総計 ÷ 投入費用）

演習・課題

- 評価対象とする社会的課題解決事業を探し，SROI分析によりその事業の評価をしよう
- 事業評価ができた場合は，その結果から何が言えるか，また，事業評価ができなかった場合は，できなかった理由や必要なデータは何かを考えよう

第５部

起業を目指し起業計画書を書いてみよう

第５部では，アントレプレナーシップの実践に向けた第一歩として，起業計画書を作成する意義とその方法について学びます。その際，大学生が作成した実際の起業計画の事例についても参考にみていきます。さらに，実際の起業のための助成金や補助金などの起業支援に関する情報や会社・法人設立のための基礎知識についても学びます。

第18章 事業化のためのアイデアはどのように出すか

✓どうすればアイデアを生み出すことができるか？
✓アイデアベースの思考法とは？
✓どのようなアイデアも事業化できるか？

1 日々の生活から事業化のアイデアを見つける

アイデアを出していくのにはいくつかの方法があります。まず手始めに，トレーニングとして身近なところから考えてみてください。たとえば，朝起きて時計を見ます。起きる時間であれば寝床から出て，顔を洗います。そのあと朝食を食べ，歯磨きなど身だしなみを整えます。身だしなみが終わり，少し時間があれば，テレビを見たり，読書などをして，その後，出勤・通学して職場や学校に行くことになります。午前中は働き，昼休みになると昼食を食べ，少し休憩して，午後の仕事にうつります。途中，休憩を挟み，夕方になると，仕事を終え，帰宅します。帰宅すれば夕食を食べ，入浴し，テレビや読書，家族と団らんして寝床につきます。多少の差こそあれ，多くの人がそんな毎日を繰り返しているのではないでしょうか。

それでは，次に，そのような毎日の生活でどのような製品やサービスを使っているかを考えてみてください。たとえば，朝起きてみる時計，顔や手を洗う石鹸や歯ブラシ，歯磨き粉。食事に使う食材や調理器具。毎日着る洋服。通勤・通学で利用する交通手段。本，テレビ，洗濯機，携帯電話。ざっとあげるだけでも本当に多くの製品やサービスに日々接していることがわかるかと思います。それでは，それらのどのような点に不便や不満を感じているでしょうか。目覚まし時計だけでは起きられない，朝食を作るのが面倒くさい，駅に行くまでに使う自転車を駐輪する場所がない，毎日着る洋服がない，選ぶのが面倒くさい，雨の日は洗濯できない，いや，そもそも洗濯が面倒くさい，などなど，あげればきりがありません。「こういうサービスやモノがあったらいいのにな」と，普段少しでも感じたことがあるのではないでしょうか。まず，そういったことに少し再注目してみましょう。これが，アイデアを出す第一歩です。

しかしながら，人間社会の歴史は長く，先人たちは，同じようなことを考え，それをさまざまなかたちで克服してきた経緯があります。それはつまり，すでに，似たような製品やサービス，事業が存在しているということです。

では，どうしたら良いでしょうか。先ほど自分が考えたことに関連する既存の製品やサービス，事業をもう一度見直してみてください。それらをじっくりと見て，「こうすればもっとよくなる」という思いが浮かぶでしょうか。もし，そのような思いが浮かべば，それが独自のアイデアとなるのです。

とはいえ，日々の生活から生まれるアイデアは，必ずしも不満や不便さからのみ生まれるものではありません。確かに，不満や不便さからアイデアは生まれやすいですが，ほかの感情からもアイデアは生まれるでしょう。たとえば，感動や感激。日常の生活における，ふとした喜びや嬉しかったこと，助かったと思うこと。それらがなぜ生まれたのか，その気持ちを持続させる方法や，ほかの人にも体験させる方法を考えることからもアイデアは生まれます。これは裏を返せば，日常では体験しにくい，出会いにくい特殊なシーンを演出したり，再現したりするアイデアとも言えるものです。

また，前述のように，日々の生活を基本としてアイデアを考える方法もあれば，日々の生活とは離れた，日常の変化やひいては社会変化を予測してアイデアを見つける方法もあります。つまりは日々の生活や世の中の先の先を追い，想像することで新しいアイデアを見つける方法です。まず極端な例で考えてみましょう。人類はあと数年で全員水中に移住しなければならないものとします。その時に必要なものは何でしょうか。人間が生きるために最低限必要なものは衣食住です。水中で着る洋服，水中で食べられる食事，水中で暮らすための家はどういうものでしょう。このことを考えることからもアイデアは生まれます。もしかしたら，たとえば，水着や水中で使う酸素ボンベなど，すでに存在するものも新しいアイデアの参考になるかもしれません。これは，社会の変化を予測・想像し，それに適応するために，新しいアイデアに到達するという発想法です。我々の住む世の中には，数多くの変化のタネが存在しています。その中から変化の先を考えていけば，それに伴ってアイデアを見つけていくことができます。その変化が現状の半歩先であれば，より現実性が増し，その変化に伴うアイデアもまた，より現実性をもつものとなるでしょう。これは，未来から現在にさかのぼって考える方法（**バックキャスティング**）だともいえます。たとえば，SDGsなど将来のあるべき姿や目標を基に，それ達成するための手段，ここでいえばビジネスを考えるのです。

反対に，現在から過去にさかのぼって，どのように社会は変わってきたか，その中でどのようなアイデアが生まれてきたのかを見ることにより，アイデアのもとを発見することもできます。たとえば，現在成功している事業を見て，それはなぜできたのか，なぜ起きたのかと要因を探ることにより，既存事業とは別の切り口を探していくことも可能です。アイデアがあるから社会が変化することもありうるし，社会の変化に伴い新しいアイデアが生まれることもあります。まだ見ぬ将来を想像したり，過去にタイムスリップしたりすることにより色々なアイデアに触れ，アイデアのタネを見つけてください。

そして，アイデアが少しでも生まれたら，次にすることはそれが**事業化**できるかどうかを考えることです。単なるアイデアを**事業化**できるアイデアにするには，もう少し別の視点を加えることが必要となります。すでにいくつかの事業や仕事を経験した人であれば，そのポイントは漠然と想像できるのではないでしょうか。それは，その人が持つ経験によるものです。これまでの経験や知識，各人が持つ技能や人脈を生かして，単なるアイデアを**事業化**という視点でとらえ直すことができます。その際，ある特定の分野の経験や知識，スキル，人脈を同じ分野で生かす方法がある一方で，それらを全く違う分野に持ち込む，もしくは応用することでさらに価値を高めることもできます。たとえば，異なる業種や業態同士を結び付けて新しい事業を考えることがその1つの方法です。ほかにも，既存商品やサービスの用途を，本来とは違う用途で使用したり，新しい価値観でそれらをとらえ直したりすることで新市場を考えることも可能です。

2 デザイン思考

デザイン思考は，問題解決志向の，実践的で創造的な思考方法の１つと言うことができます。ただし，現在の状況における，ある特定の問題を解決するというよりはむしろ，より良い将来の状況を目標に据えています。これはどういうことかというと，現在の状況について既知の側面だけでなく，将来にわたる未確定の側面も合わせて検討し，目標達成につながる手段を開拓していく姿勢です。これは，分析的な思考とは根本的に異なります。分析的な思考では，徹底的に，問題の原因や要素，変数を明らかにし，それを実証することに着眼点がありますが，一方で，デザイン思考は，あくまでアイデアの積み上げによるプロセスとなります。つまり，ある特定の問題の原因や要素を明らかにするというよりはむしろ，未確定なことも含めて問題解決のアイデアを出すという態度です。したがって，たとえば，アイデア出しのブレインストーミングの段階ではアイデアに制限を設けることはしません。

しかしながら，それだけでは，アイデアは発散していくだけですので，もう１つ重要な点は，それを収束させるということです。では，どのようにすればいいのでしょうか。**スタンフォード大学のd.school**によるデザイン思考のガイドブック（The Hasso Plattner Institute of Design at Stanford 2009）では，そのプロセスを**Empathize（共感）⇒ Define（問題定義）⇒ Ideate（創造）⇒ Prototype（プロトタイプ）⇒ Test（テスト）**としています。

デザイン思考は問題解決志向ですので，その問題をとらえなければいけません。１つ目の**共感**は，その第一歩になります。解決しようとしている問題は，通常，自分自身の問題ではなく，あるユーザーが抱える問題です。したがって，そのユーザーのためのデザインとなるためには，そのユーザーがどのような人で，何をしているか，何を考えているか，何を感じているか，何を言っているかということについて深く共感する必要があります。そして，そのためには，**共感マップ**（図表18-1）を利用し，意見を出しあうことが有効です。

次に，**問題定義**とは，共感して発見したユーザーの特徴をもとに，ユーザーのニーズに対して，具体的で意味のある着眼点を選び出す行為です。たとえば，

図表18-1 ┃ 共感マップ

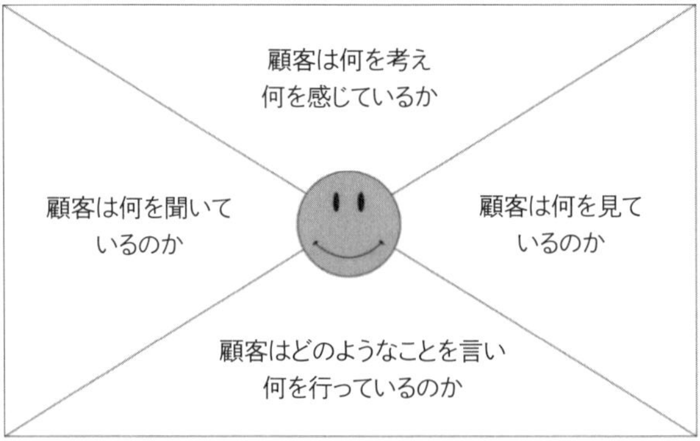

出所：The Hasso Plattner Institute of Design at Stanford（2009）（スタンフォード大学（2012）），Gamestormingウェブサイトをもとに作成

共感したことを基に，ある特定の仮想のユーザー・人を具体的に想定してみてください。その人の特徴や，日常生活，習慣などを考えます。これを**ペルソナ**といいますが，その人がどのようなことを問題としているか，大きなタスクは何かを具体的に考えます。そして，その大きなタスクをより小さく実行可能なものに分解していきます。そうするといくつか具体的な着眼点が見えてきて，問題が具体的に定義できるはずです。

着眼点を見つけ，問題を定義することができれば，次は，**創造**の段階に入り，解決策のアイデアを，幅広く，たくさん出します。たとえば，ブレインストーミングの方法は既述のとおりですが，このアイデア出しの際は，アイデアの評価は同時に行わないほうがより多くのアイデアを出すことができると言えるでしょう。そして，多くのアイデアから選択をしなくてはいけませんが，すぐにアイデアを狭めたり，実現可能性についてすぐに批判的に検証したりするのではなく，楽しいと思えるものや好奇心がそそられているアイデアにこだわることが重要です。なぜなら，この後，複数のアイデアを**プロトタイプ**で発展させる段階に入るのですが，それが魅力的であるかどうかがとても重要であるためです。

この辺りになると，特に分析思考に慣れている人にとっては，違和感があるかもしれません。それは，問題の原因や要素をきちんと明らかにするという作業と異なり，創造的なアイデアをベースとしているからです。アイデアはある意味では抽象的な実態のない概念ともいうことができます。したがって，そこで，重要なステップは，そのアイデアを物質世界に落としこむプロトタイプです。ここでいうプロトタイプとは，模型や試作品のみならず，ロールプレイングやストーリーボードなど，形をとるものすべてを含みます。

プロトタイプの後は，**テスト**です。プロトタイプのテストは，デザイン思考による解決策や，その実践場面を，多角的な視点から見ることで，未完成のプロトタイプをより洗練されたものにしていく段階であると言えます。ここで大事なことは，プロトタイプをユーザーに具体的に体験させ，その反応をみることにあります。

ここまで簡単に，デザイン思考について述べましたが，それでもやはりわかりにくい点はあるかもしれません。デザイン思考は，今やビジネスや製品開発に応用されており，その初期段階では，**ピーター・ロウ**（Peter Rowe）の『Design Thinking』という著書（Rowe 1987）もあるとおり，建築や都市計画の分野において着目された概念です。そこで，建築や都市計画，土木などの基礎教育を受けてきた筆者自身の経験や，周りの建築家の友人の仕事などを，最後に少しだけご紹介しましょう。少しでもデザイン思考の概念を理解することの助けになればと思います。

たとえば，建築家が実際に建築を設計するとき，もしくは，studioと呼ばれる学生の建築デザイン演習で，建築デザインをする際，まず，その建築がある将来の目標をベースに考えます。それは，「都市や地域を魅力的なものにする」，「利用する人が快適である」，あるいは，「利用したいと思える」，など複数あると思います。それは特定のある問題を解決するためのものではありません。その建築物をデザインする際，分析思考で，その周りの状況や環境，対象地域が抱えている問題を分析し，その原因や要因などを見つけることは，デザインのアイデアを考える際の役には立つかもしれませんが，当然それが，その目標の正解を導いてくれるわけではありません，

そして，建築家は，目標に向かって，実際にデザインを考えるのですが，そのアイデアは考える人によって千差万別ですし，唯一の正解はありません。しかし，最終的には，建築家自身，もしくは，関係者と共に，案をいくつかに絞

り，それを紙やコンピューター上に描いたり，スタイロフォーム模型をつくったりします。その数は，何十回，場合によっては，何百回にも及びますし，その都度，建築の形態のみならず，配置やバランス，サイズなどあらゆる要素を検討するのです。この時，デザインしている人は，あらかじめ最終的なものを決めているのではなく，そのような繰り返しの試行の中で限定され最終的な解答が見えてくるのです。そしてその時に最も重要なのは顧客の視点です。ビジネスアイデアや事業アイデアも，まさにこのような感覚で考えていくといいのではないかということをデザイン思考は示唆している，というのが筆者の個人的な理解です。

3 アイデアと事業機会 —— 起業する市場・分野・競合を探る

アイデアは事業・ビジネス機会の出発点ではありますが，すべてのアイデアが**事業機会**となるわけではありません。思いついたアイデアが事業機会となるには，アイデアを磨き上げ，コンセプトを固めるプロセスが必要不可欠です。そして，そのプロセスにおいて最も重要な要素が，**顧客としての視点**，つまり，**需要**があるかどうかという点です。つまり，新しいアイデアにより事業を立ち上げた際に，その事業が，重要な価値を創造し，顧客やユーザーに重要な価値を提供できるかどうかという視点が必要不可欠です。もっと言えば，必要不可欠というだけでなく，それをきちんと評価しなければいけないということです。その事業アイデアは，重要な問題を解決するものか，顧客が喜んでお金を払うといったニーズに合致したものか，それを見極める必要があります。前者に関しては，たとえば，顧客となりうる潜在的な人達に事業アイデアについて説明し，その反応を見たり，意見を持ったりということが必要ですが，事業アイデアのコンセプトがいまだ明確でないこの段階でそれを調査するには少しハードルが高いと考えられます。したがって，この段階では，外部環境を詳細に調べて分析することで，十分な需要やマーケットがあるかを客観的に見ていくことがまず大事だと思います。事業アイデアから事業機会に向けてのステップは図表18-2に示しているとおりです。

起業に関するアイデアや活動はゼロから1を生み出す活動と言えますが，そ

図表18-2　アイデアから事業機会の認識，計画策定へのステップ

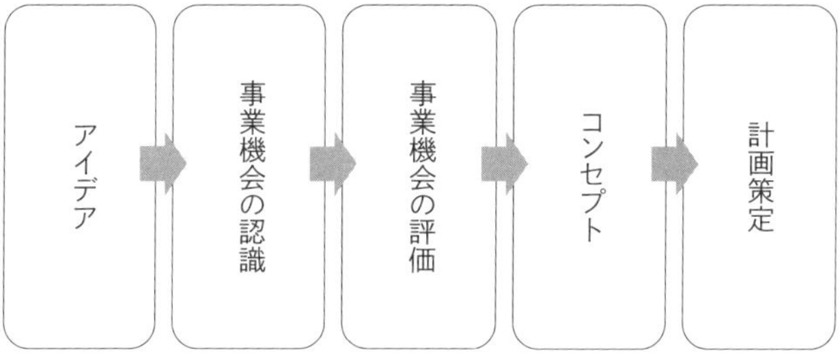

出所：総務省（2010）をもとに作成

の際に大切な要素となるのが**市場選び**です。既存企業や組織における新規事業の立ち上げと異なり，起業に際しては，個々人の得意不得意や既存のネットワークや資源の有無はあるかもしれませんが，特に制約もありませんので，好きな分野や業種で，好きな事業をすればよいのです。しかし，起業しただけでは意味がなく，成長することが重要なので，どんな市場や業種でも良いというわけではありません。成長性のある分野や業種かどうかを判断することが必要となります。

一方で忘れてはならない点として，では，成長が見込める分野や市場，もうけることができる可能性がある分野や市場であれば何でもいいかというとそうではなく，自分自身の関心や夢，達成したいことがある分野や市場を選ぶべきであると思います。もちろん，自分自身の思いとは別に，成長性のある分野や市場をいち早く見抜き，そこで，事業や起業を成功に導く，お金を稼ぐという賢い方法もあるでしょう。それが悪いことであるとは思いませんが，起業が個々人のキャリアや成長，夢や目的実現のための手段であって，目的ではなく，そこで，やりがいや生きがいを感じられるものがより良いと言えます。

良い市場や業種を選択したからといって，事業が成功するという保証にはなりませんが，どの市場や業種を選択するかによって，その後の事業の成長のスケールやスピードが大きく左右されるのは間違いありません。成長分野や業種で新たな事業を立ち上げ，起業することができれば，その成功の可能性は高くなります。

では，市場規模はどのように評価するのでしょうか。そこで，**TAM**，**SAM**，

SOMという3つのキーワードが参考になります。

まず，**TAM**とは，Total Addressable Marketの略で，**アクセス可能な最大市場規模**を意味します。これは，市場における製品・サービスの総需要を示しています。総需要といっても，たとえば，全く新しい製品・サービスであれば需要の特定は容易ではありません。しかし，その製品・サービスが提供する価値を求める潜在的な顧客や需要の総数は既存データを集めればおおむね把握することはできます。このTAMを明確に定量化することで，事業の長期的な潜在性や成長性を示すことができます。

次に**SAM**は，Serviceable Available Marketの略で，製品・サービスを提供できる**特定市場規模**を意味します。これは，TAMのうちの特定の顧客セグメントの需要を示すもので，その特定の顧客セグメントとは，まさに自社の製品・サービスがシェアの獲得を目指す目標市場のことです。TAMと合わせて考えることで，参入可能な市場や顧客の選別がより明確になります。TAMと後述するSOMの中間に位置する，中期的な目標市場でもあるので，具体的な定量化がより重要になりますが，その手法においては，TAMのようにマクロな視点から定量化する一方で，顧客の製品・サービスに対する支払意思額などミクロな視点からの重ねによる定量化との整合性を意識し，より現実的な数字を出す必要があります。

そして3つ目の**SOM**は，Serviceable Obtainable Marketの略語で，実際に**自社が取得できる市場**を意味します。SOMは短期的，具体的な売上げの目標であり，このSOMに実現性がなければ，当然，SAMやTAMも実現性のないものであると投資家は考えるでしょう。SOMでは，当然，具体的な顧客のペルソナやプロフィールと，製品・サービスに対する支払意思額や購入規模，製品・サービスがどれだけ売れるのか，その根拠は何か，などミクロな視点からの積み重ねが必要不可欠となります。

市場規模を考えた後は，その市場がどのような段階にあるものかを判断する必要があります。段階とは，つまり，誕生段階の市場か，成長段階の市場か，熟成期の市場か，衰退期の市場かといったことです。市場がどの段階かを見定めることは，市場における競合がどのくらいいるか，また，どのような事業運営をすべきかという判断材料ともなります。

たとえば，誕生段階の市場であれば，競合がほとんどいない代わりに，関連する消費者の商品・サービス認知度も低くなります。したがって，事業の実施にあたっては，広告や宣伝など認知度を上げる費用が高くなる傾向があると言えるでしょう。また，成長市場であれば，参入市場として魅力ある一方で，競合他社も多いと想定されます。競争が激しい市場で勝ち抜くためには，事業展開のスピードや競合他社との明確な差別化が必要不可欠です。。

繰り返しになりますが，創業間もない会社は，既存の大企業等と比べて資産がありません。大企業は新しい有望な市場を見つけると，莫大な資金を投資して，一気にその市場を獲得しようとすることも多いと言えます。ベンチャー企業がそのような大企業と真っ向勝負をしても勝つことは容易ではないため，起業間もないベンチャー企業ならではの特長をよく理解したうえでどのような市場を狙うかという判断が重要だと言えます。

どのような市場や分野を狙うべきか判断するためには，常に情報を集めておく必要があります。今はインターネットがあり，容易かつ安価で情報自体は集めることができます。最も良いのは英語で海外のビジネス情報にアクセスすることです。とはいえ，英語で情報にアクセスし，その情報が正しいかどうか判断するのは難しいかもしれませんので，まずは，日本語で，信頼できる書籍などでどのような市場や業界，会社があるか情報収集することから始めてみるといいかもしれません。

さまざまな情報をもとに，市場や業界の動向，競合となりうる企業の状況などを確認し，市場全体の段階はどうか，競合企業の商品・サービスの特徴や顧客の評価はどうか，自社の製品・サービスの優位性は何かなど比較することが重要です。

まとめ

- 日々の生活を振り返り，そこでの不満や不便なことから，それを解決するためのアイデアを考えることができます
- 問題解決志向の，実践的で創造的な思考方法の1つにデザイン思考があります。デザイン思考は，アイデアベースの思考法でもあります
- アイデアと事業は別です。事業化のためには，顧客や市場，事業機会といった要素が重要になります

演習・課題

- 日々の生活を振り返り，その場面で使う商品・サービスとその問題点，もしくはその場面における不満や不便なことをを考えよう
- 上記を解決するための，新商品やサービスのアイデアをたくさん考えよう。その際，既存の商品やサービスの組み合わせで新しい商品やサービスを考える方法でもかまいません
- 2のアイデアのうち，一番事業化できそうなものを，理由と共にあげましょう

第19章 起業計画書の意義と策定プロセス

✓起業計画書を策定する意義と役割は何か？
✓起業計画書で重要な要素は？
✓起業計画書で誰に何を伝えるのか？

1 起業に必要な動機とヒト・モノ・カネ・時間

本書では，**起業計画**と事業計画を分けて考えています。なぜなら，前述したとおり，事業計画は，必ずしも創業時である必要はありませんし，それゆえ，作成者は，創業者やアントレプレナーである必要はないからです。また，事業計画と単純にいう場合は，経営計画である必要はなく，期間が定められたプロジェクト事業でもかまいません。

起業は，個人，つまり，アントレプレナーにとって，人生の大きな転機となる出来事です。また，創業時に，会社の売却やM&A，IPOの目標時期を想定することはあっても，企業の終わりを想定することは，ほとんどないと言っても過言ではないでしょう。したがって，起業計画に込める思いや情熱は，事業計画と単純に同じであると言い切れない場合があると思います。ここからは，それを考慮に入れたうえで，起業とは何かということについて考え，起業計画の策定方法について見ていきます。

(1) 創業動機

まず，起業をすると決断するには，**動機**が必要です。なぜ起業するのか，起業して何をするのか，それはどうしたら実現できるのかといったことを考えなければなりません。これは，何も組織のことを考えるだけでなく，自分自身のことも考えなければいけません。つまり，起業計画においては，将来のあるべき姿・目標について，企業という組織だけでなく，自分自身の将来のあるべき姿と目標がうまくリンクするような動機が必要です。そして，企業という社会における組織の創業者となる以上，その起業・組織があることで，どのような社会の変革をもたらすか，人々の需要，もっと言えば，要望や希望を少しでも叶えることに貢献できるのかという視点も必要不可欠です。単純に，有名になりたいとか，お金持ちになりたいという動機だけで，もしくは，あるアイデアが思いついて，それがビジネスになりそうだという理由だけで，創業することが絶対に良くないとは言い切れませんが，創業動機には，**個人**，**組織**，**社会**の三要素をバランスよくきちんと意識しておくことが大切だと思います。

そして，それらのことに対して自分なりに納得したうえで，起業計画に取り組んでいくべきであると考えています。なぜなら，残念ながら，創業して大きな成功にたどり着くことができる企業は必ずしも多くありません。廃業したり，失敗したりする可能性も低くありません。しかし，経済発展を含めて社会全体をより良くしていくためには，起業家やベンチャー企業の存在は必要不可欠です。多くの人が創業に挑戦し，また，そのような人を応援する社会が必要です。したがって，そのような状況を理解したうえで，自分なりに，自分の創業動機は何のためなのかということをしっかりと認識しておかなければ，失敗したとき，そして，成功したときでさえ，自分自身を見失ってしまうことになりかねません。

ここで，自分個人や会社の創業動機については想像できても，創業動機において社会を考えるとはどういうことだろうか，となかなか想像がつきにくいかもしません。そこで，そのような人は次のことを考えてみればいいでしょう。まず，今，社会の問題であなたが解決したいと思うことは何か，これまでの経験や身の回りの出来事などから，何か解決したい問題はないか，この製品やサービスがあると，社会にとって今よりもっと良くなると思うか，誰かを助けたり，誰かが喜んだり幸せになったりするかということです。もちろん，それを前提としてのみ考える必要はありませんが，自分自身がやりたいことと，社会との関係をそのような視点で見直してみて，何らかのつながりや関係性を見出すことが大事です。そして，それは，創業する企業の経営理念やミッション・使命になります。

(2) ヒト・モノ・カネ・時間

起業する場合，新しく立ち上がる会社には信用もブランドもない場合がほとんどですし，一緒に活動に取り組む人材も多くはありません。そのため，まずはじめは，これまでの社会経験の中で培ってきた自分自身の信用やネットワークを最大限に活用するしかありません。人材で言えば，たとえば，友人や同僚，知人，親族，地域のサークルや団体など，身近なところから探してみるのが初めの一歩であると言えます。

もし，すでに明確な起業のための事業アイデアや製品アイデアなどがあれば，そのアイデアをなるべく多くの人に話し，伝える機会を自ら作っていく必要があります。共感してもらえる人が多いということは，事業を一緒にやる人の候補となることはさることながら，その事業や製品の具体的な顧客として考えることにもつながります。もちろん，事業メンバーや潜在的な顧客というだけでなく，将来の取引先などとして，さまざまなかたちで事業に関わってもらえる可能性が高い人たちといえます。起業するには，はじめは少人数かもしれませんが，より多くの人を巻き込んでいく力が必要不可欠です。

また，創業間もない会社にはモノ，資産も多くありません。それは，設備や不動産など有形資産のモノだけではなく，情報やノウハウのような資格や技術，知見，経験などの無形のモノも含まれます。自分自身もしくは会社にあるモノは何で，ないモノ，足りないモノは何か，そして，優先的に必要なモノは何かを整理して，冷静に強みと弱みを判断する必要があります。

そして，お金も重要です。これまで見てきたとおり，事業を実施する際にはさまざまな資金調達法がありますが，起業するにあたっては，まず考えるべきことは，自己資金です。起業の際に最低限必要な資金はいくらかということを考えるのみならず，自分自身，もしくは家族の生活のためにはどれくらいの収入が必要で，どのくらいの貯金・預金が必要か，食事や衣服，余暇や趣味のために必要なお金はどのくらいで，どの部分なら調整できて，起業の際の資金とするかなど，日々の生活やライフスタイルを振り返り，詳細なことまで考える必要があります。

さらに，お金と同様に，起業の際に，日々の生活やライフスタイルを振り返って考えるべきものは時間です。1人が1日に使える時間は24時間と限られいます。起業をする際には膨大な時間が必要です。すべてを1人でこなすことは到底できませんし，仕事に費やせる時間も限られています。起業や仕事だけに自分自身のすべての時間を捧げるという生き方も悪くはないかもしれませんが，起業はあくまでも自分自身の生きがい，生業，やりがいの1つの手段であるとするならば，時間をどのような活動にどのように分配するかという視点が重要になります。起業における仕事を仲間で分業して行うということもできるかもしれませんし，お金の配分を考えて外部に委託できるところは委託するということもできます。お金や時間はその配分，バランスをどうするかがポイントです。

2 起業計画書の意義と機能

(1) 起業計画書の意義

創業プランまたは起業計画書は，あくまで，創業時の，創業者の計画です。つまり，創業者が創業時に思い描くあるべき姿は，立ち上げた組織がその後どのような変遷をたどろうと，変わらない唯一のものだと言うことができます。

起業計画の策定は，まず，創業者の抱く夢・理想・アイデア等をもとにして，あるべき姿を明確にすることから始まります。そのあるべき姿は，起業計画の拠り所となるのです。しかし，あるべき姿を設定する上で重要なことは，その内容が，経営者となる創業者だけでなく，従業員までが共有することができ，実現可能である，もしくは，実現可能であると，従業員の皆が思えることです。したがって，抽象的なものであったり，理想的すぎるもの，実現性や具体性に欠けたものであったりするものでは意味がありません。また，逆にすぐに達成できるものや，控えめすぎるものも，適切ではありません。その意味で，起業計画を作成するだけでも，その作成者の力量が図れるということになるでしょう。いかにバランスのとれた，あるべき姿や目標を設定するかが重要です。

あるべき姿や目標を明確にし，それを他の人と共有する，また，それがどのくらい達成できたのかを後で評価するには，できるだけ定量的に表現できることが大事です。全部そのように定量的に示す必要はありませんが，すべて，定性的，概念的，理念的なものだけですと，やはり抽象的になる恐れがあります。

また，定性的に表現することは，必ず言語の課題にぶつかりますので，国際化していく社会の中において，定量的に表現することの明確さは，やはり長所と言えます。とはいえ，定量的なデータで示すことに違和感を持つ人や苦手な人，また，それでは，経営者としてのあるべき姿・目標への思いや熱意，情熱が伝わりづらいといったことも事実です。また，定量的な目標を具体的に提示してしまうと，時間の変化に伴って，その目標が具体的すぎるがゆえに，その時点での実情と適合しないということも起こりえます。したがって，そのことも考慮に入れると，最善なことは，目指すべき姿や目標を，定量的に必ずしも提示するのではなく，定量的なデータや数値にブレイクダウンできることを前提として，表現方法を定性的にすればよいのではないかと思います。たとえば，業界トップの売上高になる，生産性を向上させる，地域貢献をする，給与水準を上げるなどを目標として掲げつつ，それを，同時に具体的な数字で定量的に考えていけば，どうやってそれに達成するのか，どこまですればいいのか，どこまでできたかなど，行動や評価などすべてが具体的になっていきます。

(2) 起業計画書の機能

次に，起業計画書の機能について考えていきます。起業計画とは，現状からあるべき姿や目標に到達するための計画のことです。では，なぜ，このような起業計画を作成する必要があるのでしょうか。起業計画には3つの機能があります。1つは，**具現化機能**，2つ目は，**管理機能**，そして最後に**説明機能**です。

まず，**具現化機能**とは，これは，文字どおり，起業計画において，将来のあるべき姿や目標を具現化し，その目標に向かう現状からのプロセスや予定，行動などを具現化させていく機能を果たします。たとえば，起業計画が起業家により明示されていることで目標が共有され，メンバー全員で，組織的に目標達成に取り組みやすくなることを意味しますし，株主や顧客にとっても，金融機関などお金を融資したり資金提供したりする側にとっても，対象の企業，経営者が何を考えているのかを理解することができます。

次に，**管理機能**とは，起業計画の存在が，自らの行動を管理していくという機能を果たすということを示しています。つまり，起業計画の策定とは，組織で達成すべき目標を設定し，目標達成に向けた行動計画を策定することですので，実際の行動や活動と起業計画を比較することにより，起業計画の進捗管理を行うことができるのです。起業計画には実行管理の要素があり，起業計画があることで，実際の行動・活動の基準として，起業計画の進捗管理と対応策を立案することができるのです。起業計画がなければ，基準がないため対応策がわからず，場当たり的な対応とならざるを得ません。

最後の**説明機能**は，1つ目の具現化機能と密接に関連するものです。具現化機能のところですでに言及しましたが，起業計画は，資金を調達するための外部に対する明確な根拠となります。資金提供者にとっては，事業が成功するのかどうか，提供する資金に対してきちんとリターンが得られるかが，資金を提供する際の最大の判断材料となります。起業計画により，どのような活動・行動計画なのかということを，定性的なものだけでなく，財務状況など定量的に明確にされていれば，資金提供の有無について判断するための根拠となります。つまり，起業計画があることで，資金提供者の判断に対する説明根拠となるのです。金融機関等は，融資先企業に対して金融庁の「金融検査マニュアル」に基づいて，財務状況や経営成績に応じた債務者の格付けを行っています。創業間もない中小・ベンチャー企業であれば，もし起業計画に，将来における経営状況の好転が，論理的かつ定量的に明示され，その実現可能性が高いと判断されれば，その債権者の格付けが変わる可能性もあるのです。

3 起業計画書で重要な項目と策定プロセス

起業計画書は絶対にこれでないといけないという決まりはなく，たとえば，補助金や助成金を申請する際には，指定されたフォーマットに沿って起業計画書を策定することも多いのですが，おおむね起業計画書を作成する上で，重要な項目は同じと言えます。

(1) 事業背景と名称

まずは当然ですが，事業や製品・サービス，創業する企業の名前です。名前はあまり深く考えないことも少なくないですが，第一印象は何よりも名前です。簡潔かつ魅力的で，その名前を見ただけで，その事業や製品・サービス，企業が何をしているのか，何に価値を置いているのかすぐに伝われば，それは大きなメリットになります。また，名前だけでなく，理念や事業内容などを一言であらわすタイトルやキャッチフレーズがあればよりわかりやすいと思います。

(2) 事業内容

そして，次は事業内容です。どんな市場・ターゲットに対して，どんな製品・サービスを提供するのかを端的に説明します。その際，市場規模や成長性，競合相手についても統計データを活用して分析し，そのうえで，自社の競合優位性や差別化について言及します。まず，大まかな事業概要を明確にして，言葉や図で表現します。事業概要を実際に書いて表現するということが重要で，それまで漠然としていたものが，具体的に，明確になっていきます。このことは，自己マネジメントの章でも述べました。

(3) 提供する価値

さて，一定程度の事業概要と，将来の目標を定めたら，自分の提案する事業，つまり，提供するサービスや製品がどのような価値を提供するのか，本当にニーズに合致しているかを詳細に検証していきます。提供するサービスや製品がどのような価値を提供するかということが最も大事なポイントであることは，第２部においてもすでに言及したとおりです。事業概要を考える段階で，そこにはニーズがあるという確信があれば，そのことをきちんと他者にもわかるように定量的な手法も用いつつ整理していけばよいのですが，関連する現状を示すデータや情報をもとに，本当に自分が考えているとおりなのか，それを客観的に示し，他者を納得させることができるのか，という客観的な視点で見直していきます。

経営や起業には，分析や理論よりも直感や行動力が重要だと言われることがあります。一理ありますが，創業者，起業家，アントレプレナーは，組織のリーダーや経営者として，自分自身だけでなく，他者や他の組織，社会と先頭に立って向き合っていく必要がある以上，その直感や潜在意識を具体的・論理的に説明する必要があり，その直感や意識で活動をする状況の現状や変化については，具体的・論理的に説明できるスキルは身に付けておくべきでしょう。

つまり，直感や潜在意識を支え，解釈するための根拠を提示する能力です。

また，関連する競合他社を調べることは，自らの独自性を明確にするという点で重要です。創業するということは，簡単に言うと，これまでにはない，何か新しさを提示することです。もし既存の競合他社がすでに同じようなことをしているということがわかれば，自身の存在意義はなくなります。創業してしまった後にそのことに気が付いても後の祭り，その時は別の対応，計画が改めて必要になるので，事前に徹底的なリサーチをすることが必要不可欠と言えます。

(4) ビジネスモデル

そして，起業計画で特に意識すべきことは，それが創業という新しいことを始めるという特徴ゆえ，そのビジネスモデルを明確に示す必要があるということです。ビジネスモデルとは，お金を稼ぐ仕組みのことです。お金の循環を生み出す仕組みがなければ事業の継続はできませんので，どのようにしてお金を生み出すのか。またそれはなぜ実現できるのかを，他社の類似例や前例を調べつつ，図示するなどわかりやすいように表現する必要があります。

(5) 事業の将来目標

それが終わると，具体的に事業目標を作成します。まず，将来のあるべき姿や目標，つまり起業計画の最終目標を大枠で決めて，その中で，長期，中期，短期の視点でブレイクダウンしていきます。これは，通常の事業計画の時と全く同じです。具体的には，長期目標として，安定的な事業成長が達成できる時期を想定し，中期目標では，損益分岐点を達成する時期。売上げ目標などについても考慮し，最後に短期目標では，プロトタイプの商品・サービスを完成させる時期を決めるとよいと思います。また，提示するビジネスモデルが本当に機能するか，市場に本当にあるか，ニーズが存在しているかを検証する検証期間を設定することも有効です。この時，同時に，事業収入と支出の大まかな予測についても立てていきます。さらに，たとえば，支出額に関して言えば，家賃，光熱費，製造原価，仕入費，人件費，研究開発費，販売促進費，広告費，販売管理費，減価償却費など勘定項目に従って細かく予測しておくことが重要です。

(6) 行動計画

そして，それをもとに行動計画を立てることになります。その行動計画には，広報戦略やマーケティングプランも含まれます。新規の事業，製品，サービスもそうですが，創業時は，企業そのものの知名度は高くありません。どのように，企業，事業，製品，サービスの認知度を上げていくかという広報戦略や，どのターゲットに対象を絞るかなどのマーケティングプランも重要な要素だと言えます。

(7) 資金計画

最後に，すべての計画を見直して，必要な人材や資金を計算します。人材については，創業時は，組織と言えるほど多くの人を雇うことはまずありません。これまでの人脈の中で協力者を募れないか，その時の給与はどのくらいまでなら出せるかなどを考える必要があります。なお，資金計画においては，詳細な収支予測に加えて，資金繰り計画，資金調達案，返済や配当計画も提示しておく必要があります。資金計画を策定するためには，売上や費用，利益の予測が必要です。まずは売上の予測ですが，起業の場合は過去の実績がないため，予想になりますが，説得力のある数値でなければなりません。費用に関しては，直接にかかる売上原価と，売上が増えてもその増加割合に比例せず，どちらかというと定額でかかる，賃借料等の経費を予想して積み上げていく必要があります。

そして，それらをもとに，将来３～５年にわたる**予想損益計算書**も策定することが望ましいと言えます。まだ始まっていない事業について，遠い将来を詳細に見通すことなどは不可能ですので，せいぜい５年先までの予想損益計算書ができていれば十分だと思います。

(8) 実現可能性

ところで，具体的な数字を積み上げる場合，どのようにすればその値は現実性や実現性を帯び，信ぴょう性が高いものになるのでしょうか。大事なことは，仮定条件を明確に示すことです。わからないことばかりなので，わからないままにしておくというのではなく，わからないからこそ，もしある条件下であればどうなる，というように，条件を明確に提示し，その条件下での予想値を積み上げるのです。それをすることで，もし条件が変わればそれを修正したものを提示すればいいですし，もしその条件に納得のいかない人がいれば，具体的な代替条件を提示してもらえれば，未知のことに対してもより建設的な議論ができます。

そして，その仮定条件を考える時に，最も有効な手段は，試作品やプロトタイプの作成，実証実験やトライアルなど，一度，実際にやってみることです。たとえば，ある新製品・サービスを開発して，それを基に事業の立ち上げや起業を考えているとき，その製品・サービスがどれくらい売れて，どのくらいの売上げをあげるかよくわからないとします。ではどうすればいいかというと，何も試作品やサービスのない中で，既知の統計データから需要を考えたり，アンケート調査をして売上げを予測することも可能ですし，それも重要ですが，最も良いのは，実際に試作品を作成・販売したり，期間限定でサービスを提供してその結果を参考にすることです。そうすれば，予測とはいえ，現実性，信ぴょう性の高い情報となります。

また，さまざまな調査や，試作品およびプロトタイプの作成，実証実験やトライアルを実施することで，起業にあたっての課題や，今まで想定していなかった実際の起業の際に必要な事項も見えてきます。このような活動を，**フィージビリティ・スタディ**と呼びます。フィージビリティ・スタディとは，事前調査，**実現可能性調査**のことで，採算性調査や費用対効果調査なども含み，立案した計画が本当に実現可能かどうかを確認する作業です。起業計画書の作成と併せて必要不可欠な作業であると言えます。

4 起業計画書で何を伝えるのか

(1) 情熱・誠実さ・信頼性

起業するためには，組織を運営するための強い理念や思い，リーダーシップ，そして，将来性を十分に表現し，ほかの人にも納得してもらわなければ，その新しい組織にヒトもモノもカネも集まらないでしょう。起業しようとする人は，熱い想いと高い志が必要です。なぜなら，起業にはさまざまな困難や苦難が少なからず待ち受けています。そのような時に，すぐに逃げ出したり放り投げてしまったりする起業家であれば，組織を立ち上げ率いていく立場の人間としてはふさわしくありません。精神論のようですが，強い理念やミッション，そして，パッション・情熱がなければ，やはり，責任をもって組織を率いて，事業をやり抜く，やり続けることは不可能であると思います。そして，そうした姿勢を持つ起業家かどうかを，投資家は当然見ています。

そして，起業家が誠実である，信頼できる人間であるということも大変重要な要素です。起業計画書の判断を，それを策定した人の誠実さや信頼できるかどうかで判断するというと，元も子もない話のように聞こえるかもしれません。しかし，繰り返しになりますが，創業間もない会社は資産も信頼もあまりなく，これからひとつずつそれらを積み上げていく組織です。そうであれば，やはり，その組織を率いる起業家や創業者という人が信頼できるのか，誠実な人なのかどうかで判断し，投資家などや支援者は信じて協働するしかないと言えます。どんなに素晴らしいアイデアで，素晴らしい起業計画，創業計画であっても，それらはあくまで計画であって，実際に実行し実現させるのは，結局，起業家や組織です。

さて，そのようなパッションや情熱，誠実さや信頼性をどのようにみるかということですが，1つは，策定された起業計画書の中に見ることができます。起業計画書ですべてを判断することは難しいかもしれません，また，そのような起業計画書がなくてもうまく事業を立ち上げて実施することも可能かもしれません。しかし，他人に伝えるツールである起業計画書を，いかに緻密に，詳細に，わかりやすく策定しようとするかという姿勢や態度は策定者自身のパッションや情熱，誠実さや信頼性を見る1つの物差しになることは間違いないと言えます。

信頼性や実現性の高い起業計画書の策定において，最も重要で効果的なことは，ファクトとデータをもとに説明や予測，計画をすることです。もし根拠のない，いい加減なデータや数字でのみ計画を策定していたとしたら，その創業計画を，いかに情熱をもって説明されていたとしても，そこに信頼性も誠実さも感じられませんし，そのような起業家を投資家が信用することはないと思います。まだ現実では起こっていないこと，将来の予測や計画を，ファクトとデータをもとに，どこまでリアルに策定できるかが重要です。

(2) わかりやすく他人に伝える

起業計画書は，ただ書いて終わりというものではなく，その中身を他の人に伝えなければいけません。上記のとおり，起業計画書をいかに緻密に詳細に策定するかということは重要ですが，それと同時に，いかにわかりやすく他人に伝えることが重要です。たとえば，ピッチという言葉を，起業家や投資家の方はよく使います。ピッチとは自分の事業などを短時間で発表・プレゼンテーションするものです。このピッチとは，起業家やベンチャー企業が多い地域であるアメリカのシリコンバレーでよく使われるようになった言葉と言われています。もともとは，エレベーター・ピッチとよばれるもので，これは，もし起業家たちが，エレベーターの中で偶然投資家に出会った場合，エレベーター移動の短時間でいかに自分自身や事業の魅力を伝え，投資家の興味を得ることができるか，といったことが由来となっています。エレベーター移動の短時間でもし投資家に興味を持ってもらえれば，後の投資に繋がるかもしれないということです。

ピッチほど短い時間ではないにせよ，実際，他人に自分自身や事業の計画をプレゼンする際，ほとんどの場合は時間が限られています。その中で，いかにわかりやすく他人に伝えることができるのかというのが勝負になるのです。これは起業計画書のコンセプトと少し異なるところではありますが，どんな人でもわかりやすいように，緻密で詳細な起業計画書を，骨子は残しつつ，今度はいかにポイントを絞り，自分が最も伝えたいことに絞れるか，そして，それをどう表現するかという作業になります。プレゼンテーションには**KISS（Keep it Short and Simple）の法則**というものがあり，いかに短く端的にわかりやすく表現するかが重要です。

自分自身や事業の計画を発表する際，ピッチのように短時間で伝えたり，プレゼンテーションにおいても，5分くらいの短いものから，30分～1時間のように長いものまで，幅広くあります。そのため，1つの方法としては，自分の最も伝えたいことを「はじめに言う」という方法もあります。そして，そのあと，発表の時間の長さに合わせてどこまで詳細なことまで触れるかを決めればよいということです。起業計画書にすでに詳細に記載していれば，そのことを長い時間かけて発表するのはそんなに難しくありません。しかし，自分の思いが込められ，練りに練られたアイデアや計画の最も大切なことや要点を，短く，他人にわかりやすく説明するには，事前の準備と練習が必要です。

まとめ

- ビジョンの具現化，経営の管理，資金提供者への説明を実現するために起業計画の策定が必要となります
- 起業には動機や，ヒト・モノ・カネ・時間が必要不可欠であり，それを他社に伝えるツールが起業計画書です
- 投資家は，起業計画書や起業家自身を見て，投資の有無の判断をしますが，他人に伝えるツールである起業計画書を，いかに，緻密に，詳細に，わかりやすく策定しようとするかという姿勢や態度は，策定者自身のパッションや情熱，誠実さや信頼性を見る1つの物差しになります

演習・課題

- 自らのアイデアをもとに起業計画書を作成しよう

第20章 学生が策定した起業計画書の例を見てみよう

本章では，大学生（井下田淳さん）が作成した実際の起業計画の事例について参考にみていきます。なお，この起業計画は，本書で紹介したユヌス&ユー（YY）コンテストに応募，学生部門で優勝しました。また，この起業計画を策定した学生は，大学卒業後，副業可能なベンチャー企業に就職すると同時に，自分の夢・目標に向けて，この計画を基に実際に起業しました。以下に紹介する事業計画書の掲載にあたっては，策定者の許諾のもと，実際の計画書の一部を抜粋し，加筆・修正したものですが，図表および文章はすべて，当該大学生により策定されたものです。

フードロス削減の現状・課題から導く新たな事業「CAN食」

1．背景

本稿で考察する新しい事業は，社会問題を解決することを目的としながら，株式会社の設立により，営利法人として独立した継続性ある事業を前提とする。フードロスを削減するにあたっては，フードチェーンにおけるどの段階に焦点を当て，取り組むかという点が重要になってくる。

日本のフードロスを削減させる際に重要度の大きいものとしては，廃棄量が多い「食料製造業」「外食産業」「一般家庭」があげられる。ここで，事業者が原因である「食料製造業」と「外食産業」の再生利用等実施（リサイクル）率を比較すると，「食料製造業」が96%，「外食産業」が32%となっているため，事業者によるフードロスとして「外食産業」を対象にする事業モデルが日本のフードロス対策で最も早期に着手すべきと考えられる。「外食産業」におけるフードロス削減事業として現在主流であるフードシェアリング事業は外食産業の「仕込みすぎ」によるフードロスの削減を目的とする事業であるが，日本における外食産業のフードロスの原因で最も割合の高いものは「店舗利用者による食べ残し」であり，そこに焦点を当てた国内事業が未だないことから「外食産業」における「店舗利用者による食べ残し」を対象にしたフードロス削減事業を考察する。

「外食産業」における「店舗利用者による食べ残し」を対象にしたフードロス削減事業として，海外での事例やすでに取り組まれているフードロス削減のための活動を元に，食べ残しをしない消費者に対してインセンティブを与える事業について考察する。消費者に対してインセンティブを与えることにより，フードロスの削減を目指した活動としては，「No Food Wasted」「Froodly」「Wasteless」「EcoBuy」を含め，韓国の飲食店が行った，残さず食べた客に対し割引券を与える事業をあげることが出来る。

高・中所得国でのフードロスがフードチェーンの後期の段階に多く排出される理由の一つとして，食糧が豊富になっているが故に廃棄に対するモラルの低下や，廃棄をなくすように供給量を制限するのではなく，廃棄の量が増えても供給不足にならないようにする方が利益を得られるなどを挙げることが出来る。外食産業における利用客の食べ残しによるフードロスは，日本において事業者が原因であるとして推計されているが，その原因は飲食店利用者，すなわち，消費者にもある。

消費段階でのフードロス削減は，外食産業でのフードロス削減とともに消費者自身のフードロスの削減にも繋げることが可能になると考えられる。事業者である飲食店側においては，フードロスが削減することで廃棄コストの削減や社会的責任を果たすこと以上に，より多くの利益を出すことのできる事業である必要がある。そのため，消費者へのフードロス削減のインセンティブを集客に繋げるようにすることやそのインセンティブを与える条件を飲食店にとって有益なものにすることなどが挙げられる。

本稿では，飲食店利用者の飲食前後の写真とそれにまつわる情報にポイントを付与し，そのポイントを飲食店の割引券など様々なものへ変換することができ，また，飲食店側にはポイント変換による集客戦略と収集した利用者の飲食データを提供する事業をフードロス削減のための新たな事業として提案する。当事業は，本稿において，「Can食」と呼称することとする。

2. 事業名と事業内容

事業名は,「完食」という日本語に由来している。他国の言語において「卓上に置かれた食べ物を全て食べ切ること」を意味する言葉を一語で表現できるものは確認できなかったため,「もったいない」と同様に世界共通語として可能性があると考察できる。「完」をローマ字で「Can」と記載している理由は,英語のcan(できるを意味する単語)になることや食べ残しをなくす事業において「(まだ)食べることができる」という「Can＋食」との整合性を踏まえてのことである。

Can食は,飲食店,ユーザー,さまざまな企業,食支援先,Can食運営企業に関わる事業であり,アプリケーションを用いて飲食店企業・個人と飲食店利用者にサービスを提供する。Can食のビジネスモデルは図1および下記に示すとおりである。

① 利用者のCan食アプリケーション利用

② 利用者のポイント使用

利用者はスマートフォンにおいてCan食アプリケーションをインストールする。インストール後,利用者は会員登録をする。会員登録時に必要な情報は必須項目(名前,メールアドレス,パスワード,生年月日,性別)と任意項目(身長,体重)に分かれる。会員登録後,ログインすることでCan食サービスを享受することが可能になる。利用者は,外食時料理の食事前後の写真を撮影する。

綺麗に食べた場合は,食後写真の撮影後に,店名,料理名を記載し,運営に送信する。残してしまった場合は,店名,料理名の他に,なぜ食べ残しをしてしまったのかを選択し,運営に送信する。綺麗に食べたとして送信された写真は,運営の採点を受けた上で採点結果に伴ったポイントと交換される。食べ残しがあったとして送信された写真は,次回以降食べ残さないための参考になる情報の提供として綺麗に食べた場合よりも少ないポイントと交換される。利用者は貯まったポイントをクーポンやサービスの権利と交換する。

写真の撮影は,1日上限3回とし,専用カメラの機能として撮影日時が写真に追加され,写真の使い回しなどによる不正の対策をする。現在の採点基準は,現段階においては,完食率100%を「全ての皿に食べられるものがな

図表1 | Can食アプリの仮ロゴとビジネスモデル図

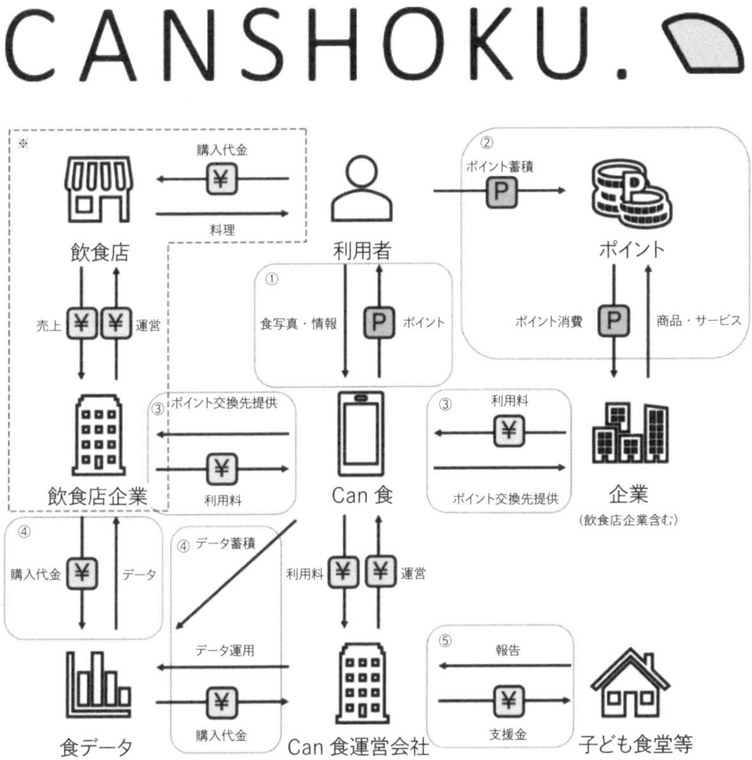

い状態（ラーメンなどについては，汁に具材がほとんど浮いていない状態）」，95％を「ほんの少しだけ可食物が残っている状態」，90％を「少しだけ可食部が残っている状態（完食の限度）」のように想定しているが，抽象的なため，多くの写真の採点を通して，より明確な基準を設定する必要がある。

食べ残しを選択制にした理由は，利用者の手間を極力減らすことを考慮したためである。選択肢は，「苦手なものがあった」「頼みすぎた」「量が多かった」「時間がなかった」「美味しくなかった」「その他」である。

ポイントの付与は，完食率100％を20ポイントとし，90％を10ポイントとする。食べ残しデータに伴うポイントは，一律８ポイントとする。上記のポ

図表2　モック画

（左から撮影，完食時，食べ残し，Point付与，Point交換，Point使用）

イント付与を元に交換時の必要ポイントを逆算する。

利用者が保有するポイントは，飲食店の割引券を初めとして，様々な商品やサービスに交換できるようにすることで，利用者にとってポイント獲得への動機付けをし，完食を促すことが可能になる。

③　ポイント交換先としての協力企業

企業にとっては，ポイントの交換先に自社の商品やサービスを提供することで集客戦略や販売促進として利用することが可能である。飲食店のサイドメニューをポイントの交換先とすることで来店を促すなどの戦略としての使用を想定している。

なお，ポイント交換先としての掲載には料金を取らずに成果報酬のみで収益をあげる。また，その他交換先として付属的サービスの利用なども想定している。

④　データの運用・販売

Can食の利用によって，どんな人がどんな時にどんなものをどのくらい食べる（残す）という情報を収集することが可能となり，そのデータを蓄積し，運用する。収集したデータは，食のマーケティングデータとして大手飲食店を初めとした食に関するマーケティングデータに需要を持つ対象に販売する。

⑤　食支援活動

Can食で得た収益の一部を貧困児童などへの食支援として取り組まれている子ども食堂の運営団体などに寄付をする。Can食においては，個々人が自分の許容量を認識した上で食べ物を残さないように注文する行動を重視しており，利用者ないしは多くの人々が残さないように注文するようになると，一時的に店舗や市場に食べ物が余ると考えることができる。そうした状況と食の不均衡という社会問題をつなぎ合わせて，利用者が食べ物を残さない行動をした結果，市場に余った食材を食料の足りていない人々に分配する手助けをすることを事業に組み込む。

3．市場分析

本稿ではフードロス削減事業に対する市場の状況を，政治的（P＝political），経済的（E＝economic），社会的（S＝social），技術的（T＝technological）の4つの要素に注目し，マクロ的にフードロス削減市場がどのような状況であるかを示していく。

①　政治的（P＝political）

国際的なフードロスへの法整備と比較して，日本の法律や税法は大きな動きはない。日本では食品リサイクル法を始めたとした「再生利用」中心の法整備がなされてきており，国際的な廃棄に関するヒエラルキーの考え方で最も優先されるべき「発生抑制」に対しての対応が遅れている。しかし，2018年6月，11月には「食品ロスの削減の推進に関する法律案」緊急院内集会が参議院議員会館で開催されており，骨子案が公開されていることから，日本においてフードロス削減の活動へ政治的追い風があることが推察される。

②　経済的（E＝economic）

日本経済団体連合会（2017）によると，マクロ経済での個人消費（実質GDPベース）の推移を見ると，2014年4月の消費税率引き上げ以降，力強い回復軌道には乗っていない。また，2019年10月には更なる消費税の引き上げがある。個人消費が減少すると食事に関する出費に関しても減少することが考えられる。そういった背景の中で，効率の良い食料の利用や効率を良くする消費者の行動に価値を与え，その分を割引などに変換できるため，追い風になると考えられる。また，個人消費の増加に伴い，食事に関する出費が増えた場合もターゲットとする外食産業への集客を増やすことで事業の拡大に生かすことができると考える。

③　社会的（S＝social）

ここで使用するデータは，著者が作成した調査票を基に，著者の所属する中村寛樹ゼミナール授業内にて，2018年11月15日～27日の期間に調査票配信・回収・集計したものである。配信数は66,636人，回収数は7,016人（回収率10.52％），有効サンプル数は5,000人となった。

本稿での調査（n=5,000）によると，フードロスという社会問題を知っているかという質問に対して，「詳しく知っている」と回答した人が4.8％，「知っている」と回答した人が23.5％，「少し知っている」と回答した人が16.7％，「聞いたことはある」と回答した人が22.4％，「知らない」と回答した人が32.6％となっている。

④　技術的（T＝technological）

この項目では，Can食において導入でき，フードロスの削減を促すことに繋がる技術について着目する。2018年現在において，最新技術として扱われる「IoT」や「AI」，「VR」，「AR」，「ブロックチェーン」について考察する。Can食における食前後写真とデータの扱いについて，AIによる画像診断機能を利用することで恣意性の介在しないデータを抽出することができるようになる。また，食べ残しの原因の1つでもある飲食店と消費者の情報の非対称性を解消するためにメニューのAR化の技術に関してもフードロス削減に大きな影響を与えると予想することができる。ポイント系ビジネスの観点からは，ブロックチェーンを用いた仮想通貨などによる価値提供が考えられ，そういった技術革新の流れをつかむことが事業の発展につながると考える。食器類IoT化により，重量やカロリーなどをデータ化できる可能性も技術的には十分あり得る。

4．需要

消費者の食べ残しの現状を把握する目的として前述のアンケート調査を行った，食べ物を残してしまうことがあるかという質問に対して，全体では「よくある」と回答した人が2.7％，「たまにある」と回答した人が22.9％，「どちらとも言えない」と回答した人が6.7％，「ほとんどない」と回答した人が50.5％，「全くない」と回答した人が17.2％となっている（図表3）。男性と女性を比較すると，女性の方が食べ残しの割合が多いということがわかる。また，年齢別で見ると，15～39歳と70代が他の年齢と比較して食べ残しの割合が高い（図表３）。

また，飲食店にて，完食をしたら次回安くなるクーポンをもらえるとしたら，進んで完食すると思うかという質問に対しては，全体で「思う」と回答した人が31.1%，「やや思う」と回答した人が23.8%，「どちらとも言えない」と回答した人が26.3%，「あまり思わない」と回答した人が9.5%，「思わない」と回答した人が9.3%となっている（図表４）。

年齢別にみると15～29歳の若年層で完食へのインセンティブで完食意識が高まると思っている人の割合が66.3%（「思う」43.9%＋「やや思う」22.4%）となっており，そこから年齢層が上がっていくについて減少している。70代の完食へのインセンティブで完食意識が高まると思っている人の割合は36.0%（「思う」15.7%+「やや思う」20.3%）となっている。

５．収益性

Can食の収益性を判断する上で，収益・費用の算定には目標値や概算が含まれることを前提とする。Can食における収支は，会社設立時から開発を始めたものとして計算し，設立から５年分の損益計算を算定することとする。

目標値に関しては，「利用者数」，「ポイント変換数」，「データ販売数」，「従業員数」で設定しており，緩やかな成長率で想定している。収益の計算

図表３　食べ物を残してしまうことがあるか（n=5,000）

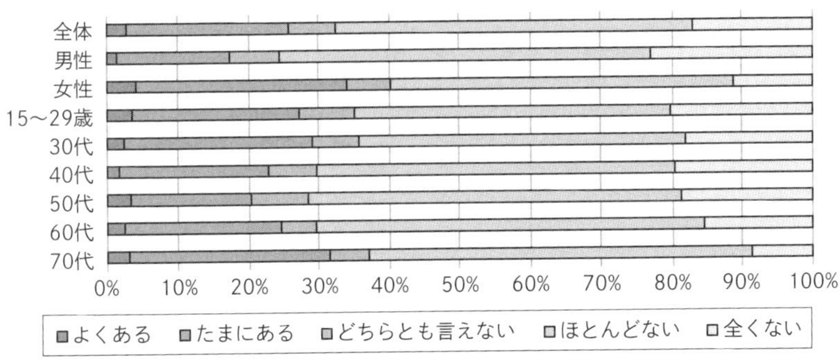

図表4　完食をしたら次回安くなるクーポンをもらえるとしたら完食すると思うか（n=5,000）

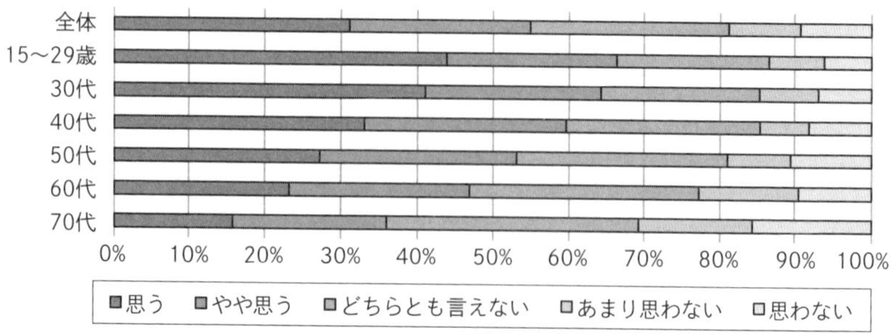

に関しては，現段階では根拠の少ない推定での計算でありポイント変換による成果報酬は「ポイント変換数」に100を乗じた価格としている。データ販売に関しては，データの母数が増加することがデータの価値に関わることから販売時までの利用数の総和に5を乗じた価格としている。

費用の計算に関しては，変動費と固定費に分かれている。変動費について，「交通費」とは，契約店企業や飲食店店舗への営業の際にかかる費用として働く従業員数に10,000を乗じた価格としており，「保守費」とは，アプリケーションに関する環境の保守やデータの管理に関する保守を想定している。アプリケーションでの売上と比例的に増減すると考え，変動費という分類にしているが，本稿での推計で用いた計算方式は売上と比例的になる手法ではない。固定費について，「家賃」は，1期目は自宅を事務所と仮定しているため，計上していない。従業員の増加に伴い，2期目の期首より1カ月150,000円の事務所に変更し，3期目の期首より1カ月1,000,000円の事務所に変更し，4期目の期首より1カ月2,000,000円の事務所に変更することとしている。「水道光熱費」に関しては，「家賃」や従業員数と比例するように増加させているが，目標値という側面が強い。「人件費」は従業員への給与であり，給与受給者と給与額を5段階に分け，その想定値を根拠に算定している。「登記費用」は，株式会社設立の登記に必要な金額として概算している。「インターネット関連費」は，期首にドメインとサーバーの年間レンタル料金を支払い，ポケットWi-Fiの利用料金を営業する従業員数分で計算してある。

それぞれの計算根拠としては，実際のドメインやサーバーの事業を行う企業が公開している額を元にしている。「PCリース費」は会社利用のためのノートPCをリースするための費用である。各段階で必要なノートPC台数の推定を元に実際の利用料を乗じて求めている。「広告宣伝費」は，Can食を認知させ，利用者や契約企業を増加させる目的でインターネット広告などに使用する費用である。媒体やリーチ数からの算定ではなく，目標値という意味合いでの算定である。「消耗品費」は，印刷用紙や筆記具などの消耗品費のための費用として，従業員の人数を考慮し，設定している。「福利厚生費」は，従業員の健康面や精神面などのサポート費用である。この項目に関しても，目標値としての上限額を設定している。「役員報酬」は，役員に対する報酬である。「アプリ開発費」はアプリケーションの維持や機能向上に関する研究開発費としての費用として計上している。多くは概算での算出であるが，収益の計算に関しては利用者の獲得により増加する計算方法であるため，Can食において，利用者の獲得が継続においてもっとも重要である。逆にいうと，利用者を獲得することができれば，高い営業利益を出すことができ，さまざまな領域へ投資できるとも考えられる。

6．社会への影響について

Can食によってもたらされるフードロスの削減効果としては，外食産業における食べ残しを原因とするものの量だけではなく，消費者の意思決定を変えることから，家庭でのフードロスの削減に対しても大きな影響を与えることが考えられる。日本のフードロスは農林水産省によると2016年において646万tとなっている。外食産業でのフードロスは全体の22%で，そのうちの58%が食べ残しであることから，フードロスの約12%を削減することが可能となる。

図表5 | 収支計画書

			1期				
			2019年				
			2月	3月	4月	5月	6月
売上高			0	0	0	0	0
経費	固定費	家賃	0	0	0	0	0
		水道光熱費	0	0	0	0	0
		人件費	0	0	0	0	0
		登記費用	250,000	0	0	0	0
		インターネット関連費	30,000	3,000	3,000	3,000	3,000
		PCリース費	9,000	9,000	9,000	9,000	9,000
		広告宣伝費	0	0	0	0	0
		消耗品費	2,000	2,000	2,000	2,000	2,000
		福利厚生費	0	0	0	0	0
		役員報酬	0	0	0	0	0
		アプリ開発費	100,000	100,000	100,000	100,000	100,000
		固定費計	391,000	114,000	114,000	114,000	114,000
	変動費	交通費	10,000	10,000	10,000	10,000	10,000
		保守費	0	0	0	0	0
		変動費計	10,000	10,000	10,000	10,000	10,000
	経費計		401,000	124,000	124,000	124,000	124,000
営業利益（控除・税引前）			-401,000	-124,000	-124,000	-124,000	-124,000
支援額			0	0	0	0	0
営業利益累計（控除・税引前）			-401,000	-525,000	-649,000	-773,000	-897,000

目標値	利用者数		0	0	0	0	0
	ポイント変換数		0	0	0	0	0
	データ販売数		0	0	0	0	0
想定値	有給社員（役員含む）		2	2	2	2	2
	ボランティア		2	2	2	2	2
	合計人数		**4**	**4**	**4**	**4**	**4**
従業員内訳	役員		4	4	4	4	4
	給与1	180,000	0	0	0	0	0
	給与2	220,000	0	0	0	0	0
	給与3	250,000	0	0	0	0	0
	給与4	300,000	0	0	0	0	0
	給与5	350,000	0	0	0	0	0

		1期	2期	3期	4期	5期
売上高		435,000	16,880,000	90,550,000	97,960,000	105,670,000
経費	**固定費**	2,121,000	22,276,000	80,759,000	86,837,000	92,915,000
	変動費	330,000	920,000	1,600,000	1,670,000	1,740,000
	経費計	2,451,000	23,196,000	82,359,000	88,507,000	94,655,000
営業利益（控除・税引前）		-2,016,000	-6,316,000	8,191,000	9,453,000	11,015,000
支援額		0	0	819,100	945,300	1,101,500
営業利益累計（控除・税引前）		-2,016,000	-8,435,200	-1,497,800	40,762,600	142,155,700

（1期目のみ掲載）

（単位：円）

アプリリリース予定						2020年
7月	8月	9月	10月	11月	12月	1月
15,000	30,000	45,000	60,000	75,000	90,000	120,000
0	0	0	0	0	0	0
0	0	0	0	0	0	0
0	0	0	0	0	0	
0	0		0	0	0	0
3,000	3,000	3,000	3,000	3,000	3,000	3,000
27,000	27,000	27,000	27,000	27,000	27,000	27,000
50,000	50,000	50,000	50,000	50,000	50,000	50,000
2,000	2,000	2,000	2,000	2,000	2,000	2,000
0	0	0	0	0	0	0
0	0	0	0	0	0	0
100,000	100,000	100,000	100,000	100,000	100,000	100,000
182,000	182,000	182,000	182,000	182,000	182,000	182,000
20,000	20,000	20,000	20,000	20,000	20,000	20,000
20,000	20,000	20,000	20,000	20,000	20,000	20,000
40,000	40,000	40,000	40,000	40,000	40,000	40,000
222,000	222,000	222,000	222,000	222,000	222,000	222,000
-207,000	-192,000	-177,000	-162,000	-147,000	-132,000	-102,000
0	0	0	0	0	0	0
-1,104,000	-1,296,000	-1,473,000	-1,635,000	-1,782,000	-1,914,000	-2,016,000

500	1,000	1,500	2,000	2,500	3,000	4,000
150	300	450	600	750	900	1,200
0	0	0	0	0	0	0
2	2	2	2	2	2	2
2	2	2	2	2	2	2
4	**4**	**4**	**4**	**4**	**4**	**4**
4	4	4	4	4	4	4
0	0	0	0	0	0	0
0	0	0	0	0	0	0
0	0	0	0	0	0	0
0	0	0	0	0	0	0
0	0	0	0	0	0	0

前提条件	
登記費用	250,000円
交通費（営業1人に対する額）	10,000円
サーバー年間費	24,000円
ドメイン年間費	3000円
Wi-Fi	3000円
PCリース（月額）	9000円
ポイント交換成果報酬単価	100円
データ販売価格（データ母数に乗じる）	5円
支援額（割引前利益に乗じる）	0.1％

第21章 起業のための資金調達

✓起業のための助成金や補助金，融資制度にはどのようなものがあるか？
✓助成金や補助金，融資制度に必要なものは何か？

1 知り合いからの資金援助や助成金・補助金

(1) 知り合いからの資金援助

金融機関などからの融資よりも家族や親戚，友人から資金援助や融資を受けらことはリスクが少なく，もし可能であればまず検討すべき資金調達方法であるといえます。しかしながら，家族や親戚，友人から融資を受ける際にはいくつか注意が必要です。まず，返済義務のない資金は，贈与であるとみなされて，税金がかかる一方で，返済義務のある資金は，たとえ家族からの資金提供であっても，自己資金には該当しません。また，家族や親戚，友人と近しい関係ゆえ，返済義務があるのかないのか，きちんと契約書などで明示しないことによりのちのち問題や争いごとにつながることもあります。そのためにも，きちんとした金銭消費貸借契約を結び，契約書を交わし，返済義務がある場合は，金利の有無などについても明示する必要があります。返済期間や返済方法などについても決めておくほうがいいでしょう。また，現金の授受だけだと，あとから金銭の授受を立証することが困難になる可能性が高いため，金銭の授受は現金ではなく，通帳に記録が残るよう，銀行口座に預け入れるか振り込みなどにしたほうが無難です。

(2) 助成金・補助金

また，助成金や補助金もあります。助成金・補助金は，金融機関からの融資と異なり，返済する必要はありません。また，そのお金は，会社の運転資金や，設備投資，借入金の返済など使途を限定されることはありませんが，国や自治体など，助成金や補助金を提供している行政組織の施策や予算次第で終わってしまう場合もあります。また，助成金や補助金の申請は，特定の申請期間しかできないといった制限もありますし，支給される金額は数百万円といったものが多いといえます。

したがって，いつ申請するかというタイミングが重要ですが，毎年実施されている助成金・補助金に関しては，前年度の募集要項をもとに，事前準備をしておき，申請期間も把握しておく必要があります。なお，助成金・補助金の情報収集としては，創業を考えている地域の各自治体や，経済産業省，中小企業庁等の各官公庁，産業振興機構，中小企業整備機構，商工会議所等のウェブに掲載されていることが多く，それらを定期的にチェック，確認することが重要です。その際，これまで助成金・補助金の支給対象となった事業内容等が公表されていることも多いので，どのような案件が採択されたのかなど参考にするのもよいと思います。

助成金・補助金の申請には，事業の実現性，将来性が重要となりますので，助成金・補助金の募集窓口に事前相談を行い，それらのことについて，わかりやすく申請書類に書くにはどうすればよいかなど，アドバイスをもらうことも１つの方法です。たとえば，近年では，地方自治体が所有・運営するインキュベーションセンターやコワーキングスペースも少なくなく，そのような施設には，相談窓口があり，担当の税理士や行政書士など専門家が駐在していることもありますので，調べてみるといいでしょう。

2 政府系金融機関や自治体の融資制度

(1) 政府系金融機関の融資制度

次に，起業を支援する政府系金融機関の融資制度について簡単に見てみます。政府系金融機関とは，日本国政府が，特殊法人として出資・設立している金融機関のことで，住宅金融支援機構，日本政策投資銀行，日本政策金融公庫などがあります。政府系金融機関は，国の政策に則った低金利や，固定金利，長期の融資制度など，いくつかの特色があり，その中でも，とくに起業される人がよく利用する機関としては，日本政策金融公庫があげられます。

日本政策金融公庫では，小口の事業資金融資や中小企業向けの長期融資や，創業者を支援するための創業支援センターの運営などを行っています。創業支援センターでは，起業に関する相談会やセミナーを開催するとともに，さまざまな起業に関する情報を発信しています。日本政策金融公庫には，一般貸付やセーフティネット貸付などさまざまな融資制度がありますが，そのうち，起業向けの融資としては，2019年４月１日時点で，下記の新企業育成貸付があります（図表21-１）。

図表21-１　新企業育成貸付一覧

融資制度	利　用　者	融資限度額	融資期間 （うち据置期間）
新規開業資金	新たに事業を始める人または事業開始後おおむね７年以内の人	7,200万円 （うち運転資金4,800万円）	設備資金：20年以内 （２年以内） 運転資金：７年以内 （２年以内）
女性，若者／シニア起業家支援資金	女性または35歳未満か55歳以上の人であって，新たに事業を始める人または事業開始後おおむね７年以内の人	7,200万円 （うち運転資金4,800万円）	設備資金：20年以内 （２年以内） 運転資金：７年以内 （２年以内）
再挑戦支援資金（再チャレンジ支援融資）	廃業歴等のある方など一定の要件に該当する人で，新たに事業を始める人または事業開始後おおむね７年以内の人	7,200万円 （うち運転資金4,800万円）	設備資金：20年以内 （２年以内） 運転資金：７年以内 （２年以内）
新事業活動促進資金	経営多角化，事業転換などにより，第二創業などを図る人	7,200万円 （うち運転資金4,800万円）	設備資金：20年以内 （２年以内） 運転資金：７年以内 （２年以内）
中小企業経営力強化資金	新事業分野の開拓のために事業計画を策定し，外部専門家（認定経営革新等支援機関）の指導や助言を受けている人	7,200万円 （うち運転資金4,800万円）	設備資金：20年以内 （２年以内） 運転資金：７年以内 （２年以内）

出所：日本政策金融公庫融資制度一覧をもとに作成

上記の融資制度に応募する際は，起業計画書や，借入申込書，履歴事項全部証明書または，法人の場合は登記簿謄本が必要となります。さらに，設備資金として融資を申し込む場合，机などの什器類や車両などの設備購入資金は，購入予定先の業者からの見積書が必要となります。また，担保を考えている場合は，不動産の登記簿謄本または登記事項証明書も必要となります。なお，借入申込書の提出後，申請者の勤務時の源泉徴収票や預金通帳，住宅ローンの支払明細表，運転免許証など追加の資料の提出も求められます。

(2) 自治体の融資制度

融資制度には，政府系金融機関だけでなく，自治体による融資制度もあります。自治体と信用保証協会や金融機関が協力をして中小企業の資金調達の円滑化を図ろうとする制度です。自治体は，金融機関に一定の資金を預託して中小企業への融資の条件を有利にしたり，利子補給などで中小企業の利子の負担を軽減したりします。また，信用保証協会は融資の保証を，金融機関は審査と融資を実行します。

各自治体によって制度は異なり，都道府県単位の融資もあれば，市区町村を単位とする融資もあります。それぞれの自治体によって条件など詳細は異なるので，それぞれは各自治体のホームページなどで確認する必要があります。自治体による融資は，金利が他の金融機関と比べて低く，場合によっては，金利の一部を負担してくれるなどメリットが多いです。

これらの自治体の融資は，**信用保証協会**の信用保証制度を使うことを前提として設計されています。この信用保証協会とは，中小企業者の金融円滑化のために設立された公的機関です。中小零細企業が金融機関から資金を調達しようとしたとき，信用度が低く融資を断られることが多いのですが，その信用の低さを信用保証協会の信用保証制度で補うことで，中小零細企業の資金調達を促します。この制度では，事業者がもしも借入返済できなくなった場合は，信用保証協会が事業者に代わり，金融機関に借入返済をするのですが，事業者は，金融機関に代わり，信用保証協会から取り立てを受けることとなります。

⑶ コンテスト等の賞金

また，ビジネスコンテストなどに出て，賞を受賞し，もし賞金があれば，それを資金とする方法もあります。近年では，自治体主催のものや企業の主催のものなど多くのビジネスコンテストがあり，また，現時点で筆者が所属する大学にも，在籍する大学生限定のビジネスコンテストなどもあります。実際に，先に事例として掲載した起業計画書の作成者は，YYコンテストと呼ばれるソーシャル・ビジネス・コンテストの学生部門で優勝し，その時の案をもとに，起業計画書を発展させています。ただし，ビジネスコンテストで勝つことは容易ではありませんし，コンテストの審査員との相性が常にいいとも限らないという点は留意しておく必要があります。

3 民間金融機関の融資と金融機関にみせる起業計画書

最後に，民間金融機関からの融資を見ていきます。民間金融機関には，**都市銀行**や**地方銀行**，**信用金庫**，**信用組合**などがあります。

⑴ 都市銀行・地方銀行

まず，都市銀行と地方銀行は株式会社です。都市銀行は大きな都市に本店があり，全国展開している金融機関で，大企業，中小企業，個人などと幅広く取引を行っており，大規模な投資や国際業務も行っています。地方銀行は，各都道府県に本店を構え，その地方を中心に営業活動をしている金融機関で，都市銀行とは異なり，大口取引は少なく小口取引が主体でとなります。取引対象は地元の中小企業や個人が主となりますが，それゆえ，都市銀行に比べると地元の中小企業に対し親身に対応していることから，中小企業にとっては重要な資金調達先といえることが特徴といえます。

⑵ 信用金庫・信用組合

その一方で，信用金庫と信用組合は，地域の住民や中小企業が利用者や会員・組合員であり，相互扶助や地域社会の発展を目的とした金融機関であるという特徴の違いがあります。信用金庫とは，会員の出資による協同組織の地域金融機関で，営業地域は一定の地域に限定され，その地域の中小企業や個人のための金融機関といえます。信用組合は，限られた地域にいる組合員の出資による協同組織の法人で，その組合員が預金した資金を組合員が必要なときに利用する金融機関です。組合員になれるのは，一般的には営業地域の方に限られます。組合員が預金した資金を組合員が必要なときに利用するシステムで，預金の受入れと貸付けが組合員に限られているところに特徴があります

信用金庫や信用組合は，地域社会の中小企業や個人などに広く融資し，また，小口顧客を対象としているため，営業担当者がこまめに訪問してくれます。しかしながら，信用金庫・信用組合は，都市銀行・地方銀行ほどの資金量がありませんので，金利が高くなったり，大規模な融資や国際展開には対応できなかったりすることもあります。

(3) 投資家と金融機関との違い

ところで，既述のとおり，投資家にはいくつかのタイプがあり，エンジェル投資家と呼ばれる個人投資家のように余裕資産を運用している人もいれば，ベンチャーキャピタルや投資ファンドのように，投資の回収期限が決まっているようなケースもあります。そのため，投資家が何を求めているのかをよく考え，相手のニーズに応じて，起業計画書を作成したり，プレゼンしたりすることが必要不可欠です。

たとえば，個人投資家の投資判断は個人の価値観によって変わりますし，ベンチャーキャピタルなどの法人投資よりも一般的に投資金額は少額となります。しかし，起業家の人物や事業に対する想いに共感してくれたり，投資だけでなく，アドバイザーとして協働したりしてくれることもあります。

一方で，ベンチャーキャピタルは，投資額も多く，それゆえに，期待されるリターンも大きくなります。期待されるリターンが大きいということは，事業がどれだけ世の役に立つか，起業家の事業に対する想いのみならず，その事業や企業が，大きく成長できるのか。そしてその結果，投資家にどのくらいの時間で，どの程度のリターンをもたらすことができるのか，よりシビアにみることも多いと言えます。

しかし，銀行や日本政策金融公庫などの金融機関の場合は，投資ではなく，

融資としてお金を貸すことになります。起業家は借入申請をする際には，やはり事業計画書や起業計画書が必要になりますが，通常は，融資申込書と一緒にそれらの計画書を提出します。金融機関によって事業計画書のフォーマットが決まっていることもありますが，それぞれにそこまで大きな違いはないと考えていいでしょう。

(4) 金融機関にみせる起業計画書

金融機関に提出する起業計画書や事業計画書において何よりも重要な点は，貸したお金をきちんと返せるかどうかという信頼性になります。つまり，財務計画の数字をきちんと提示することです。銀行は会社に貸付を行い，元本と利子を回収することで利益をあげているため，投資家と異なり，融資先が貸したお金をきちんと返してくれるかどうかをまず厳しく審査します。したがって，計画書の中では，記載されている売上数字に根拠があるか，経費に，不明な使途金や数字上の不整合はないかが厳しく確認され，資金繰りの予測から，期間内に元本と利子がきちんと返済されるかが見られます。融資の判断において，数字は最も大事な部分ですので，その数字に間違いがあれば，信用は落ちるので，成長性や将来性をアピールするというよりはむしろ，堅実でより確かな計画と予測の数値を提示するほうが良いでしょう。そして，何のために借りたお金を使うのか，その資金使途が明確であることも重要です。

まとめ

- 起業のための資金調達には，まず，家族や親戚，友人から資金援助や融資を考えると同時に，起業を考えている地域の各自治体等のウェブに掲載されている助成金・補助金に申請することが有効です
- 民間金融機関からの融資を検討する際，民間金融機関には，都市銀行や地方銀行，信用金庫，信用組合などがあり，それぞれ特徴が異なります
- 金融機関に提出する起業計画書において何よりも重要な点は，財務計画の数字をきちんと提示することと言えます

演習・課題

- 起業や創業，新規事業向けの補助金や助成金，融資案件を探してみよう
- それらの雛形に従って，起業計画書を策定し直そう

第22章 会社・法人設立の基礎知識

✓会社・法人設立のために必要な手続き・プロセスを知ろう
✓会社・法人を運営するためにまずすべきことを知ろう
✓個人事業主として事業を始めることのメリットは何か？

1 発起人と社名など基本条項の決定と定款の作成・認証

会社を設立するための大まかな流れについて説明します。ここでは，主に株式会社に絞ってみていきます。

(1) 発起人・商号・社名の決定

まず，発起人と商号，つまり，社名を決定しなくてはなりません。会社の設立には，１人以上の発起人が必要です。発起人とは，会社設立の発案者および賛同者であり，登記完了までいっさいの手続きを進めていく人物のことを指します。また，社名については，同一住所にすでに登記されている会社名と同じ名前を付けることは禁止されているため，事前に本店予定地の法務局の登記所へ行き，同一商号がないか調べておく必要があります。

(2) 基本事項の決定

発起人や社名が決まったら，次は，会社の基本事項を決定します。事業の内容や，本店所在地，資本金（出資額），会計年度は何月から何月までにするか，役員には誰が就任するのか，報酬（給料）はどうするか，設立費用はどうするのか，また株式会社の場合，株式は何株発行するのかなどを決める必要があります。

発起人は１人につき最低１株以上の株式を引き受けなければいけません。それぞれ何株を引き受けるのかをこの段階で決める必要があります。なお，発起人だけで発行株式のすべてを引き受ける「発起設立」が一般的ですが，多額の資金や数多い賛同者を必要とする事業の場合は，発起人以外からも株主を募集する「募集設立」という方法もあります。

また，会社代表者の印鑑を作成することも重要です。設立登記の際や諸々の契約書作成時などでも，代表者印の届出が必要になります。あわせて関係者個人の印鑑証明も取っておくといいでしょう。なお，この時に合わせて銀行印，社名印，住所・電話・社名の入ったゴム印なども一緒につくっておくと後々スムーズに事業を行うことができるでしょう。

(3) 定款の作成

会社の基本事項を決定した後，次に重要なのは，定款の作成と認証になります。定款とは，会社の商号（社名）や事業の目的，本店の所在地，資本金額，株式，組織，運営など，会社の法律的な基本事項を記載した規則のことです。定款に記載された事柄は，法的な効力を持つことになりますが，これは会社法の規定により，業種を問わずすべての会社に義務づけられています。

定款に記載する項目は，絶対的記載事項と相対的記載事項，任意的記載事項の３つに分けられます。文字どおり，前者は必ず書かなければいけない事項で，後者は書かなくてもいいが書かないとその定めの効力が生じない事項となります。株式会社の場合，①目的，②商号，③本店所在地，④設立に際して出資される財産の価額またはその最低額，⑤発起人の氏名または名称および住所，が絶対的記載事項となります。なお，①目的に関して，会社は，事業目的外の事業を行うことはできないこととされています。つまり何らかの事業を行うには，定款にその事業すべてを記載する必要があるということです。現在の事業にかかわらず，将来行うであろう事業も記述しておく必要もありますし，許認可事業を行う場合は，許認可事業に応じた事業目的を，許認可で決められた文言で記述しなければなりません。また，法律違反の目的や，営利性のない事業の目的，そして一般的になじみのない用語を用いた目的は認められません。

上記記載の５つは，定款に定めてその認証を受けなければなりませんが，それ以外に，発行可能株式総数も定める必要があります。発行可能株式総数とは，株式会社が発行することができる株式の上限総数のことですが，これに関しては，定款で定めなくとも設立登記までに別途定めれば良いとされています。なお，相対的記載事項や任意的記載事項は株式や株主，役員に関する事柄などについて記載することが多いです。

(4) 定款の認証

そして，作成した定款は，公証役場で公証人の認証を受けなければなりません。認証とは，法律的に間違いがないかどうかを確認してもらう作業のことです。その際には会社の本店所在地を管轄する公証役場まで実際に足を運び，収入印紙代４万円と手数料５万円，諸経費の実費を支払う必要があります。

ただし，電子公証制度を利用して，作成した定款のファイルに電子署名して法務省のオンラインシステムで電子申請をすることも可能です。電子申請をすれば，収入印紙代を節約することもできます。また，自身で手続きを行うのではなく，専門家に依頼することも検討していいでしょう。

(5) 設立総会・取締役会の開催

なお，上記の会社の基本条項の決定と定款の作成にあわせて，設立総会や取締役会を開催することも考えておかなければなりません。設立総会に関して，発起設立の場合は，取締役・監査役を事前に選任しておけば開催不要ですが，募集設立の場合は株主が集まって開催する義務があり，総会当日は議長選出，発起人による創立事項の報告，定款の承認決議，役員と監査役の選出などを行い，議事録を作成する義務があります。また，取締役会に関して，取締役が１人であれば必要ありませんが，そうでない場合，選出された取締役によって取締役会を開催します。そこでは代表取締役の選出や各取締役の報酬などを決定し，議事録を作成して記録として残します。

2 会社・法人の設立と運営

(1) 出資の履行

定款の作成・認証などの次は，出資の履行，つまり，資本金として銀行，信託銀行，信用金庫など指定の金融機関にお金を払い込むことが必要となります。

預金通帳の名義人は払込みを受ける者であり，設立中の会社を代表する発起人代表の名義となります。発起人代表が持っている既存の個人用口座でも，新たに開設した新規口座でも良いですが，まだ法人ができていませんので，あくまで個人口座になります。

払い込みが完了すると金融機関から残高証明書を発行してもらいます。この証明書がないと設立登記はできません。なお，登記申請にあたり，預金通帳のコピーを提出することとなりますが，そこで重要なのは，残高ではなくて入金履歴です。預金通帳に出資金以上の残高がある場合でも，その預金残高が会社設立の出資金として払い込まれたものかどうかはわからないので，発起人代表自身が出資金の振込みを行うことが必要です。また，その出資金の振込みが定款の作成日以降きちんとなされているかということも大事ですので，注意しておく必要があります。

(2) 登記申請

出資の履行が終わると，登記の申請をします。登記申請は，自社の所在地を管轄する，会社設立の登記を受け付けている法務局にて行うこととなります。

会社の設立日は登記を申請した日になります。なお，申請時には登録免許税が必要となり，通常は資本金の1,000分の７の額となります。ただし，この金額が15万円に満たない場合，登録免許税は一律で15万円になります。登録免許税は法務局内で現金にて税額分の収入印紙を購入し，収入印紙貼付台紙に貼付して提出します。また，登記申請時には法人の印鑑届もあわせて行います。

登記申請が完了し，書類作成上または内容上の問題点を修正する補正の期間を経て，書類が登記所に受理されれば会社設立となります。登記簿が完成したらその登記簿謄本を添付し，税務署や市区町村役場，労働基準監督署，社会保険事務所などの諸官庁へ各種届出を行います。

(3) 許認可申請

管轄する役所の許認可が必要な事業を開始する場合には，あらかじめ許認可申請をしなければいけません。当然，無免許・無許可での事業運営が発覚した場合には，罰則が科されることもあります。

許認可等が必要な業種は数多く，たとえば，飲食店，介護・福祉関連，ホテル・旅館・民宿，旅行代理店，医薬品・化粧品販売，中古品取扱い，人材派遣・人材紹介，美容室，映画館や演劇場，不動産取引，運送業，タクシー，貸金業，金融商品の販売には許可が必要です。また許可条件などは自治体や地域によって異なることもあり，なかには，許可の取得まで長期間かかるものもあるので，必ず早めに確認しておくことが重要です。

(4) 会社運営

ここまでの作業をすべて終えて，はじめて会社運営が始まります。日々の会社運営においては，人事や労務，経理，法務，営業・広報などさまざまな業務があります。まず忘れてはならないのは，従業員採用時の雇用契約書や，商談に伴う契約書の作成の準備や，名刺，ウェブサイト等の準備です。また，従業員の給与計算や所得税・住民税等の源泉徴収，年末調整，そして社会保険・労働保険の届出，法人の決算などは毎年必要であり，そのための人事や労務，経理，法務の体制を整える必要があります。

また，上記にあわせて，法人を設立すると，さまざまな届出が必要になります。税務関連の届け出は税務署に，社会保険・労働保険関連の届け出は日本年金機構の年金事務所などに届ける必要があり，きちんとその実施体制を整えなければ，人を雇用した際にうっかり届け出を忘れてしまうことなどは，あってはならないことです。

3 法人ではなく個人事業主として事業を行う場合

起業する際の選択肢として，かならず会社を作る必要はなく，NPO法人といった法人形態もありますし，個人事業主という方法もあります。個人事業としてスタートし，事業が勢いに乗ったら後から法人化するということもできます。個人事業と法人化との違いや，それぞれのメリット・デメリット，事務的な手続き方法などを理解しておくと，どのような形態で始めるかの判断材料になります。

個人事業と法人の違いは，主に開業手続きと**社会的信用度**，**税金**，**社会保険**

制度の４つです。まず，開業手続ですが，既述のとおり，法人が，定款作成や，認証，法務局への登記申請および税務署等への法人設立届等の手続きが必要なのに対して，個人事業は，税務署への開業届のみで，特別な手続きは必要ありません。また，税金に関して，法人が法人税で，法人税はさまざまな優遇制度もあり節税もしやすいのに対して，個人事業においては，個人の所得税は累進課税で，収入にもよりますが，法人税に比べて高いと言われます。さらに，法人は，財務諸表など会社の経営状況に関する指標や会社法など法律の規制を受ける反面，個人事業に比べて法人のほうが社会的信用度は高く，金融機関からの融資や上場会社との取引でも法人のほうが有利に働くことが多いと言えます。

個人事業にせよ法人にせよ，それぞれの特徴があり，最終的には，起業をする個人の判断ですので，一概にどちらが良いかということはできませんが，事業を大きくし，組織を大きくしようとするのであれば，社会的信用もあり税金面でのメリットが大きい法人で始めるほうが良いと言えるでしょう。一方で，スモールビジネスであれば，個人事業主からスタートしたほうが良いかもしれません。なぜなら，個人事業主には，株式会社における取締役会や株主総会といった運営上の規定は特になく，会計・経理も比較的簡易ですし，共同経営者を持つことも，従業員を雇うこともできますので，個人事業のほうが事業の運営がしやすい場合もあると言えます。

個人事業は，手続きも容易で，納税予定地の税務署にいき，個人事業の開廃業等届出書に記入して提出するだけですし，資本金の概念がないので，手持ち資金がなくても事業は始められます。所得税の青色申告承認申請書を提出すれば，特別控除が受けられる，家族への給与を必要経費とできる，赤字損失分を翌年に繰越できるなどの特典も受けられ，節税できます。

個人事業は，このような事業を開始する際の手続きの容易さに限らず，会社と比べて必要な事務負担が軽かったり，小規模な事業の場合には税金も安くなったりと，始めやすさに特徴がありますので，最初は個人事業主で事業を始めて，事業が軌道に乗って組織を拡大する段階になってから，法人化を検討するというのも１つの方法かもしれません。

しかしながら，くりかえしになりますが，社会的信用度の点で，取引先や発注先を法人に限定する場合も少なくありませんので，そのような点においては，やはり法人のほうが良い場合もありますし，運営上の規定がないということは，それだけ自己管理が必要不可欠ということにもなります。

まとめ

- 会社を設立するためには，定款の作成と認証をします。作成した定款は，公証役場で公証人の認証を受け，出資の履行ののち，登記の申請をし，書類が登記所に受理されれば会社設立となります
- 登記簿が完成したら諸官庁へ各種届出を行います。その際，管轄する役所の許認可が必要な事業を開始する場合，あらかじめ許認可申請が必要です
- 起業する際，個人事業として始め，事業が勢いに乗ってから法人化するということもできます。個人事業と法人の違いは，主に開業手続きと社会的信用度，税金，社会保険制度の4つにあります

演習・課題

- 策定した起業計画書に関して，具体的に会社を設立するための定款を作成しよう
- 策定した起業計画書における事業を実施するにあたって，許認可が必要な事業かどうか，また，許認可申請には何が必要か確認しよう

〔引用・参考資料〕

磯崎哲也（2015）『起業のファイナンス〈増補改訂版〉』日本実業出版社
株式会社電通『日本の広告費』
http://www.dentsu.co.jp/knowledge/ad_cost/（最終アクセス日：2019年６月10日）
蟹江憲史編著（2017）『持続可能な開発目標とは何か　2030年へ向けたアジェンダ』ミネルヴァ書房
神谷蒔生他（1994）『経営計画の立て方』日本経済新聞社
川喜田二郎（1986）『KJ法―渾沌をして語らしめる』中央公論社
川名和美・竹元雅彦（2016）『社会人基礎力を養うアントレプレナーシップ』中央経済社
金融庁ウェブサイト　金融検査マニュアル別冊（中小企業融資編），
http://www.fsa.go.jp/manual/manualj/manual_yokin/bessatu/kensa01.html（最終アクセス日：2019年５月26日）
経済産業省（2004）『はじめよう環境コミュニティ・ビジネス』
経済産業省（2004）『コミュニティビジネス創業マニュアル―NPO などを通じて地域課題に取り組むには』
経済産業省（2005）『経営計画策定支援スライド』
経済産業省（2007）『ひろげよう環境コミュニティ・ビジネス―環境コミュニティ・ビジネス運営マニュアル』
忽那憲治・長谷川博和・高橋徳行・五十嵐伸吾・山田仁一郎（2013）『アントレプレナーシップ入門―ベンチャーの創造を学ぶ』有斐閣
清成忠男・中村秀一郎・平尾 光司（1971）『ベンチャー・ビジネス―頭脳を売る小さな大企業』日本経済新聞社
国際連合広報センター（2015）「ミレニアム開発目標成果チャート2015」
www.unic.or.jp/files/14975_4.pdf（最終アクセス日：2019年６月11日）
斎藤槙（2004）『社会起業家―社会責任ビジネスの新しい潮流』岩波新書
島田恒（2009）『非営利組織のマネジメント―使命・責任・成果〈新版〉』東洋経済新報社
新藤晴臣（2015）『アントレプレナーの戦略論』中央経済社
神野直彦・牧里毎治編著（2012）『社会起業入門―社会を変えるという仕事』ミネルヴァ書房
神座保彦（2006）『概論ソーシャルベンチャー』ファーストプレス
ソーシャルビジネス研究会（2008）『ソーシャルビジネス研究会報告書』経済産業省
田尾雅夫・吉田忠彦（2009）『非営利組織論』有斐閣

中小企業庁『中小企業白書』
https://www.chusho.meti.go.jp/pamflet/hakusyo/（最終アクセス日：2019年５月26日）
谷本寛治（2002）『企業のリコンストラクション』千倉書房
谷本寛治編著（2015）『ソーシャル・ビジネス・ケース―少子高齢化時代のソーシャル・イノベーション』中央経済社
塚本一郎・山岸秀雄編著（2008）『ソーシャル・エンタープライズ 社会貢献をビジネスにする』丸善
出口治明（2017）『本物の思考力』小学館新書
中村寛樹・本庄裕司（2019）「日本の起業家と起業支援投資家およびその潜在性に関する実態調査」『RIETI Discussion Paper Series 19-J-015』
延岡建太「顧客価値の暗黙化」『一橋ビジネスレビュー 2017年春号』64(4)東洋経済新報社，2017，20-30頁.
延岡建太「顧客価値イノベーションによる価値づくり経営」『日本政策金融公庫 調査月報』211，株式会社日本政策金融公庫総合研究所，2017，４-15頁.
長谷川博和（2018）『ベンチャー経営論』東洋経済新報社
総務省統計局『平成26年経済センサス―基礎調査』
https://www.stat.go.jp/data/e-census/2014/index.html(最終アクセス日：2019年５月26日)
総務省情報流通行政局情報流通振興課（2008）『事業計作成とベンチャー経営の手引き』総務省
総務省情報流通行政局情報流通振興課（2009）『ICTベンチャー・グローバル・マネジメント・プログラム』総務省
総務省情報通信政策局情報通信政策課（2010）『ICTベンチャー・リーダーシップ・プログラム』総務省
松重和美監修・三枝省三・竹本拓治編（2016）『アントレプレナーシップ教科書』中央経済社
松田修一（2005）『ベンチャー企業〈第４版〉』日本経済新聞出版社
馬奈木俊介・中村寛樹・松永千晶（2019）『持続可能なまちづくり―データで見る豊かさ』中央経済社

Aitken, H. 1963. "The Future of Entrepreneurial Research." *Exploitations in Entrepreneurial History*, 1(1), 3-9.
Anderson, C. 2006. *The Long Tail: Why the Future of Business Is Selling Less of More Hyperion*（クリス・アンダーソン著，篠森ゆりこ訳『ロングテール―「売れない商品」

を宝の山に変える新戦略』早川書房，2006）

Andrews, K. R., Christensen, C. R., Guth, W. D., Learned, E. P. 1969. *Business policy : text and cases*. Homewood, Ill, Irwin.

Andrews, K. R. 1971. The concepts of corporate strategy. Homewood, IL: Dow Jones-Irwin.

Ansoff, I. 1957. "Strategies for Diversification," *Harvard Business Review*, 35(5), 113-124.

Ansoff, I. 1965. *Corporate strategy*. NY: McGraw-Hill.

Ball, R. B. and Lipuma, J. A. 2012. *Unlocking the Ivory Tower: How Management Research Can Transform Your Business*. Kauffman Fellows Press,（エリック・ボール／ジョセフ・リピューマ著，國領二郎監訳，宮地恵美・樺澤哲編訳『アントレプレナーの経営学１，２，３』慶應義塾大学出版会，2016）

Barnard, C. 1938. *The Functions of the Executive*. Cambridge, Harvard University Press.

Bennis, W. D. 1989. *Why Leaders Can't Lead*. New York, Jossey-Bass.

Bygrave, W. D. & Hofer, C. W. 1991. "Theorizing about Entrepreneurship." *Entrepreneurship, Theory and Practice*. 16(2): 13-22.

Bygrave, W. D. 1993. "Theory building in the entrepreneurship paradigm." *Journal of Business Venturing*, 8: 255-280.

Bygrave, W. and Zacharakis, A. 2010. *Entrepreneurship, 2 edition*. John Wiley & Sons.

Centen, C. 2016. *The Real Junk Food Project at All Hallows Café Social Return on Investment Evaluation*. Impact Metrics. Leeds, UK.

Christensen, C. M. 1997. *The Innovators Dilemma: when new technologies cause great firms to fail*, Harvard Business School Press, Boston, Massachusetts.（クレイトン・クリステンセン著，玉田俊平太監修，伊豆原弓訳『イノベーションのジレンマ 増補改訂版（Harvard Business School Press)』翔泳社，2011）

Dees, J.G. 1998. *The meaning of social entrepreneurship*. Center for the Advancement of Social Entrepreneurship, Duke University's Fuqua School of Business.

Drucker, P. F. 1993. *Post-Capitalist Society*. Routledge,（P.F.ドラッカー著，上田惇生・田代正美・佐々木実智男翻訳『ポスト資本主義社会―21世紀の組織と人間はどう変わるか』ダイヤモンド社，1993）

EasyPark Group. 2017. *2017 Smart Cities Index*.
https://easyparkgroup.com/smart-cities-index/（最終アクセス日：2019年５月26日）

EDCi. 2016. European Digital City Index.
https://digitalcityindex.eu/（最終アクセス日：2019年５月26日）

entrepedia（2017）『Japan Startup Finance 2017』株式会社ジャパンベンチャーリサーチ

Ewing Marion Kauffman Foundation "Historical Kauffman Index Reports"

https://www.kauffman.org/（最終アクセス日：2019年６月10日。）
Experience Based Learning Systems, LLC（EBLS）
https://learningfromexperience.com/ （最終アクセス日：2019年５月26日）
Fairlie, Robert W. 1996. *Kauffman Index of Entrepreneurial Activity*. Kauffman Foundation, Kansas City, Missouri, U.S.A.
Freund, J. 1987. *Pareto*. Plutarch Press（ジュリアン・フロイント著，小口信吉・板倉達文訳『パレート―均衡理論』文化書房博文社，1991）
Gladwell, M. 2008. Outliers. Little, Brown and Company,（勝間和代訳『天才！ 成功する人々の法則』講談社，2009）
Global Entrepreneurship Monitor（GEM）, 2012. *Global Report*.
Global Entrepreneurship Monitor（GEM）, 2014. *Global Report*..
Global Entrepreneurship Monitor（GEM）, 2017. *Global Report*..
GPIF（2017）ESG投資，http://www.gpif.go.jp/operation/esg.html，2017年12月３日取得
Gratton, L.,and Scott, A. 2016. *The 100-Year Life: Living and Working in an Age of Longevity*. Bloomsbury Business,（リンダ・グラットン／アンドリュー・スコット著，池村千秋訳『LIFE SHIFT（ライフ・シフト）―100年時代の人生戦略』東洋経済新報社，2016）
Gratton L. 2011. *The Shift: The Future of Work Is Already Here*. HarperCollins Pub. Ltd,（リンダ・グラットン著，池村千秋訳『ワーク・シフト―孤独と貧困から自由になる働き方の未来図〈2025〉』プレジデント社，2012）
GSIA（2016）*Global Sustainable Investment Review* 2016,
http://www.gsi-alliance.org/wp-content/uploads/2017/03/GSIR_Review2016.F.pdf,
（最終アクセス日2019年５月26日）
Harari Y. N. 2015. *Sapiens: A Brief History of Humankind*. Harper,（ユヴァル・ノア・ハラリ『サピエンス全史（上・下）文明の構造と人類の幸福』河出書房新社，2016）
Honjo, Y. 2015. "Why are entrepreneurship levels so low in Japan?" *Japan and the World Economy*, 36, 88-101.
Honjo, Y. and Nakamura, H. 2019. "The Link between Entrepreneurial Activities and Angel Investment: An international comparison," *RIETI Discussion Paper Series 19-E-017*.
Kim, W. C. and Mauborgne, R. 2005. Blue Ocean Strategy: How to Create Uncontested Market Space and Make Competition Irrelevant, Harvard business school press,（W・チャン・キム／レネ・モボルニュ著，有賀裕子訳『ブルー・オーシャン戦略 競争のない世界を創造する』ダイヤモンド社，2015）

Kirzner, I. 1997. "Entrepreneurial Discovery and the Competitive Market Process: An Austrian Approach." *Journal of Economic Literature*, 35(1), 60–85.

Knight, F. 1921. *Risk, Uncertainty and Profit*. Boston, Houghton-Mifflin.

Kolb, D. A. 1984. *Experiential Learning: Experience as The Source of Learning and Development*. Englewood Cliffs, NJ: Prentice Hall.

Kotler, P. 1998. *Marketing management—Analysis, planning, implementation, and control* (9th ed.). Englewood Cliffs: Prentice-Hall.

Kotler, P. and Kotler, M. 2014. *Winning Global Markets: How Businesses Invest and Prosper in the World's High-Growth Cities*, John Wiley & Sons, Inc.,（フィリップ・コトラー／ミルトン・コトラー著，竹村正明 訳『コトラー　世界都市間競争—マーケティングの未来』碩学舎，2015）

Kotter, J. 1990. "What Leaders Really Do." In Vecchio, R. (editor), *Leadership*, 2nd edition, 2007. Notre Dame, University of Notre Dame Press, 23–32.

Lewin, K., Lippitt, R. and White, R. K. 1999. "Patterns of aggressive behaviour in experimentally created "social climates"." In Gold, M. ed., *The complete social scientist: a Kurt Lewin reader*, 227–250. Washington, DC: American Psychological Association.

Liao, P. S. 2009. "Parallels between objective indicators and subjective perceptions of quality of life: a study of metropolitan and county areas in Taiwan." *Social Indicators Research*, 91:99–114.

Lipman-Bluemen, J. 1996. *The Connective Edge*. New York, Oxford University Press.

McCarthy, E. J. 1960, *Basic Marketing a managerial approach*, Homewood, Ill., Richard D.Irwin,Inc..（E・J・マッカーシー著，粟屋義純監訳，『ベーシック・マーケティング』東京教学社，1978）

Mintzberg, H. 1975. "The Manager's Job: Folklore and Fact." In Vecchio, R. (editor), *Leadership*, 2nd edition, 2007. Notre Dame, University of Notre Dame Press, 33–50

Mintzberg, H. 1990. The design school: reconsidering the basic premises of strategic management. *Strategic management journal*, 11,171–195.

Mintzberg, H. 1994. The rise and fall of strategic planning. NY: The Free Press.

Moore, C. F., 1986 "Understanding Entrepreneurial Behavior: A Definition and Model." *Academy of Management Annual Meeting Proceedings* (1): 66–70.

Moore, G. A. 2002. *Crossing the Chasm: Marketing and Selling Disruptive Products to Mainstream Customers*, Collins Business Essentials（ジェフリー・ムーア著，川又政治訳『キャズム—ハイテクをブレイクさせる「超」マーケティング理論』翔泳社，2002）

Nakamura, H. 2019. "Relationship among land price, entrepreneurship, the environment, economics, and social factors in the value assessment of Japanese cities," *Journal of Cleaner Production*, 217, 144-152.

Northouse, P. G. 2012. *Leadership: Theory and Prctice*, 6th edition. New York, Sage.

Ohmae, K. 1982. *The Mind of the Strategist The Art of Japanese Business*. McGraw-Hill.（大前研一著，田口統吾・湯沢章伍訳『ストラテジック・マインド―変革期の企業戦略論』1984）

Osborn, A. F. 1957 *Applied imagination: principles and procedures of creative problem-solving*. New York, Scribner.

Osterwalder, A. and Pigneur, Y. 2010. *Business Model Generation*. John Wiley & Sons, Inc.,Hoboken, New Jersey（アレックス・オスターワルダー／イヴ・ピニュール著，小山龍介訳『ビジネスモデル・ジェネレーション ビジネスモデル設計書』翔泳社，2012）

Porter, M. E. 1980. *Competitive Strategy: Techniques for Analyzing Industries and Competitors*. Free Press,（マイケル・ポーター著，土岐坤・中辻万治・小野寺武夫訳，『競争優位の戦略』ダイヤモンド社，1985）

Porter, M. E. 1985. *Competitive Advantage*. Free Press,（マイケル・ポーター著，土岐坤・服部照夫・中辻万治訳，『競争の戦略』ダイヤモンド社，1995）

Porter, M. E. and Kramer, M. R. 2006. "Strategy and society: the link between competitive advantage and corporate responsibility." *Harvard Business Review*, 84(12), 78-92.

PRI（2016）*PRINCIPLE FOR RESPONSIBLE INVESTMENT*（PRI_Brocure_2016.pdf), https://www.unpri.org/about,（最終アクセス日2019年５月26日）

Roberts Enterprise Development Fund. 1996. *New Social Entrepreneurs: The Success, Lessons, and Challenge of Non-Profit Enterprise Creation*. The Roberts Foundation Homeless Economic Fund, San Francisco, CA.

Rogers, E. M. 2003. *Diffusion of Innovations, 5th edition*, Free Press,（エベレット・ロジャーズ著，三藤利雄訳『イノベーションの普及』翔泳社，2007）

Rowe, P. G. 1987. *Design Thinking*. The MIT Press（ピーター・ロウ著，奥山健二編，『デザインの思考過程』鹿島出版会，1990）

Sachs, J. 2006. *The End of Poverty: Economic Possibilities for Our Time*, Penguin Books,（ジェフリー・サックス『貧困の終焉―2025年までに世界を変える』早川書房，2006）

Schein, E. 2010. *Organizational Culture and Leadership*, 4th edition. San Francisco, Jossey-Bass.

Schumpeter, J. 1934. *The Theory of Economic Development*. Cambridge, Harvard University Press.（シュムペーター著，塩野谷祐一・東畑精一・中山伊知郎訳『経済発展の理論〈上〉〈下〉』岩波文庫，1977）

Shane, S. and Venkataraman, S. 2000. "The Promise of Entrepreneurship as a Field of Research." *Academy of Management Review*, 25(1), 217-227.

Smith, R. L. and Smith J. K. 2004. *Entrepreneurial Finance*. John Wiley & Sons, Inc（リチャード・L・スミス／ジャネット・K.スミス著，山本一彦・岸本光永・忽那憲治・コーポレートキャピタルコンサルティング訳，『MBA最新テキスト アントレプレナー・ファイナンス―ベンチャー企業の価値評価とディール・ストラクチャー』中央経済社，2004）

Startup Genome LLC. 2017. Global startup ecosystem report 2017. San Francisco, CA: Startup Genome.

Strong, E.K., Jr. 1925. "Theories of selling." *Journal of Applied Psychology*, 9(1), 75-86, http://dx.doi.org/10.1037/h0070123（最終アクセス日：2019年6月10日。）

The Hasso Plattner Institute of Design at Stanford. 2009. *The d.school bootcamp bootleg*（スタンフォード大学 ハッソ・プラットナー・デザイン研究所著，一般社団法人デザイン思考研究所編，柏野尊徳監訳，木村徳沙・梶希生・中村珠希訳『デザイン思考家が知っておくべき39のメソッド』2012）

Thomson Reuters Foundation. 2016. *The Best Countries To Be A Social Entrepreneur 2016*. Thomson Reuters Foundation

Timmons, J. A., 1989. *The Entrepreneurial Mind*. Brick House Publishing Company.

UK Cabinet Office. 2009. *A guide to Social Return on Investment*. UK Cabinet Office,（英国内閣府『SROI入門』，2012）

World Bank, World Development Indicators Database (WDI).

Yunus, M. 2010. *Building Social Business: The New Kind of Capitalism That Serves Humanity's Most Pressing Needs*, Hachette UK,（ムハマド・ユヌス著，岡田昌治監修，千葉敏生訳『ソーシャル・ビジネス革命―世界の課題を解決する新たな経済システム』早川書房，2010）

索　引

■著者略歴

中村寛樹（なかむら・ひろき）

中央大学商学部准教授

東京工業大学工学部開発システム工学科卒業（学士（工学））。同大学院社会理工学研究科価値システム専攻修士課程修了（修士（工学））。同大学院理工学研究科国際開発工学専攻博士課程修了（博士（工学））。財団法人日本生産性本部，北九州市立大学，九州大学などを経て，現職。

専門：社会システム工学

著書：『新国富論―新たな経済指標で地方創生』（岩波書店，2016，共著），『持続可能なまちづくり―データでみる豊かさ』（中央経済社，2019，共著）等

はじめてのアントレプレナーシップ論

2020年1月1日　第1版第1刷発行

著　者　中　村　寛　樹
発行者　山　本　　継
発行所　㈱　中　央　経　済　社
発売元　㈱中央経済グループパブリッシング

〒101-0051　東京都千代田区神田神保町1-31-2
電話　03（3293）3371（編集代表）
03（3293）3381（営業代表）
http://www.chuokeizai.co.jp/

印刷／三　英　印　刷　㈱
製本／㈲　井　上　製　本　所

＊頁の「欠落」や「順序違い」などがありましたらお取り替えいたしますので発売元までご送付ください。（送料小社負担）

ISBN978-4-502-32631-8　C3034